MARGIT MEYER

Die Beurteilung von Länderrisiken der internationalen Unternehmung

Vertriebswirtschaftliche Abhandlungen

begründet von

Prof. Dr. h. c. Dr. Otto R. Schnutenhaus

fortgeführt von

Prof. Dr. Werner Hans Engelhardt und Prof. Dr. Peter Hammann

Heft 28

Die Beurteilung von Länderrisiken der internationalen Unternehmung

Von

Dr. Margit Meyer

DUNCKER & HUMBLOT / BERLIN

CIP-Kurztitelaufnahme der Deutschen Bibliothek

Meyer, Margit:
Die Beurteilung von Länderrisiken der internatio-
nalen Unternehmung / von Margit Meyer. — Berlin:
Duncker und Humblot, 1987.
  (Vertriebswirtschaftliche Abhandlungen; H. 28)
  ISBN 3-428-06214-0

NE: GT

Druck: Werner Hildebrand, Berlin 65
Printed in Germany

ISBN 3-428-06214-0

ISBN 13: 9783428062140

VORWORT

Die Verschuldungssituation der Entwicklungsländer hat mittlerweile dramatische Ausmaße angenommen. Sie beträgt derzeit mehr als eine Billion US-Dollar, und überzeugende Lösungsvorschläge für die Problembewältigung liegen nach wie vor nicht auf dem Tisch. Weder die Vorschläge des IWF, noch alternative Konzepte wie der Baker-Plan können letztlich die Probleme beseitigen, die aus binnenwirtschaftlichen und weltwirtschaftlichen Gründen, insbesondere des „Over-Recycling" von Petro-Dollars durch die westlichen Banken, resultieren.

Aus diesem Grund hat sich die Risikosituation international operierender Unternehmen erheblich verändert. Viele Unternehmen sind gezwungen, den Länderrisiken verstärkt Aufmerksamkeit zu widmen, um das länderbezogene Risikoportefeuille besser steuern zu können.

In den letzten Jahren ist eine Reihe von Risikoindikatorkonzepten für die Beurteilung von Länderrisiken entwickelt worden, die z. T. erhebliche Verbreitung erfahren und auch politische Bedeutung gewonnen haben. Die Verfasserin hat es sich zur Aufgabe gemacht, vor dem Hintergrund einer theoretischen Analyse den Aussagewert ausgewählter Risikoindikatorkonzepte für praktische Zwecke zu prüfen und in einer empirischen Reanalyse auf ihre Aussageadäquanz zu testen.

Ziel dieses Buches ist es nicht, der Vielzahl vorhandener Konzepte zur Beurteilung von Länderrisiken ein weiteres Konzept an die Seite zu stellen. Ziel ist es vielmehr zu zeigen, was die in den Expertenpanels abgegebenen Bewertungen vor dem Hintergrund einer seriösen statistischen Reanalyse der Daten zu leisten vermögen. Das Ergebnis ist beeindruckend, wenn auch zum großen Teil recht ernüchternd.

Um zu prägnanten Aussagen kommen zu können, hat die Verfasserin ein interessantes statistisches Methodenarsenal eingesetzt, daß für die Analyse von Marketingproblemen relativ neu und in seiner Anwendungsperspektive sicherlich innovativ ist.

Es wäre wünschenswert, wenn dieses Werk bei allen, die sich mit Fragen der Beurteilung von Länderrisiken befassen, eine weite Verbreitung finden würde, um den Blick für die Grenzen des Aussagewertes vieler Indikatorkonzepte zu schärfen.

Münster, im März 1987   Prof. Dr. K. Backhaus

INHALTSVERZEICHNIS

X

ABBILDUNGSVERZEICHNIS

XI

XII

ABKÜRZUNGSVERZEICHNIS

AHD	=	Außenhandelsdienst
DBW	=	Die Betriebswirtschaft
FAZ	=	Frankfurter Allgemeine Zeitung
IWF	=	Internationaler Währungsfond
IMF	=	International Monetary Fund
WiSt	=	Wirtschaftswissenschaftliches Studium
WISU	=	Das Wirtschaftsstudium
ZfB	=	Zeitschrift für Betriebswirtschaft
ZfbF	=	Zeitschrift für betriebswirtschaftliche Forschung

A. Einleitung: Internationale Verschuldungssituation und Länderrisiko-Entwicklung

Die Länderrisiken international tätiger deutscher Unternehmen sind in den letzten Jahren permanent gestiegen. Die Unternehmen haben ihre Auslandstätigkeiten im Bereich des Export-, Lizenz- und Kreditgeschäfts und der Direktinvestitionen im Ausland von 1980 bis 1983/1984 in den verschiedenen Ländergruppen beträchtlich ausgedehnt (vgl. Abb. 1).

Auslandsgeschäfte in Mrd. DM / Ländergruppen	Direktinvestitionen 1983 / 1980	Exportgeschäfte 1984 / 1980	Patente und Lizenzen 1983 / 1980	Forderungen der Kreditinstitute 1984 /1980	Forderungen der Auslandfilialen 1984 /1980	Finanzkredite inländischer Unternehmen 1984 /1980
Alle Länder	106 / 74	488 / 350	1,3 / 1,0	243 / 169	181 / 96	41 / 21
Industrialisierte westliche Länder	88 / 61	395 / 277	1,1 / 0,8	151 / 109	136 / 70	34 / 18
Staatshandelsländer	0,03 / 0,08	23 / 19	0,05 / 0,05	16 / 13	2 / 2	0,16 / 0,02
OPEC-Länder	3,5 / 2,1	27 / 22	0,02 / 0,03	15 / 9	4 / 2	2,4 / 1,5
Entwicklungsländer ohne OPEC	13,7 / 10,5	39 / 28	0,10 / 0,07	54 / 31	37 / 19	5,2 / 1,9

Abb. 1: Umfang der Auslandsgeschäfte deutscher Unternehmen
nach Ländergruppen in Mrd. DM
Quelle: Deutsche Bundesbank (1985)

Gleichzeitig zeigt die Einschätzung der Kreditwürdigkeit von Ländern durch Bankexperten, die halbjährlich von der Zeitschrift Institutional Investor veröffentlicht wird, seit 1980 eine rapide Verschlechterung der Bonität der Länder im Durchschnitt. Erst Anfang 1984 kommt diese Entwicklung zum Stillstand (vgl. Abb. 2).

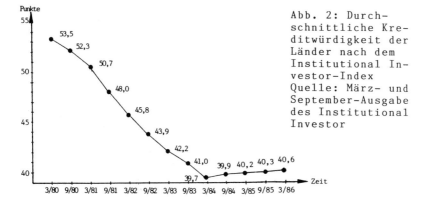

Abb. 2: Durchschnittliche Kreditwürdigkeit der Länder nach dem Institutional Investor-Index
Quelle: März- und September-Ausgabe des Institutional Investor

1

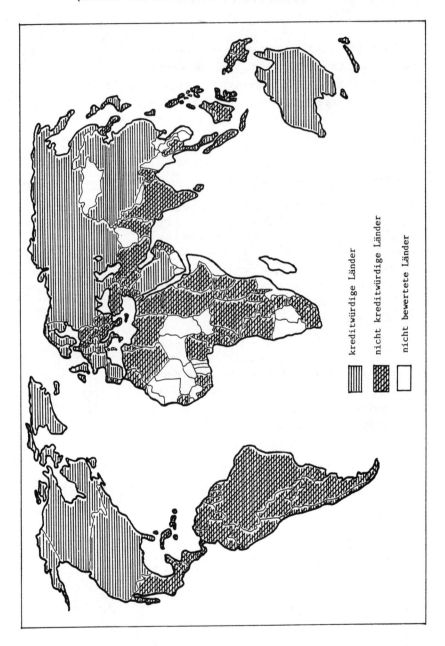

Für internationale Geschäftsbanken erscheint ein Land erst ab 60 von 100 möglichen Punkten des Institutional Investor Index als kreditwürdig.[1] Setzt man diesen Entscheidungsmaßstab an, ergibt sich für Anfang 1986 die in Abbildung 3 dargestellte Situation am Weltmarkt. Von insgesamt 109 Ländern besitzen nur noch 28 eine ausreichende Bonität.

Angesichts der geringen Kreditwürdigkeit vieler Länder tragen die deutschen Unternehmen ein beträchtliches Risiko. Im Jahre 1984 haben deutsche Unternehmen gegenüber dem Ausland Forderungen[2] in Höhe von 465 Mrd. DM, von denen etwa 30 % gegenüber den risikoreichen Entwicklungs- und Staatshandelsländern bestehen (vgl. Abb. 1).

Die Länderrisiken, die eng mit der Bonität eines Landes verbunden sind, stehen aufgrund der Verschuldungsprobleme vieler Länder und der permanenten Gefahr einer weltweiten Finanzkrise im Mittelpunkt der Diskussion. Das Ausmaß der Auslandsverschuldung der Entwicklungsländer von 1977 bis 1986 zeigt Abbildung 4.

Länder-gruppen	Auslandsschulden in Mrd. US-Dollar			
	1977	1981	1984	1986*
Lateinamerika	124	284	351	364
Asien	83	155	210	250
Afrika	60	102	126	131
Europa	38	71	79	82
Naher Osten	25	46	59	69
insgesamt	330	658	825	896
* vom IMF geschätzte Werte				

Abb. 4: Die Auslandsverschuldung der Entwicklungsländer
ohne osteuropäische und OPEC-Staaten
Quelle: IMF (1985), S. 262

Die Ursachen für die hohe Verschuldung der Entwicklungsländer sind nicht nur auf vereinzelte und für jedes Land unterschiedlich gelagerte Probleme zurückzuführen, sondern

---

1) vgl. Müller-Berghoff (1984), S. 3.
2) Die Auslandsforderungen bestehen aus den Finanzkrediten inländischer Unternehmen, den Auslandsforderungen der Kreditinstitute und ihrer Auslandsfilialen in Abbildung 1.

3

liegen zu einem großen Teil in der weltwirtschaftlichen Entwicklung der letzten 15 Jahre begründet, die mit dem ersten Ölpreis-Schock 1973/74 begann und bis heute 3 Phasen der Verschuldungskrise erkennen läßt.[3]

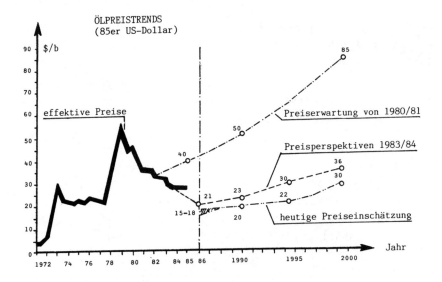

Abb. 5: Ölpreisentwicklung und -trends (85er US-Dollar)
Quelle: Schürmann (1986)

1. Phase: Die OPEC-Staaten erhöhten den Ölpreis von 1971 bis 1973/74 um ein Vielfaches (vgl. Abb. 5) und lösten den ersten Ölpreis-Schock aus. Der Ölpreis-Anstieg verursachte hohe Leistungsbilanzdefizite in den Industrieländern und ölimportierenden Entwicklungsländern. Um die Defizite auszugleichen, mußten diese Länder einen tiefgreifenden wirtschaftlichen Wandel durchmachen. Die anschließende Rezession in den Industrieländern brachte einen Verfall der Rohstoffpreise am Weltmarkt mit sich, so daß die ölimportierenden Entwicklungsländer, die traditionell zu den Anbietern von Rohstoffen zählen, doppelt hart getroffen wurden.

---

3) vgl. Dehmel (1985), S. 49 f.; Schürmann (1986); Abs (1981); Körner u.a. (1984), S. 15 ff. und S. 42 ff.

Im Gegensatz dazu erzielten die OPEC-Staaten beträchtliche
Überschüsse, die sie zum Teil auf den internationalen
Finanzmärkten anlegten und damit den internationalen Ge-
schäftsbanken unerwartet hohe Liquidität brachten. Diese
nutzten den so gewonnenen Kreditspielraum, um umfangreiche
Kredite an die mit hohen Wachstumschancen verbundenen
Schwellenländer, wie Mexiko und Brasilien, zu vergeben. Das
Recycling der Öl-Milliarden führte zu einer explosiven Aus-
weitung des internationalen Kreditgeschäfts und zu einer
hohen Auslandsverschuldung vieler Schwellenländer unter
Zugrundelegung von Marktkonditionen und nicht zu den günstigen Bedingungen der Entwicklungshilfekredite.

2. Phase: Der zweite Ölpreis-Schock 1979/80 – die Ölpreise
stiegen etwa um das Doppelte an (vgl. Abb. 5) – erforderte
weitere Anpassungsmaßnahmen der Industrie- und ölimportierenden Entwicklungsländer. Zusätzlich stiegen seit 1979
die US-Zinsen, was sich direkt auf die zum Teil mit variablen Zinssätzen versehenen Kredite der bereits hoch verschuldeten Entwicklungsländer auswirkte. 1982 verfügte
Mexiko nicht mehr über genügend Devisen, um seinen Schuldendienst (Zinsen und Tilgung) zu leisten. Einem Haupt-
schuldnerland drohte die Zahlungsunfähigkeit. Mit diesem
Ereignis trat das Ausmaß der Verschuldung ins Bewußtsein
der internationalen Finanzwelt mit dem Effekt, daß sich die
internationalen Banken angesichts der nun erkannten Risiken
abrupt aus dem Kreditgeschäft mit Entwicklungsländern
zurückzogen und diese Länder damit zusätzlich in eine
Liquiditätskrise stürzten.

Die eigentlichen Gefahren der Verschuldungskrise für das
internationale Finanzsystem und die Weltwirtschaft liegen
allerdings in der Konzentration der Kredite auf der Seite
der Schuldner-Staaten und Gläubiger-Banken.

Ende 1984 entfällt fast die Hälfte der Schuldensumme von
827 Mrd. Dollar auf die neun größten Schuldnerländer der
Dritten Welt. Die Auslandsverschuldung konzentriert sich
vor allem auf die lateinamerikanischen Länder Brasilien,

Mexiko, Argentinien und Venezuela sowie die asiatischen
Länder Süd-Korea, Indonesien und Philippinen (vgl. Abb. 4
und 6).

Länder	Auslandsschulden 1984 in Mrd. US-Dollar
Brasilien	104
Mexiko	96
Argentinien	48
Süd-Korea	43
Venezuela	34
Indonesien	32
Philippinen	25
Chile	19
Peru	13
insgesamt	414

Abb. 6: Die größten Schuldnerländer der Dritten Welt
Quelle: AHD (5.6.1985), S. 12: Veröffentlichung einer
Statistik des Institute of International Finance

Ende 1983 waren die US-Banken mit Krediten in Höhe von
durchschnittlich 157 % ihres Eigenkapitals in der Dritten
Welt engagiert.[4] Einige US-Großbanken haben ihre Kredite
überwiegend an einige wenige lateinamerikanische Länder,
insbesondere Mexiko und Brasilien, vergeben. "So sind die
Kreditengagements der US-Banken in Lateinamerika schlecht
diversifiziert und infolge der amerikanischen Bilanzie-
rungsvorschriften ungenügend mit Rückstellungen abgedeckt."[5] In dieser Problematik liegt viel Sprengstoff für
das internationale Finanzsystem.[6] Über Sanierungsprogramme
des IMF und durch Umschuldungen, d.h. letztlich durch Ver-
längerungen der Kreditlaufzeiten, versuchten im wesentlichen Gläubiger und Schuldner die Krise zu meistern.

3. Phase: 1985/86 kommt es durch den Ölpreisverfall (vgl.
Abb. 5) zu einer Verschärfung der Verschuldungskrise. "Die
ölimportierenden Industrieländer erhalten einen Wachstums-
schub und Stabilitätsimport, die ölimportierenden Entwicklungsländer werden entlastet, aber die ölexportierenden

---

4) vgl. Nunnenkamp/Jung (1985), S.37.
5) Simmert (1986), S. 1.
6) vgl. Dönhoff, Marion Gräfin (1986), S. 1.

6

Entwicklungsländer geraten in eine tiefe Krise".[7] Somit gelingt es nicht, die Krise einzudämmen, sondern sie weitet sich weiter aus. Dem ölexportierenden Mexiko, das nach 1982 als mustergültiger Schuldner galt, fehlen 1986 Devisen, um Zinszahlungen zu leisten.[8] Wieder droht das internationale Finanzsystem seine Balance zu verlieren. Die Krise sieht allerdings 1986 noch ernster aus als 1982, denn die bereits extreme Verschuldung läßt keinen Handlungsspielraum mehr zu, und die Unsicherheiten am Weltmarkt sind noch größer geworden. Sie ergeben sich aus mehreren Faktoren:

Ölpreisentwicklung: Der Verfall der Ölpreise trifft viele OPEC-Länder und andere ölexportierende Entwicklungsländer hart. Sie sind i.d.R. hoch verschuldet und die Mindereinnahmen machen es schwer, den Schuldendienst zu zahlen und die notwendigen Exporte zu tätigen, wie das in Nigeria der Fall ist.[9] Eine Verbesserung der Lage der ölexportierenden Entwicklungsländer hängt vom zukünftigen Ölpreis ab, der aber äußerst schwierig zu prognostizieren ist (vgl. Abb. 5).

US-Zinsniveau: Probleme ergeben sich aus den relativ hohen Dollar-Zinsen. Eine Zinssenkung von derzeit etwa 8 % auf 5 % wie vor 10 Jahren würde den 15 höchstverschuldeten Ländern innerhalb der nächsten 3 Jahre eine Devisenersparnis von 20 Mrd. Dollar bringen. Das ist soviel wie die Geschäftsbanken in dieser Zeit im Rahmen des Baker-Plans an neuen Krediten für diese Länder bereitstellen wollen.[10]

Neukreditvergabe für Zinszahlungen: Länder wie Mexiko nehmen Neukredite auf, allein um ihre Zinsen bezahlen zu können. Die Schulden der Drittländer steigen auf diese Weise weiter, ohne daß damit Investitionen getätigt werden und Wachstum erzeugt werden kann.[11]

---

7) Simmert (1986), S. 1.
8) vgl. o.V. (1986); Herlt (1986), S.27.
9) Kaps (24.3.1986) und (21.4.1986).
10) vgl. Mayer-List (1986), S. 33; Herlt (1986), S. 27.
11) vgl. Herlt (1986), S. 27.

Sinkender Lebensstandard in Drittländern: Viele der lateinamerikanischen Staaten haben erhebliche soziale Probleme.
Der ohnehin niedrige Lebensstandard ist stark gesunken
(vgl. Abb. 7).

Länder	Veränderung des BIP pro Kopf 1985 gegenüber 1980/81 in %
Brasilien	-5,6
Mexiko	-9,4
Argentinien	-17,1
Venezuela	-17,1
Philippinen	-14,1
Chile	-14,4
Peru	-13,7

Abb. 7: Der sinkende Lebensstandard der größten Schuldner
Quelle: IMF (lfd. Jg.)

Weitere Anpassungs- und Sparmaßnahmen der Regierungen verlangen zusätzliche Opfer von der Bevölkerung und provo-
zieren soziale Unruhen, die unübersehbare Folgen haben
können und die politische Stabilität und den Demokrati-
sierungsprozeß der Länder gefährden.[12]

Finanz- Geld- und Außenhandelspolitik der USA: Die Staats-
und Auslandsverschuldung der USA bringt weitere Unwägbar-
keiten in die Entwicklung des Weltfinanz- und Weltwährungs-
systems.[13] Die Finanzierung des beträchtlichen und wachsenden US-Leistungsbilanzdefizits, das bis 1990 schätzungs-
weise zu einer Auslandsverschuldung der USA von einer Billion Dollar führen wird, kann nicht ohne Folgen bleiben.[14]
In den USA ist daher mit protektionistischen Maßnahmen, einer starken Dollarabwertung, hohen Zinsen und inflationären
Tendenzen zu rechnen.[15]

Vor diesem Hintergrund werden die hohen Risiken, mit denen
die internationale Unternehmung am Weltmarkt konfrontiert
ist, offensichtlich. Sie bestehen nicht nur in der Zahlungsunfähigkeit der Länder, sondern darüber hinaus aus ei-

---

12) vgl. AHD (26.2.1986), S.15; Arfert (1986), S. 22; Herlt
(1986), S. 27.
13) vgl. Herrmann (1985), S. 3.
14) vgl. AHD (5.2.1986), S. 9.
15) vgl. Hauser (1985).

nem ganzen Risikobündel verschiedener miteinander verbundener Risiken: den Transfer-, Dispositions- und Enteignungsrisiken.[16)]

Diese Risikolage macht es erforderlich, ein möglichst umfassendes und aktuelles Informationssystem über die Verschuldungslage und die wirtschaftliche, politische und soziale Entwicklung der Länder zur Verfügung zu haben. Das Informationssystem muß in der Lage sein, die erforderlichen Daten auch im Hinblick auf die zunehmende Vielfalt der Formen des Auslandsengagements deutscher Unternehmen zu erfassen, auszuwerten und einzuschätzen.[17)] Um eine Ausgangsbasis zu schaffen, die es der einzelnen Unternehmung ermöglicht, die Risiken zu beurteilen, die mit strategischen Marketing-Entscheidungen auf Auslandsmärkten verbunden sind, bietet sich folgende Vorgehensweise an:

1) Bestimmung der wesentlichen Auslandsaktivitäten, auf die sich die vielfältigen Formen der Auslandsengagements zurückführen lassen.

2) Bestimmung der Länderrisiken in Relation zu den Grundformen der Auslandsaktivitäten.

3) Identifikation der relevanten wirtschaftlichen, politischen und sozialen Umweltkomponenten, die die Risiken verursachen.

---

16) vgl. Root (1972).
17) vgl. Pollack/Riedel (1984). Sie zeigen die Vielfalt der Auslandstätigkeiten deutscher Unternehmen anhand einer Analyse der Zahlungsbilanzstatistik und einer eigenen Unternehmensbefragung auf.

B. Konzepte zur Beurteilung von Länderrisiken der internationalen Unternehmung

1. Länderrisiken der internationalen Unternehmung

Dem Begriff Länderrisiken werden sehr unterschiedliche Sachverhalte subsumiert. Eine Gruppe von Autoren konzentriert sich aussschließlich auf Risiken beim Auslandskreditgeschäft,[1] während sich die anderen mit Risiken aus **Direktinvestitionen** befassen. Letztere beschäftigen sich entweder mit der Investitionstätigkeit der Unternehmen generell[2] und differenzieren nicht nach Produktions-, Handels- und Dienstleistungsunternehmen,[3] oder schränken ihre Betrachtungen auf Direktinvestitionen von Produktionsunternehmen[4] bzw. auf bestimmte Formen der Direktinvestition, die 100%ige Tochtergesellschaft von Produktionsunternehmen, ein.[5] Die Zweiteilung der Arbeiten ist hauptsächlich verantwortlich für die schwerpunktmäßige Betrachtung der politischen Risiken, insbesondere der Enteignung, die vom Staat auf ausländische Direktinvestitionen ausgehen oder der überwiegend wirtschaftlich bedingten Risiken der Zahlungsunfähigkeit unter dem Gesichtspunkt des Kreditrisikos der Banken. Eine globale, sämtliche Risiken von Auslandsaktivitäten integrierende Sichtweise streben diese Arbeiten nicht an.

---

1) vgl. Rhein (1980); Nagy (1979); Stockner (1984).
2) vgl. Haendel/West/Meadow (1975), S. XI.
3) vgl. Balleis (1984), S. 24 f.
4) vgl. Haan (1984), S. 7.
5) vgl. Raffée/Kreutzer (1984), S. 28 f.

1.1. Aufgaben und Ziele einer globalen Länderrisiko-Analyse

Die Grundformen der **Auslandsmarktstrategien** international
tätiger Unternehmen sind

- Lizenz- und Patentgeschäfte,
- Exportgeschäfte von Gütern und Dienstleistungen und
- Direktinvestitionen.[6]

Sie stellen in der Literatur die am häufigsten betrachteten
strategischen Alternativen der Markterschließung dar.[7]
Ebenfalls diskutiert wird der Einsatz verschiedener Auslandtätigkeiten in einer bestimmten zeitlichen Reihenfolge, um Auslandsmärkte zu bearbeiten. Im Vordergrund
stehen dabei Internationalisierungsstrategien, die einen
Übergang vom Exportgeschäft zum Lizenzgeschäft und dann zur
Direktinvestitionstätigkeit sehen sowie Internalisierungsstrategien, die davon ausgehen, daß die Unternehmung direkt
vom Exportgeschäft zur Direktinvestitionstätigkeit und erst
dann zum Lizenzgeschäft übergeht.[8] Betrachtet wird auch
der gleichzeitige Einsatz mehrerer miteinander kombinierter
Auslandtätigkeiten.[9]

Empirische Untersuchungen haben gezeigt, daß das Auslands-
engagement der Unternehmen in Ländern, mit denen enge wirtschaftliche Beziehungen bestehen, alle Formen der Auslandstätigkeit vom Export über das Lizenzgeschäft bis hin zur
Direktinvestition umfaßt.[10] Die Unternehmen betrachten dabei die Aktivitäten nicht nur als alternative Strategien,

6) Ehrenfeld (1985), S. 5.
7) Backhaus (1982), S. 143 ff.; Seidel (1977), S. 87 ff.
Backhaus diskutiert die verschiedensten Auslandsaktivitäten
unter dem Gesichtspunkt alternativer Markteintrittsstrate-
gien speziell im Anlagengeschäft und Seidel im allgemeinen.
8) Rugman (1980); Pausenberger (1984), S. 273 ff. Hier sei
vor allem auf die Kontroverse über Internationalisierungs-
und Internalisierungsstrategien hingewiesen.
9) Ehrenfeld (1985), S. 124 ff. Beispielsweise erfordert
das Auslandsgeschäft mit Großanlagen den Einsatz sämtlicher
Aktivitäten von Finanzierungsleistungen bis hin zur Direktinvestition. Vgl. hierzu Backhaus (1982), S. 95 ff.
10) vgl Pollak/Riedel (1984), S. 15.

sondern auch als sich gegenseitig ergänzende Formen der Marktbearbeitung.[11]

Abbildung 8 gibt einen Überblick über die Aktivitäten, die häufig in Kombination miteinander auftreten.[12] Dabei wird das Kreditgeschäft in die Betrachtung mit eingebunden, weil die Bearbeitung von Auslandsmärkten, insbesondere von Entwicklungs- und Staatshandelsländern, heute ohne die Erbringung von Finanzierungsleistungen kaum möglich ist. Kreditgeschäfte stellen eine zusätzliche strategische Marketing-Entscheidung bei der Bearbeitung von Auslandsmärkten dar, die eine immense risikomäßige Bedeutung besitzen.[13]

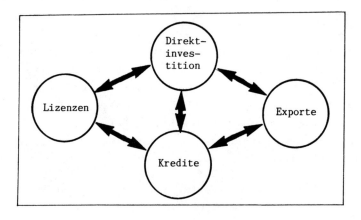

Abb. 8: Häufig kombinierte Auslandsaktivitäten

Aufgrund der Alternativverbunde bietet sich eine alle vier Aktivitäten umfassende globale Länderrisiko-Analyse an. Sie ermöglicht der Unternehmung, über die Risikobeurteilung einzelner Auslandsaktivitäten hinaus alle strategischen Entscheidungsalternativen beurteilen und vergleichen zu können.

---

11) vgl. Pollak/Riedel (1984), S. 20 f.
12) Export und Lizenzgeschäft schließen sich insofern aus, als eine Unternehmung, die mit ihren im Inland erstellten Produkten den Auslandsmarkt bedienen will, i.d.R. nicht über Lizenzen Eigenkonkurrenz betreibt.
13) vgl. Stössel (1984), S. 336 f.

1.1. Auslandsaktivitäten der internationalen Unternehmung

Die aufgezeigten Auslandsaktivitäten lassen sich unterscheiden in Transfergeschäfte (Kredit-, Export-, Lizenzgeschäfte) oder Direktinvestitionstätigkeiten. Charakteristisch für das reine Austausch- bzw. Transfergeschäft ist,
daß die Unternehmung eine im Inland erbrachte Leistung im
Ausland anbietet.

Beim **Kreditgeschäft** handelt es sich um den Transfer von Finanzierungsleistungen. Diese Form des Auslandsengagements
tritt in der Regel in Verbindung mit anderen Auslandsgeschäften der Unternehmen auf. Benötigt die ausländische
Tochtergesellschaft Fremdkapital, ist sie häufig gezwungen,
sich über die Muttergesellschaft oder eine ausländische
Bank die finanziellen Mittel zu beschaffen, denn die Ver-
sorgung mit Kapital im Inland, besonders in Entwicklungsländern, ist schwierig. Im Exportgeschäft kommt sowohl den
Zahlungsbedingungen (kurzfristige Exportfinanzierung) als
auch der Beschaffung und Bereitstellung von Zahlungsmitteln
durch den Exporteur oder eine Bank (langfristige Exportfinanzierung) eine große Bedeutung zu.[14] Das Finanzierungs-
angebot bzw. Financial Engineering stellt, wenn es um
größere Aufträge wie im Anlagengeschäft geht, sogar das
entscheidende Marketing-Instrumentarium dar.[15] Das gilt
umso mehr, je stärker sich das Auslandsgeschäft auf Ent-
wicklungs- und Schwellenländer verlagert, die häufig unter
Devisenknappheit leiden.[16]

Deutsche Unternehmen stehen somit vor dem schwierigen Problem, daß sie, um weitere Auslandsaufträge zu erhalten,
ihre bereits erheblichen Länderobligos noch weiter ausdeh-

---

14) vgl. Stössel (1984); Hombach (1984); siehe auch Bresser
(1980), S. 262 über die Rolle der Lieferanten- und Bestel-
lerkredite.
15) vgl. Backhaus (1982), S. 222; Backhaus/Molter (1985);
Molter (1986), S. 139 ff; Weiber (1985), S. 20 ff.
16) vgl. Abt (1985), S. 335.

13

nen müssen, und dabei unverhältnismäßig hohe Risiken eingehen.

Lizenzgeschäfte umfassen den Transfer von Wissen und Fer-
tigkeiten einer Unternehmung im technischen und kaufmännischen Bereich auf ausländische Partner. Die Transaktionen
bestehen im einzelnen in der Einräumung eines Benutzungs-
rechtes gewerblicher Schutzrechte, wie Patente, Gebrauchs-
muster, Geschmacksmuster und Warenzeichen sowie in der Wei-
tergabe von nicht geschützten, aber geheimen technischen
und kaufmännischen Kenntnissen und Erfahrungen.[17] Auch
Franchisingverträge, die häufig neben einem Lizenzgeschäft
eine enge technische und kaufmännische Zusammenarbeit der
Vertragspartner umfassen, gehören dazu.[18]

Lizenzgeschäfte erfassen sowohl den Transfer zwischen
ausländischen Tochterunternehmen als auch mit nicht-
kontrollierten konkurrierenden Unternehmen im Ausland.
Zwischen den Lizenzgeschäften und der Direktinvestitionstätigkeit deutscher Unternehmen besteht offenbar ein enger
Zusammenhang, denn im Jahre 1983 entfielen über 70 % der
Lizenzeinnahmen auf deutsche Unternehmen des verarbeitenden
Gewerbes mit Tochterunternehmen in den Ländern, aus denen
die Einnahmen stammten.[19] Offensichtlich stellt das Lizenzgeschäft in Kombination mit der Direktinvestitionstätigkeit eine wesentliche Form der Marktbearbeitung dar.
In bestimmten Ländern, den Staatshandelsländern, in denen
die Investitionstätigkeit ausländischer Unternehmen stark
eingeschränkt ist,[20] tritt das Lizenzgeschäft an die
Stelle der Direktinvestitionen.

Der internationale Handel umfaßt das **Exportgeschäft** von
Gütern und Dienstleistungen.[21] Beim Realgüter- bzw. Waren-
transfer handelt es sich um die klassische Form des
Außenhandels, die sowohl den direkten als auch den

---

17) vgl. Weihermüller, (1982) S. 15 f.
18) vgl. Kulhavy (1981), S. 22.
19) vgl. o.V. (1984), S. 28.
20) Siehe hierzu die Angaben in Abbildung 1 auf Seite 1.
21) vgl. Rose (1981), S. 1 f.

indirekten Export umfaßt.[22] Beim Dienstleistungsexport spricht man auch vom unsichtbaren Handel, weil es um den Transfer "nicht-dinglicher" Leistungen geht.[23]

Der Warenexport besitzt für die Unternehmen der Bundesrepublik eine existentielle Bedeutung. Etwa ein Drittel ihrer Produktion setzen die Unternehmen im Ausland ab.[24] Über die Hälfte der Exporte im Wert von 481 Mrd. DM bezogen sich 1984 auf die Ausfuhr von Investitionsgütern in Höhe von 251 Mrd. DM.

Dienstleistungsexporte stehen häufig im Verbund mit Warenlieferungen, insbesondere von Industrieanlagen in Entwicklungsländer. Hierzu gehören Versicherungen, Transporte, Bau- und Montageleistugen sowie Management-, Beratungs- und Schulungsleistungen, die die technische und kaufmännische Führung der schlüsselfertig gelieferten Anlagen betreffen.[25]

Bei der **Direktinvestition** engagiert sich die Unternehmung kapitalmäßig im Ausland. Sie nimmt eine Direktinvestition vor, um einzelne oder alle Funktionsbereiche der Unternehmung ins Ausland zu verlagern und z.B. eine Produktionsstätte, eine Vertriebs- oder Finanzierungsgesellschaft zu gründen oder über eine Beteiligung zu erwerben.[26]

---

22) vgl. Kulhavy (1981), S. 12 ff.
23) vgl. Nienhaus/Suntum (1985), S. 447.
24) vgl. Donges (1984), S. 12.
25) vgl. Kulhavy (1981), S. 23 f.; Ehrenfeld (1985), S. 93;
Abt (1985); Weiber (1985), S. 9 ff. Die technische Zusammenarbeit, die Management- und Schulungsverträge werden auch als Zusammenarbeitsverträge bezeichnet und wegen der Bedeutung, die ihnen heute zukommt, auch als eigene Form der Auslandstätigkeit angesehen. Vgl. Hunziker (1983), S. 31.
26) Eine Direktinvestition führt über den Kapitaltransfer hinaus häufig zu einem Transfer von technischem und kaufmännischem Know how. Vgl. hierzu auch Ehrenfeld (1985), S. 8 ff.

Die deutschen Direktinvestition von 106 Mrd. DM teilen sich
auf die verschiedenen Unternehmenstypen wie folgt auf:

Unternehmenstyp	Direktinvestition in Mrd. DM 1983 / 1980	Anzahl der Auslandsunternehmen 1983 / 1980
verarbeitendes Gewerbe	61 / 43	4762 / 4417
Handel	4,2 / 3,1	5354 / 4641
Kreditinstitute	8 / 5,9	568 / 484
insgesamt	106 / 74	13911 / 12256

Abb. 9: Anzahl und Umfang der Direktinvestitionen
verschiedener Unternehmenstypen
Quelle: Deutsche Bundesbank (1985)

Während die Anzahl der Auslandsunternehmen des Handels
sogar größer ist als die des verarbeitenden Gewerbes, ist
das investierte Kapital der Produktionsunternehmen ungleich
höher und macht fast die Hälfte der gesamten Direktinvestitionen aus. Allein aufgrund der Höhe des gebundenen Kapitals im Ausland sind somit die Risiken von Produktionsunternehmen als relativ hoch einzuschätzen.

1.3. Gemeinsame Analyse der Länderrisiken von
Auslandsaktivitäten

In einem umfassenden Sinne stellen Länderrisiken Verlust-
gefahren dar, die einer Unternehmung durch Beeinträchtigung
ihrer Auslandsaktivitäten entstehen und aus der gesamtwirtschaftlichen, politischen und sozio-kulturellen Situation
eines Landes resultieren. Sie setzen sich zusammen aus

- **Transferrisiken:** einer Beeinträchtigung der grenzüberschreitenden geschäftlichen Transaktionen, die
  folgende Risiken umfassen:
  - **Wechselkursrisiken,** d.h. die Austauschrelationen
    der Währungen können sich verschlechtern,

16

– **Zahlungsunfähigkeitsrisiken**, d.h. ein Land verfügt nicht mehr über genügend Devisen, um seinen Auslandsverbindlichkeiten nachzukommen, und
– **Risiken aus Handelshemmnissen**, d.h. die Regierung erhebt Einfuhrbeschränkungen und Zölle.

– **Dispositionsrisiken**: eine Beeinträchtigung der Geschäftsaktivitäten der Unternehmung im Ausland.

– **Enteignungsrisiken**: der Zugriff des Staates auf Eigentum und/oder Kontrolle der Unternehmung im Ausland.

Vergleichbare Definitionen und Beschreibungen finden sich in der entsprechenden Literatur,[27] wobei allerdings durchaus Unterschiede in der Abgrenzung des Risikobegriffs zu konstatieren sind, die sich aber durch die bereits beschriebene Konzentration der Autoren auf bestimmte Auslandsgeschäfte erklären lassen.

Länderrisiken / Auslandsaktivität	Transferrisiken			Disposi-tions-risiken	Enteig-nungs-risiken
	Wechselkurs-risiken	Zahlungs-unfähig-keit	Handels-hemm-nisse		
Kreditgeschäfte	////	////			
Lizenzgeschäfte	////	////	////		
Exportgeschäfte	////	////	////		
Direktinvestitionen	////	////	////	////	////

Abb 10: Die Beziehungsstruktur zwischen Länderrisiken und Auslandsaktivitäten

Länderrisiken stehen in einer unterschiedlichen Beziehung zu den verschiedenen Formen des Auslandsgeschäfts. Während bestimmte Risiken bei ihrem Eintritt alle Auslandsaktivi-

---

27) Bernkopf (1980), S. 127; Pretschker (1979), S. 117; Balleis (1984), S. 126; Haan (1984), S. 34 f.; Stockner (1984), S. 46. Die meisten dieser Autoren berufen sich bei ihrer Darstellung auf die Klassifikation von Root (1972), S. 357.

täten gleichermaßen betreffen, besitzen andere Risiken vor
allem für ganz bestimmte Aktivitäten eine Bedeutung. Um
diese Zusammenhänge aufzuzeigen, sind in der Matrix der Abbildung 10 in der Kopfzeile die Länderrisiken und in der
Kopfspalte die Auslandsaktivitäten abgetragen. Die Felder
innerhalb der Matrix, die in der Realität vorkommende Beziehungen zwischen Risiken und Aktivitäten darstellen, sind
schraffiert gekennzeichnet. Dabei stellt sich heraus, daß
die möglichen Risikoarten vom Kreditgeschäft über das Li-
zenz- und Exportgeschäft bis hin zur Direktinvestition zunehmen. Mit Hilfe dieser Betrachtungsweise ist es möglich,
Schritt für Schritt von den Einzelrisiken ausgehend, eine
umfassende Analyse ihrer risikomäßigen Konsequenzen für die
verschiedenen Aktivitäten durchzuführen.

1.3.1. Transferrisiken

Transferrisiken sind Risiken, die der Unternehmung durch
Beeinträchtigungen ihrer grenzüberschreitenden Austauschprozesse von Geld, Sachgütern, Know how und Dienstleistungen mit privaten oder staatlichen Geschäftspartnern auf dem
Auslandsmarkt sowie mit eigenen Auslandstöchtern, d.h. un-
ternehmensintern, entstehen. Sie resultieren einerseits aus
der monetären Außenwirtschaftspolitik eines Landes und
äußern sich in Wechselkursschwankungen und mangelnder Zahlungsfähigkeit und andererseits der Außenhandelspolitik,
die Maßnahmen wie Handelshemmnisse ergreifen kann.

1.3.1.1. Wechselkursrisiken

Das Ausmaß des Wechselkursrisikos hängt wesentlich von dem
bestehenden Wechselkurssystem ab. Nach den IWF-Statuten
steht es seit 1978 jedem IWF-Mitglied frei, das ihm gemäße
Wechselkurssystem zu wählen, d.h. seine Währung über feste

Wechselkurse an eine andere zu binden oder freie Wechselkurse vorzuziehen.[28] Wechselkursschwankungen manifestieren
sich in einem Umwechslungsrisiko, einem ökonomischen Risiko
und einem Umrechnungsrisiko.[29]

Die Wechselkursschwankungen wirken sich auf Forderungen in
Auslandswährung aus, unabhängig davon, ob sie in Verbindung
mit einem Kredit-, Lizenz-[30] oder Exportgeschäft[31] oder
einem Geschäft zwischen Mutter- und ausländischer Tochtergesellschaft entstanden sind. Eine Wechselkurssteigerung
erhöht und eine Wechselkurssenkung mindert den Wert der
Auslandsforderung in inländischer Währung.[32] Dieses
Umwechslungsrisiko erhöht oder vermindert das Vermögen der
Unternehmung und ihre Liquidität bei Zahlungseingang je
nach Wechselkursentwicklung.

Während sich die Unternehmung gegen das Umwechslungsrisiko,
z.B. über Devisentermingeschäfte, Kursklauseln oder Wech-
selkursversicherungen bei Hermes, direkt absichern kann,[33]
besteht diese Möglichkeit beim ökonomischen Wechselkurs-
risiko nicht. Das ökonomische Risiko erfaßt die Veränderung
der Wettbewerbsfähigkeit der Unternehmung auf dem ausländischen Markt aufgrund von Wechselkursschwankungen. Im
Exportgeschäft kommt die Abwertung der Inlandswährung einem
preispolitischen Wettbewerbsvorteil gegenüber der ausländischen Konkurrenz gleich. So stieg z.B. nicht zuletzt
aufgrund des hohen US-Dollar-Kurses Anfang 1985 der
deutsche Export in die USA im Vergleich zum Vorjahr um

---

28) vgl. Issing/Gerhardt (1984), S. 59. "Mitte 1983 hatten
von den insgesamt 146 Mitgliedsstaaten 54 ihre Währung an
eine einzelne andere Währung gebunden (36 davon an den US-
Dollar), 39 an einen Währungskorb. 17 Länder praktizierten
eine begrenzte Wechselkursflexibilität, darunter die 8 Länder, die als Mitglieder des Europäischen Währungssystems
gemeinschaftlich gegenüber dem US-Dollar floaten. 35 Mitgliedsstaaten hatten mehr oder minder flexible Wechselkurse." Issing/Gerhardt (1984), S. 59.
29) vgl. Haan (1984), S. 224 ff.
30) vgl. Weihermüller (1982), S. 156 f.
31) vgl. Zimmermann (1984), S. 115.
32) vgl. Sickenberger (1985), S. 341.
33) vgl. Zimmermann (1985), S. 115 f.

23 %.[34] Umgekehrt schwächt eine Aufwertung der Inlandswährung die Konkurrenzfähigkeit im Ausland, soweit der
Wettbewerb über den Preis stattfindet. Das ökonomische
Risiko wirkt sich nicht nur auf die Transfergeschäfte der
inländischen Unternehmen aus, sondern auch auf die Geschäfte im Bereich der ausländischen Direktinvestitionen. Wie
hier eine Auf- oder Abwertung der Auslandswährung die Wettbewerbsfähigkeit einer Tochterunternehmung konkret beeinflußt, hängt von dem Zusammenwirken mehrerer Faktoren ab:

- dem Absatzanteil der Tochter im ausländischen Binnenmarkt
  und dem Exportanteil,
- dem Marktanteil der übrigen ausländischen Konkurrenz im
  Binnenmarkt,
- dem Anteil lokaler und importierter Produktionsfaktoren.[35]

Allein bei Direktinvestitionen tritt zusätzlich noch das
Umrechnungsrisiko auf. Bei der Umrechnung der Bilanzposi-
tionen ausländischer Tochtergesellschaften in die Währung
der Muttergesellschaft treten durch Wechselkursschwankungen
Differenzen auf,[36] so daß sich das Vermögen der ausländischen Töchter in der Konzern- oder Weltbilanz verändert.[37]

1.3.1.2. Zahlungsunfähigkeitsrisiken

Schwierigkeiten eines Landes im internationalen Zahlungs-
verkehr ergeben sich dadurch, daß ein Land nicht genügend
Devisen erwirtschaftet, um seine in ausländischer Währung
eingegangenen finanziellen Verpflichtungen gegenüber dem
Ausland erfüllen zu können.[38] Die Regierung ergreift
Maßnahmen, um die Währung zu schützen. Sie äußern sich

---

34) vgl. AHD (12.6.1985), S. 4.
35) vgl. Haan (1984), S. 230.
36) vgl. Pausenberger (1981), S. 63.
37) vgl. Haan (1984), S. 231.
38) vgl. Robinson (1981), S. 71; Dale (1983), S. 41.

konkret in Konvertierungsbeschränkungen (Beschränkungen des Devisenverkehrs), die den Umtausch der lokalen Währung in eine harte Auslandswährung nur noch begrenzt oder überhaupt nicht mehr zulassen und in Transferbeschränkungen, die einen Geldexport ins Ausland verhindern.

Häufig wird zwischen wirtschaftlichen Ursachen, die zu einer knappen Devisenlage führen und politischen Gründen, die einen Staat veranlassen, die Zahlungen an das Ausland zu beschränken, unterschieden. Man trennt zwischen der wirtschaftlich bedingten **Zahlungsunfähigkeit** und der politisch bedingten **Zahlungsunwilligkeit**.[39] Das ist zwar theoretisch möglich, aber in der Realität, in der wirtschaftliche und politische Faktoren ineinander übergreifen, kaum nachvollziehbar. Der Fall der überwiegend politisch motivierten Zahlungsunwilligkeit – die Regierung eines Landes weist die Schulden der Vergangenheit zurück – erscheint heute kaum realistisch. Die Länder setzen ihre internationale Kreditwürdigkeit nicht willkürlich aufs Spiel, um auch in Zukunft Auslandskredite zu erhalten.[40] Aus diesen Gründen ist es sinnvoll, auf die überwiegend wirtschaftliche Natur der Zahlungsschwierigkeiten abzustellen.

Das Risiko der Zahlungsunfähigkeit hängt nicht von der Bonität des individuellen Schuldners ab, sondern von der **Bonität des Landes**.[41] Diese drückt sich in der Unfähigkeit des Landes aus, genügend Devisen zu erwirtschaften, damit der einzelne Schuldner seine in ausländischer Währung eingegangenen Verpflichtungen erfüllen kann. Hierzu müssen die in lokaler Währung vorliegenden Zahlungsmittel in die entsprechende Auslandswährung umgetauscht und überwiesen werden können.

---

39) vgl. Krayenbuehl (1985), S. 24 und 37 f.
40) vgl. Rhein (1979), S. 56 f.; Körner u.a. (1984), S.36: Nach dem Zweiten Weltkrieg riskierten bisher nur sehr wenige Länder – wie Kuba unter Fidel Castro – die Zurückweisung ihrer Schulden. Kuba erhielt daraufhin jahrelang keine westlichen Kredite mehr.
41) vgl. Rhein (1979), S. 37.

Die hier gegebene Definition der Zahlungsunfähigkeitsrisiken stellt explizit auf die Auslandsverbindlichkeiten in einer Auslandswährung ab und schließt damit Auslandskredite in inländischer Währung, wie sie zur Zeit die USA in großem Umfang aufnimmt, aus der Betrachtung aus.[42] Diese Form der Auslandsverschuldung führt zu grundsätzlich anderen Problemen, als sie mit einer **Devisenknappheit** verbunden sind. Beispielsweise kann die USA durch Geldschöpfung ihre Auslandsschulden bezahlen.

Für die Auslandsgeschäfte der Unternehmen bedeuten Zahlungsschwierigkeiten eines Landes, daß die Zahlungen der Zinsen und Tilgungen für gewährte Kredite, der Gebühren bzw. Royalties für überlassene Lizenzen, des Leistungsentgelts für getätigte Exporte sowie der Dividenden und Gewinne für das investierte Kapital ebenso wie für die Rückführung des Kapitals, nur verzögert oder überhaupt nicht eintreffen.[43]

Die Zahlungsschwierigkeiten der verschuldeten Länder äußern sich in verschiedenen **Formen**, die dann zu entsprechenden Maßnahmen der von der Verschuldung betroffenen Gruppen führen:

Totale Zahlungsunfähigkeit (Default): Das Schuldnerland sieht sich außer Stande weitere Schuldendienstzahlungen zu leisten. Die Unternehmen müssen die entsprechenden Forderungen an dieses Land wertberichtigen.

Partielle Zahlungsunfähigkeit (Renegotiation): Die Unternehmen erhalten weniger Zahlungen als ursprünglich vereinbart, wenn z.B. der Zinssatz oder auch der Spread gesenkt

---

42) Eine Verschuldung in Inlandswährung kommt schließlich nur für die wenigen Länder, die über eine konvertible Währung verfügen in Frage, und dürfte in größerem Ausmaß eigentlich nur für die USA denkbar sein, weil sie sozusagen die Weltwährung besitzt.
43) vgl. Krayenbuehl (1985), S. 3. Speziell zu den Auswirkungen der Zahlungsprobleme auf das Kreditgeschäft siehe Weihermüller (1982), S. 161, das Exportgeschäft siehe Zimmermann (1984), S. 114 und die Direktinvestition siehe Balleis (1984), S. 137.

und/oder ein Teil der Kreditsumme nicht mehr zurückgezahlt wird.

Temporäre Zahlungsunfähigkeit (Rescheduling/Moratorium): Das Land bittet seine Gläubiger um Zahlungsaufschub, z.B. in Form eines Moratoriums, um tilgungsfreie Jahre zu erhalten oder in Form von Umschuldungsverhandlungen, um die Kreditlaufzeiten auszudehnen und den jährlichen Schuldendienst zu reduzieren. Das ist sinnvoll, wenn die wirtschaftlichen Schwierigkeiten nur vorübergehend sind. Der Unternehmung entstehen dadurch noch keine Forderungsausfälle, sondern nur administrative Kosten für die Umschuldungs- oder Moratoriumsverhandlungen. Außerdem können die Zahlungsverzögerungen bei den Unternehmen Liquiditätsprobleme verursachen und zu Zinsverlusten führen, wenn die Verzugs- und Umschuldungszinsen unter dem Marktzinsniveau liegen.[44]

Versteckte Zahlungsunfähigkeit: Obwohl die totale Zahlungsunfähigkeit eines Landes abzusehen ist, kommt es zu Umschuldungsverhandlungen, um die Kreditwürdigkeit künstlich aufrecht zu erhalten. Die bereits hohen Forderungen der Gläubiger sind nicht zwingend wertzuberichtigen. Angesichts der Schuldensituation vieler Länder der Dritten Welt stellt sich die dringliche Frage, inwieweit sie die Grenzen der finanziellen Belastbarkeit nicht schon überschritten haben.[45]

Die Konsequenzen der weltweiten Verschuldungskrise für die Unternehmen in der Bundesrepublik sind tiefgreifender Natur. Um sich auf einen Forderungsausfall vorzubereiten, werden hohe Rücklagen gebildet. Endgültig als dubios eingestufte Forderungen müssen schließlich wertberichtigt oder abgeschrieben werden, was den ausgewiesenen Gewinn und letztlich auch das Eigenkapital der Unternehmen schmälert.

Als besonders hoch sind die Risiko-Konsequenzen für Unternehmen im Exportgeschäft einzuschätzen, wenn der Einzelauf-

---

44) vgl. Zimmermann (1984), S. 114.
45) vgl. Rhein (1979), S. 88 ff; Nagy (1979), S. 14 f.

trag eine so hohe Wertdimension besitzt, daß ein Forderungsausfall selbst größere Firmen in ihrer Existenz bedrohen kann.[46] Das gilt auch für die Großbanken der USA, die ein Vielfaches ihres Eigenkapitals als Kredite nach Lateinamerika vergeben haben und wegen der US-Bilanzierungsregeln keine Rückstellungen bilden können. Die Gefahr, daß ein Konkurs mehrerer Banken gleichzeitig eine Kettenreaktion auslösen und das internationale Finanzsystem zum Zusammensturz bringen könnte, scheint bis heute noch nicht gebannt. Sollte ein Land sich selbst für zahlungsunfähig erklären, um sich der erdrückenden Schuldenlast zu entledigen, würden die ohnehin schon spärlich fließenden Kreditquellen, die wenigstens die lebensnotwendigen Außenhandelsgeschäfte ermöglichen, für längere Zeit endgültig versiegen. Angesichts der Verschuldungssituation wird es in jedem Falle in Zukunft schwieriger und teurer, für Exportaufträge Finanzierungen aufzustellen und Bürgschaften von staatlichen Stellen zu erhalten.[47]

1.3.1.3. Risiken aus Handelshemmnissen

Handelshemmnisse umfassen neben Boykottmaßnahmen und Handelsembargen vor allem protektionistische Maßnahmen der jeweiligen Regierungen. Sie beeinträchtigen den freien Austausch von Gütern, Dienstleistungen und Know how unter den Ländern.

Die weltweite Zunahme des Protektionismus in den letzten Jahren steht in einem krassen Gegensatz zu den Zielen des Allgemeinen Zoll- und Handelsabkommen (GATT, General Agreement on Tariffs and Trade)[48], das u.a. den Abbau der Handelshemmnisse und die Schaffung eines freien internatio-

---

46) vgl. Abt (1985), S. 335.
47) vgl. Abt (1985), S. 335.
48) Das GATT-Abkommen stellt die wichtigste Institution für die Welthandelsordnung dar. Ihr gehören 88 Vollmitglieder und 30 vorläufige Mitgliedsstaaten an. Vgl. hierzu Issing/ Gerhardt (1984), S. 51.

nalen Handels anstrebt. Für die stark exportorientierte
Wirtschaft der Bundesrepublik besitzt die weitgehende
Verwirklichung dieser Ziele fast schon eine existentielle
Bedeutung. Allerdings hat die Stagflation und Unterbe-
schäftigung, mit der viele Länder zu kämpfen haben, die
Tendenz der Regierungen verstärkt, zum Schutze der eigenen
Wirtschaft gegenüber der ausländischen Konkurrenz protek-
tionistische Maßnahmen zu ergreifen. Hinzu kommen weitere
Eingriffe in den freien internationalen Handel, die auf-
grund der weltweiten Verschuldungskrise und der Import-
beschränkungen der Schuldnerländer drohen.[49]

Die protektionistischen Maßnahmen der Regierungen gehen
heute weit über das klassische Außenhandelsinstrumentarium
der Zölle und Kontingente hinaus und umfassen weniger of-
fensichtliche Varianten nicht-tarifärer Handelshemmnisse.
Zum Kern dieser kaum noch zu übersehenden Maßnahmen zählen:[50]

- Einfuhrgenehmigungsvorschriften für Lizenzen und
  Zollabfertigung,
- diskriminierende Festsetzung des Importwertes und
  Zollsatzes,
- willkürliche technische Mindestvorschriften (Standards),
- besondere Steuern auf Importe,
- variable Abschöpfungen,
- internationale Kartelle,
- internationale Selbstbeschränkungsabkommen und
- Subventionen.

Nicht zuletzt aufgrund der Vielzahl an Varianten protek-
tionistischer Maßnahmen entsteht für die exportorientierte
Unternehmung eine erhebliche Intransparenz über die
möglichen Risiken, die aus Handelshemmnissen resultieren
können.

Handelslshemmnisse zielen nicht immer nur auf den Schutz der
eigenen Wirtschaft ab, sondern können auch in Form von
Boykott- und Embargomaßnahmen als Druckmittel gegenüber dem

---

49) vgl. Issing/Gerhardt (1984), S. 71.
50) vgl. Glismann/Horn (1984), S. 75 f.

politischen Gegner dienen.[51] Umfang und Zeitpunkt für die Ergreifung der Handelsbeschränkungen liegen weitgehend im Ermessensspielraum der jeweiligen Regierung, so daß Boykott- und Embargomaßnahmen nur schwer prognostizierbar sind.[52]

Unabhängig davon, ob die Handelshemmnisse einen wirtschaftlichen oder politischen Hintergrund besitzen, wirken sie sich gleichermaßen auf die Unternehmung aus: Zölle schwächen ihre Konkurrenzfähigkeit auf dem Auslandsmarkt, Einfuhrstops und Genehmigungspflichten verhindern oder verzögern die Auslieferung der fertigerstellten Erzeugnisse, die sich u.U. bereits auf dem Weg ins Ausland befinden. Die übrigen nicht-tarifären Handelshemmnisse erschweren das Exportgeschäft künstlich.[53]

Handelshemmnisse können sich auch auf die grenzüberschreitenden unternehmensinternen Austauschprozesse von Leistungen zwischen Mutter- und Tochterunternehmung auswirken, wenn beispielsweise von den Beschränkungen betroffene, bisher billig importierte Produktionsfaktoren teurer auf dem lokalen Markt beschafft werden müssen oder sogar die Zulieferung von modernen technischen Produkten verhindert wird, die anderweitig nicht beschaffbar sind.

1.3.2. Dispositionsrisiken

Dispositionsrisiken ergeben sich aus einer Beeinträchtigung der laufenden Geschäftsaktivitäten der Unternehmung im Ausland durch Maßnahmen der Regierung oder durch soziale und politische Unruhen.[54] Die Einschränkung des unternehmerischen Handlungsspielraums kann sich auf alle Funktionsbereiche der Unternehmung wie Marketing, Produktion, Be-

---

51) Hier sei nur kurz auf die große Bedeutung des Ostembargos hingewiesen. Vgl. Zimmermann (1984), S. 122.
52) vgl. Zimmermann (1984), S. 122.
53) vgl. Zimmermann (1984), S. 121.
54) vgl. Haan (1984), S. 34.

schaffung, Personal und Finanzierung auswirken. Angesichts der kaum überschaubaren Vielfalt möglicher Dispositionsrisiken sind in Abbildung 11 einige beispielhaft für die verschiedenen Funktionsbereiche aufgelistet.[55]

Marketing-Bereich	– Staatlich fixierte Preise – Produktionsbeschränkungen – Verpflichtung, ausschließlich den lokalen Markt zu versorgen
Produktions-Bereich	– Schäden am Anlage- und Umlaufvermögen durch gewaltsame innenpolitische Unruhen oder politisch motivierte Sabotage – Zwang zur Anwendung arbeitsintensiver Technologien
Beschaffungs-Bereich	– Staatlich festgesetzte Rohstoffpreise – Verpflichtungen bestimmte Zulieferungen bei lokalen Unternehmen zu beziehen
Personal-Bereich	– Forderungen seitens der Regierung über Mindestbeteiligungen einheimischer Arbeitskräfte – Politisch motivierte Verfolgung Verletzung und Tötung von Mitarbeitern
Finanz-Bereich	– Fiskalische Maßnahmen in Form von Abgaben und Zuwendungen – Steuerliche Maßnahmen, die sich sogar zu einer konfiskatorischen Besteuerung ausdehnen können (schleichende Enteignung)

Abb. 11: Beeinträchtigungen der Funktionsbereiche der Unternehmung im Ausland

Das Ausmaß der Dispositionsrisiken hängt nicht zuletzt davon ab, wieviele und welche Funktionsbereiche die Unternehmung ins Ausland verlagert hat. Die Risiken einer Vertriebsniederlassung begrenzen sich beispielsweise auf die Funktionsbereiche Finanzen, Personal und Absatz, während sie sich bei einer Produktionsstätte zusätzlich auf die Bereiche Produktion und Beschaffung ausdehnen.

---

55) vgl. Haan (1984), S. 36 ff.

27

1.3.3. Enteignungsrisiken

Den teilweisen oder vollständigen Zugriff der Regierung auf Vermögen und Rechte der ausländischen Unternehmung mit oder ohne Entschädigung bezeichnet man als Enteignung. Das Risiko kann drei mögliche Ausprägungen annehmen, die für die Unternehmung von unterschiedlicher Bedeutung sind: die Enteignung i.e.S., die Nationalisierung und Konfiszierung.[56]

Enteignung i.e.S. bezieht sich ausdrücklich auf eine einzelne Unternehmung. Jede souveräne Regierung hat das Recht zu enteignen, wenn sie dabei im öffentlichen Interesse handelt und eine angemessene Entschädung zahlt.

Nationalisierung bzw. Verstaatlichung richtet sich gegen eine ganze Gruppe von Unternehmen oder einen gesamten Wirtschaftssektor. Das Recht auf Nationalisierung ist vielfach in der Verfassung der Regierungen verankert und meistens mit Entschädigungszahlungen verbunden.

Konfiszierung erfaßt die gesamte Wirtschaft eines Landes und kommt im allgemeinen nur nach Revolutionen vor. Sie ist i.d.R. nicht, wie bei den beiden anderen Formen, mit Entschädigungszahlungen verbunden und geht weniger auf eine nationalistisch orientierte Wirtschaftspolitik zurück, als vielmehr auf rein politische Gründe.[57]

Empirische Untersuchungen weisen nach, daß bestimmte Branchen der extraktiven Industrie, z.B. der Bergbau und bestimmte Branchen des Dienstleistungssektors wie Banken, Versicherungen, Versorgungs- und Transportunternehmen, besonders von Enteignung i.e.S. und Nationalisierung bedroht sind.[58]

---

56) vgl. Balleis (1984), S.135.
57) vgl. Agarwal (1976), S. 184.
58) vgl. Agarwal (1976); Balleis (1984), S. 131 ff.

Darüberhinaus haben empirische Untersuchungen ergeben, daß neben der Branchenwahl auch die Entscheidung, eine Allein-Unternehmung (100%ige Tochter) oder ein Joint Venture mit einem bestimmten Partner zu gründen, einen Einfluß auf das Enteignungsrisiko besitzt. Beispielsweise ist für amerikanische Unternehmen im Ausland die Enteignungsrate bei Joint Ventures mit einem lokalen Partner geringer als bei 100%igen Tochtergesellschaften, während Joint Ventures mit dem Staat als Partner sogar häufiger enteignet werden als 100%ige US-Töchter.[59)]

Somit hängt die Eintrittswahrscheinlichkeit für das Enteignungsrisiko von der Branche ab und davon, ob es sich um ein bestimmtes Joint Venture oder eine 100%ige Tochter handelt. Der Risikoumfang wiederum, hängt von der Höhe des investierten Kapitals ab und damit davon, ob die Direktinvestition eine Produktionsstätte oder nur z.B. eine Vertriebsniederlassung umfaßt.

---

59) vgl. Bradley (1977), S. 80.

2. Beschreibung der Bestimmungsfaktoren von Länderrisiken

Die Entstehungsgründe für Länderrisiken liegen in der Umwelt der Unternehmung: in der natürlichen Umwelt, der Bevölkerungsstruktur, den technischen Kenntnissen, rechtlichen Vorschriften, institutionellen Gegebenheiten, Maßnahmen wirtschaftspolitischer Instanzen u.a. Die einzelnen Länderrisiken entstehen durch Veränderungen dieser Umweltbedingungen. Insgesamt lassen sich fünf Ursachenbereiche unterscheiden:

- wirtschaftliche Bestimmungsfaktoren,
- ökologische Bestimmungsfaktoren,
- infrastrukturelle Bestimmungsfaktoren,
- sozio-kulturelle Bestimmungsfaktoren,
- politische Bestimmungsfaktoren.

Sie liefern eine geeignete Systematik, um die unmittelbaren Bestimmungsfaktoren der Länderrisiken zu erfassen.[1]

2.1. Wirtschaftliche Bestimmungsfaktoren

In der gesamtwirtschaftlichen Situation eines Landes und der vergangenen und gegenwärtig verfolgten Wirtschaftspolitik der Regierungen liegen im wesentlichen die unmittelbaren Ursachen, die die verschiedenen Transferrisiken bewirken.[2] Dabei ist die Diskussion über die wirtschaftlichen Bestimmungsfaktoren der Zahlungsunfähigkeit am wei-

---

1) vgl. Rhein (1980); Raffée/Kreutzer (1984).
2) Die Trennungslinie zwischen Länderrisiken und den übrigen wirtschaftlich bedingten unternehmerischen Risiken im Ausland, z.B. den Marktrisiken, die aus der Nachfrage- und Konkurrenzsituation entstehen, liegt dort, wo die Risiken aus der gesamtwirtschaftlichen Lage eines Landes resultieren und nicht aus einer spezifischen Marktsituation. Länderrisiken wirken deshalb auch produkt- und projektunspezifisch. Eine andere Abgrenzung wählten Dichtl u.a. (1984), S. 210. Siehe auch Hahn (1982), S.21.

testen fortgeschritten,[3] während die Determinanten des Wechselkurses und der Handelshemmnisse im Rahmen der Länderrisiko-Analyse nur selten im Mittelpunkt der Betrachtungen stehen.

Bevor hier im Detail auf die wirtschaftlichen Bestimmungsfaktoren eingegangen wird, ist es notwendig, auf ein konzeptionelles Problem hinzuweisen, das letztlich aus der allgemeinen Interdependenz ökonomischer Größen resultiert.[4] Die aufgestellten Erklärungszusammenhänge erhalten immer nur im Kontext einer spezifischen wirtschaftlichen Situation eines Landes und i.d.R. durch das Zusammenspiel mehrerer Wirtschaftsfaktoren ihren risikopolitischen Aussagewert. Ein Faktor für sich allein reicht kaum aus, um eine Risikoentwicklung zu erklären. Folgendes Beispiel für die Situation Mexikos im Jahre 1985 mag dies verdeutlichen: "Wenn der Preis für ein Barrel Erdöl um einen Dollar sinkt und gleichzeitig die Zinsen um ein Prozent nachgeben, hebt sich diese Entwicklung in ihrer Wirkung auf die Leistungsbilanz Mexikos gerade auf."[5] Die Ölpreisentwicklung und Dollarkurs-Entwicklung allein genommen können demnach die Risikoentwicklung allein nicht erklären. Nur unter Berücksichtigung dieses Verbundaspektes sind die nachfolgenden, getrennt für die drei verschiedenen Transferrisiken aufgezeigten Einflußgrößen als Ursachenfaktoren anzusehen.

2.1.1. Ursachen der Zahlungsunfähigkeit

Immer dann, wenn es einem Land nicht gelingt, seine Einnahmen- und Ausgabenquellen in einem ausgewogenen Verhältnis zu halten, treten Zahlungsschwierigkeiten auf. Die Einnahmen- und Ausgaben-Komponenten bestimmen sich aus den Exporteinnahmen und Importausgaben, aus deren Differenz sich

---

3) vgl. Stockner (1984), S. 70 ff.; Rhein (1979), S. 57 ff.; Caldwell/Villamil (1981), S. 19 ff.
4) vgl. Stobbe (1984), S. 8 f.
5) AHD (14.8.85), S. 11.

der Leistungsbilanzsaldo errechnet, der Neuverschuldung, den Zins- und Tilgungszahlungen auf bestehende Auslandsschulden und den Devisenreserven.[6] Ausgangspunkt für Zahlungsprobleme sind längerfristige, strukturell bedingte Leistungsbilanzdefizite,[7] wie sie z.B. für die erdölimportierenden Entwicklungsländer typisch sind.[8] Deutlich zeigt dies ein Vergleich der Leistungsbilanzsalden wichtiger Länder und Regionen von 1979 bis 1984:[9]

Länder und Ländergruppen	Leistungsbilanzsaldo in Mrd. US-Dollar					
	1979	1980	1981	1982	1983	1984
OPEC	65,0	111,0	51,0	−15,0	−18,0	2
übrige Entwicklungsländer	−41,0	−63,0	−81,0	−68,0	−41,0	−32
Westeuropa	−14,0	−53,0	−21,0	−18,0	1,0	6
darunter: EG	−12,2	−36,3	−11,8	− 9,7	3,6	2
USA	− 0,5	0,4	6,3	− 9,2	−41,6	−110

Abb. 12: Die Leistungsbilanzsalden (Waren- und Dienstleistungen, private und öffentliche Transfers) wichtiger Länder und Regionen in Mrd. US-Dollar
Quelle: Herrmann (1985), S. 3.

Diese Leistungsbilanzdefizite sind nur kurzfristig über Devisenreserven finanzierbar, längerfristig ist dazu eine

6) Eine ähnliche Unterteilung wählt Müller (1985), S. 477.
7) Ein Leistungsbilanzdefizit bedeutet, daß ein Land in der betreffenden Periode nicht in der Lage war, die vom Ausland bezogenen Leistungen vollständig mit eigenen Leistungen zu begleichen. Bleiben die zentralen Devisenreserven unverändert, bringt das eine zusätzliche Verschuldung des Inlandes mit sich (ein Kapitalimport im Zuge ausländischer Kreditgewährung). Vgl. Nienhaus/Suntum (1985), S. 450.
8) Vgl. Altmann (1982), S. 2. Er beschreibt diesen Prozeß konkret anhand der Situation der Entwicklungsländer.
9) Die Tabelle zeigt die von dem zweiten Ölpreis-Schock 1979/80 verursachten Ungleichgewichte im internationalen Leistungsbilanzgefüge, die die kurz- bzw. mittelfristigen Anpassungsprobleme der Länder an diese Situation wiederspiegeln. Die Tabelle zeigt ebenfalls das auf einen hohen Dollarkurs zurückgehende Leistungsbilanzdefizit der USA 1983 und 1984 und die langfristigen Probleme der übrigen Entwicklungsländer, die ein permanentes von zusätzlichen extremen Schwankungen überlagertes Defizit ausweisen. Vgl. Herrmann (1985), S. 3 ff.

entspechende Kreditaufnahme im Ausland notwendig.[10] Die
damit verbundenen Zins- und Tilgungszahlungen belasten in
zukünftigen Perioden die Deviseneinnahmen. Gelingt es in
der Folgezeit nicht, die Defizite abzubauen, setzt sich
dieser Prozeß fort, so daß die Deviseneinnahmen schließlich
nicht mehr ausreichen, um den Schuldendienst zu gewährleisten. Die Zahlungsunfähigkeit tritt ein.

Abbildung 13 zeigt ausgehend von den verschiedenen Liquidi-
tätskomponenten, wie die internen, auf die Leistungsfähigkeit der eigenen Wirtschaft zurückgehenden Faktoren und die
externen, aus der Entwicklung des internationalen Handels
und der internationalen Finanzmärkte resultierenden Ursachen sowie die rein monetären Größen, Inflation und
Wechselkurs, sich auf die Zahlungsfähigkeit auswirken.
Damit ist ein Rahmenkonzept vorgegeben, innerhalb dessen
sich die einzelnen Theorien und ökonomischen Verschuldungsindikatoren analysieren lassen. Diese Darstellung erfaßt
sowohl die Probleme einer langfristigen Verschuldung als
auch die Schwierigkeiten kurzfristiger Liquiditätsengpässe.

2.1.1.1. Interne Einflußfaktoren

Die internen Ursachen für Liquiditätsprobleme sind
vielfältiger Natur und liegen in der Exportfähigkeit,
Importsubstitutionsfähigkeit, Verschuldungsfähigkeit und in
begrenztem Umfang auch den Devisenreserven eines Landes
sowie dem Zusammenwirken aller Faktoren begründet.

---

10) Eine Finanzierung des Importüberhangs durch Devisenauf-
nahme im Ausland würde über einen flexiblen Wechselkurs,
der dann ansteigen würde, die Leistungsbilanz wieder ins
Gleichgewicht bringen. Vgl. Nienhaus/Van Suntum (1985),
S. 449.

Abb. 13: Die Komponenten und Bestimmungsfaktoren der
Zahlungsunfähigkeit

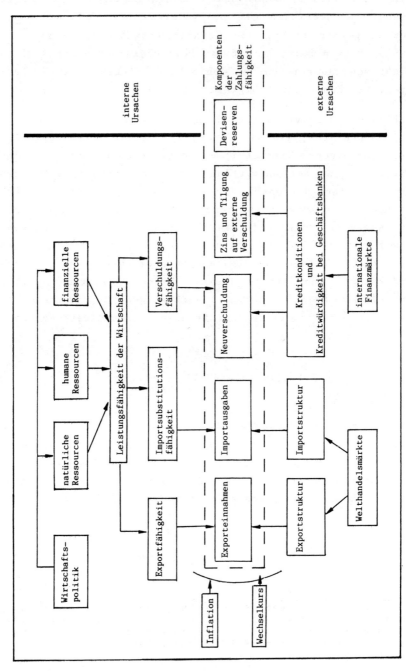

Die **Exportfähigkeit** bestimmt die Möglichkeiten eines Landes, den Liquiditätsbedarf über Exporterlöse zu decken. Sie hängt ab von der Produktionsstruktur bzw. den Gütern, über die ein Land verfügt (Industrierohstoffe, Ernährungsgüter, insbesondere agrarische Rohstoffe und industriell gefertigte Halb- und Fertigwaren, deren Herstellung arbeitsintensiv ist und auf relativ einfachen und bekannten Technologien beruht, bis hin zu neuartigen, innovativen Leistungen). Sie legt die Wettbewerbsfähigkeit eines Landes am Weltmarkt und damit seine Einnahmepotentiale fest.[11] Entwicklungsländer verfügen im wesentlichen über Primärgüter wie Bodenschätze und landwirtschaftliche Erzeugnisse, und konzentrieren ihre Exporte häufig auf nur wenige Güter, wie Rohöl oder Kupfer. Je nach Industrialisierungsgrad, bieten sie auch einfache Industriegüter an. Produkte, die hohes technisches und kaufmännisches Know how verlangen, haben sie im Gegensatz zu Industrieländern häufig nicht in ihrem Angebotssortiment.[12]

Ein Land kann seine Liquiditätslage verbessern, indem es versucht, seine Importausgaben zu senken und bisher importierte Produkte durch selbst erstellte Leistungen zu ersetzen (**Importsubstitutionsfähigkeit**). Auch hier spielt die Produktionsstruktur im Land eine bedeutende Rolle. Sie bestimmt, inwieweit ein Land in der Lage ist, die bisher im Ausland beschafften Güter selbst zu produzieren. Viele Entwicklungsländer mit einer schnell wachsenden Bevölkerung können nicht einmal die lebensnotwendigen Nahrungsmittel erzeugen. Ebenso wenig sind sie in der Lage, die Investitionsgüter und Dienstleistungen, die zum Aufbau der Landwirtschaft und einer eigenen Industrie erforderlich sind, zu erstellen.[13] Die Importsubstitutionsfähigkeit bestimmt somit die Kompressibilität der Importe, d.h. inwieweit ein Land seine Importe einschränken kann, ohne das eigene Wirtschaftswachstum zu gefährden oder sogar das

---

11) vgl. Horn (1985), S. 324 f.
12) siehe hierzu auch Altmann (1982), S. 2.
13) vgl. Altmann (1982), S. 2.

Land in eine Rezession zu stürzen.[14] Beispielsweise sind derzeit weitere Importbeschränkungen der lateinamerikanischen Länder nur schwer durchführbar. Von 1981 bis 1983 sind das Pro-Kopf-Einkommen um 13% und die Investitionen um rund 25% gefallen,[15] und in fast allen afrikanischen Ländern behindern die Importbeschränkungen Ansätze zur Industrialisierung, weil industrielle Rohstoffe und Ersatzteile fehlen, so daß bestehende Anlagen nicht ausgelastet oder sogar stillgelegt sind.[16]

Ein Blick auf die Komponenten der Zahlungsfähigkeit in Abbildung 13 macht unmittelbar deutlich, daß die Möglichkeiten, Liquidität über neue Auslandskredite zu schaffen von der Export- und Importsubstitutionsfähigkeit und dem Schuldendienst auf die bereits bestehenden Auslandsschulden abhängt. Allerdings läßt sich die **Verschuldungsfähigkeit**, d.h. die Schuldenlast aus Zins und Tilgung, die ein Land tragen kann, letztlich nur über eine dynamische Betrachtungsweise völlig erklären.[17] Ein Land kann seine Investitionstätigkeit über die Aufnahme von Auslandskrediten erhöhen, sein Wirtschaftspotential verstärken und seine Export- und Importsubstitutionsfähigkeit verbessern, so daß in den folgenden Perioden mehr finanzielle Mittel für Zins- und Tilgungszahlungen aufgewendet werden können. Damit wird auch deutlich, warum die Bestimmung der Grenzen der Schuldendienstfähigkeit und damit der Auslandsverschuldung ein bis heute ungelöstes Problem darstellt.

Die **Devisenreserven** stellen ein "Liquiditätspolster" dar, das neben den Devisen der Zentralbank auch die Goldreserven, die Sonderziehungsrechte und Reservepositionen beim IMF umfaßt.[18] Sie können dazu dienen, bei kurzfristigen intern oder extern bedingten Schwankungen der Deviseneinnahmen und -ausgaben (z.B. durch Mißernten oder Preis- und Nachfrageschwankungen am Weltmarkt) auftretende

---

14) vgl. Stockner (1984), S. 79.
15) vgl. Herrmann (1985), S. 9.
16) vgl. AHD (5.6.1985), S. 12.
17) vgl. Stewart (1985), S. 192.
18) vgl. Caldwell/Villamil (1981), S. 20.

Liquiditätsengpässe zu überwinden.[19] Auf Dauer können sie
Defizite der Leistungsbilanz allerdings nicht ausgleichen.

Die internen Ursachen der Zahlungsfähigkeit gehen letztlich
auf einen gemeinsamen Bestimmungsfaktor zurück: die
Leistungsfähigkeit der Wirtschaft.[20] Sie bestimmt die
internationale Wettbewerbsfähigkeit, verstanden als die
Fähigkeit, die Leistungsbilanz im Gleichgewicht zu
halten.[21] Die Leistungsfähigkeit der Wirtschaft ist nicht
nur Ausdruck der gegebenen Produktionsstruktur, sondern
auch und gerade deren Anpassungs- und Entwicklungsfähig-
keit.[22] Sie hängt somit davon ab, inwieweit ein Land über
natürliche, humane und finanzielle Ressourcen verfügen kann
sowie der Fähigkeit des Staates, eine auf die Ressourcen-
Basis abgestimmte Wirtschaftspolitik zu verfolgen.[23] Wir
unterscheiden folgende Arten von Ressourcen:

> **Natürliche Ressourcen** bezeichnen die Ausstattung
> eines Landes mit Boden und Bodenschätzen. Sie
> bestimmen, inwieweit Agrargüter und Industrieroh-
> stoffe, insbesondere Energierohstoffe und minera-
> lische Rohstoffe, selbst erstellt und exportiert
> werden können.

> **Humane Ressourcen** bezeichnen die Ausstattung mit Ar-
> beit (Arbeitskräftepotential) und Ausbildung (Human-
> kapital). Sie prägen die Produktionsstruktur. Ein
> Land mit einem niedrigen Bildungsniveau, nur wenig
> qualifizierten, ungelernten und angelernten Arbeits-
> kräften kann bestenfalls arbeitsintensive, auf be-

---

19) vgl. Müller (1985), S. 477.
20) Die Leistungsfähigkeit der Wirtschaft reflektiert weitgehend den wirtschaftlichen Entwicklungsstand eines Landes
und wird über das Pro-Kopf-Einkommen als einem groben Indikator gemessen. Andere häufig verwendete Begriffe sind
Wirtschaftskraft und Wirtschaftspotential. Vgl. Rhein
(1979), S. 59; Nagy (1981), S. 27; Horn (1985), S. 325.
21) vgl. Horn (1985), S. 323.
22) vgl. Horn (1985), S. 324.
23) vgl. Caldwell/Villamil (1981), S. 19; Horn (1985),
S. 324.

kannten Produktionstechniken beruhende Industriegüter
selbst erstellen.

Finanzielle Ressourcen meinen die Fähigkeit eines
Landes, einen Teil seines Bruttosozialproduktes zu
sparen, also Konsumverzicht zu leisten, um Investitionen zu tätigen und aus eigener Kraft, ohne sich im
Ausland zu verschulden, Wirtschaftswachstum zu erzielen und eigenes Sachkapital zu schaffen.

Von der **Effizienz der Regierungspolitik** hängt es ab,
inwieweit es gelingt, eine auf die Ressourcen abgestimmte Wirtschaftspolitik anzustreben und durchzusetzen. Zu den am häufigsten genannten Fehlern der
Regierungen gehören eine oft über Jahre andauernde
verfehlte Ausgabenpolitik und eine Finanzierung der
Haushaltsdefizite über Auslandskredite, ohne diese
Mittel in eine produktive Verwendung zu lenken.[24]

2.1.1.2. Externe Einflußfaktoren

Neben den internen spielen externe Faktoren, die von
Entwicklungen des Welthandels und der internationalen
Finanzmärkte ausgehen, für die Erklärung von Zahlungsschwierigkeiten eine große Rolle. Viele der bisherigen
Arbeiten zur Verschuldungskrise der Entwicklungsländer
sehen in den externen Schocks der Vergangenheit, den zwei
Ölpreisschocks, der Rezession der Industrieländer und dem
damit verbundenen Preis- und Nachfragerückgang für Rohstoffe am Weltmarkt und dem hohen internationalen Zinsniveau
wesentliche Einflußfaktoren auf die angespannte Liquiditätslage und Schuldenkrise.[25] Über die Import- und Exportstruktur sowie die Finanzierungsstruktur der Auslandsschulden wirken sich diese externen Faktoren auf die Zahlungsfä-

---

24) vgl. Zaidi (1985), S. 581 ff.
25) vgl. Holthus/Stanzel (1984); Stewart (1985), S. 192;
Zaidi (1985), S. 584 ff.

higkeit aus. Dabei spielt auch eine Rolle, wie gut und schnell sich ein Land an diese externen Veränderungen anpassen kann. Die externen Einflußfaktoren manifestieren sich in folgenden Konstrukten:

Exportstruktur: Ein Rückgang der Preise und/oder der Nachfrage am Weltmarkt nach den eigenen Exportgütern führt zu einem Sinken der Exporteinnahmen. Je höher die Exportkonzentration bzw. je geringer der Diversifikationsgrad der Exportgüter ist, desto höher ist einerseits die Anfälligkeit für externe Schocks, während andererseits die Anpassungsfähigkeit gering ist.[26]

Importstruktur: Ein Anstieg der Weltmarktpreise oder eine Verknappung der Angebotsmenge für wichtige Importgüter lassen die Importausgaben steigen und erfordern entsprechende Anpassungsprozesse der Wirtschaft. Abbildung 12 gibt Hinweise, wie schnell die verschiedenen Länder und Regionen den Anpassungsprozeß an die zweite Ölpreiswelle vollzogen haben.[27]

Finanzierungsstruktur: Der Schuldendienst hängt nicht nur von der Verschuldungshöhe ab, sondern auch von den erhaltenen Kreditkonditionen, Laufzeiten und Zinssätzen. Bei Krediten mit variablen Zinssätzen spielen der Spread über Libor und der Libor selbst eine Rolle. So wirkt das hohe internationale Zinsniveau voll auf den Schuldendienst der Entwicklungsländer, weil ein großer Teil der Kredite mit variablen Zinssätzen ausgestattet ist. Auch die Einschätzung der Kreditwürdigkeit der Länder bei den Geschäftsbanken nimmt über den Spread Einfluß auf die Höhe der Zinsen. Insgesamt gesehen bestimmt letztlich das Vertrauen der Banken in die Verschuldungsfähigkeit eines Landes, in welchem Umfang ein Land Kredite

---

26) Vgl. Stockner (1984), S. 77.
27) vgl. Herrmann (1985), S. 3 f. Sie gibt hier eine detaillierte Beschreibung der Anpassungsprozesse.

überhaupt erhält und zu welchen Konditionen.[28] "Allen Versuchen der Ökonomen zum Trotz, Verschuldungskrisen vorherzusagen, ... brach eine akute Verschuldungskrise immer erst dann aus, wenn Banken ein Land für kreditunwürdig erklärten und ihre Mittel zurückhielten."[29]

2.1.1.3. Monetäre Einflußfaktoren

Bestimmungsfaktoren für Zahlungsschwierigkeiten, die nicht aus dem bisher behandelten güterwirtschaftlichen Bereich, sondern dem monetären Bereich stammen, sind die Inflationsrate und der Wechselkurs.

Inflationsrate: Allgemeine Preisniveau-Steigerungen in einem Land können sich direkt oder indirekt auf sämtliche hier aufgezeigten wirtschaftlichen Größen auswirken. Verschiebt sich aufgrund unterschiedlicher Inflationsraten das Preisniveau zwischen den Ländern, kommt es zu Veränderungen der Im- und Exporte und damit der Leistungsbilanzsalden. Eine hohe Inflationsrate im eigenen Land läßt tendenziell die Importe steigen, während die Exporte sinken. Schließlich deutet eine hohe Inflation generell auf eine instabile Wirtschaftslage.

Wechselkurs: Veränderungen des Wechselkurses, Auf- oder Abwertungen der Währungen, wirken sich direkt auf die Liquiditätslage eines Landes aus, weil sie Im- und Exportpreise verändern. Der zur Zeit hohe Wechselkurs des US-Dollars ist z.B. verantwortlich für den Exportboom in die USA sowie den Rückgang der Importe aus den USA. Das sich daraus ergebende Leistungsbilanzdefizit läßt die USA 1985 zum größten

---

28) vgl. Stewart (1985), S. 192 f.
29) Körner u.a. (1984), S. 41.

Schuldner der Welt werden.[30] Für die übrigen Schuldnerländer bedeutet der starke Dollar eine Verschärfung der Schuldenprobleme, weil ein großer Teil der
Verbindlichkeiten in Dollar lautet und somit der
Realwert der Dollarforderungen entsprechend gestiegen
ist.[31]

2.1.2. Ursachen für Handelshemmnisse

Die weniger intensiv in der Literatur diskutierten wirtschaftlichen Bestimmungsfaktoren der Risiken aus Handelshemmnissen werden weitgehend auf die Probleme der Länder
mit der eigenen Unterbeschäftigung zurückgeführt sowie auf
die Devisenprobleme vieler Länder.

Unterbeschäftigung: Stagnation der Wirtschaft und Ar-
beitslosigkeit verleiten die Länder zu einer "beggar
my neighbour policy".[32] Durch Förderung der eigenen
Exporte und Erschwerung der Importe versuchen sie
letztlich, die Beschäftigungsprobleme auf andere
Länder abzuwälzen. Diese Strategie endet allerdings
in einem Teufelskreis, in dem der internationale
Güter- und Zahlungsverkehr immer weiteren Ein-
schränkungen unterliegt.

Devisenprobleme: Bei Devisenknappheit versuchen die
Länder, ihre Devisenlücke zu schließen, indem sie
ihre Importausgaben einschränken. Sie erschweren u.a.
die Wareneinfuhr sowie Lizenzgeschäfte und halten
Kapitalerträge, d.h. Zinsen, Dividenden und Gewinne
zurück.

---

30) Herrmann (1985), S. 4 f.
31) vgl. AHD (14.8.1985), S. 11.
32) vgl. Issing/Gerhardt (1984), S. 71.

2.1.3. Ursachen für Wechselkursrisiken

Die Diskussion über die Bestimmungsfaktoren der Wechselkursschwankungen hat, insbesondere seit der Freigabe der
Wechselkurse im Jahre 1973, eine breite Basis in der Literatur gefunden.[33] Im Zentrum der Diskussion, stehen folgende Aussagen, die allein für sich die tatsächliche
Wechselkursentwicklung wohl kaum erklären können:[34]

> **Preis- und Kostengefälle:** Ein inländischer Anstieg
> des Preis- und Kostengefälles gegenüber dem Ausland
> kann zu einem Ansteigen der Wechselkurse führen.

> **Zinsdifferenzen:** Eine Veränderung der Zinsdifferenzen
> durch ein Ansteigen der inländischen Zinsen kann eine
> kurzfristige Wechselkurssteigerung bewirken.

> **Leistungsbilanzentwicklung:** Der Wechselkurs wird be-
> einflußt durch den Saldo der Leistungsbilanz. Leis-
> tungsbilanzdefizite können zu einem Sinken der Wech-
> selkurse führen.

> **Vermögensumschichtungen:** Der Wechselkurs gilt als
> Preis für die inländischen und ausländischen
> Finanzaktiva. Steigt die Nachfrage nach ausländischen
> Wertpapieren, kann das zu einer Aufwertung der
> Auslandswährung führen.

Neben diesen eher zur Erklärung kurzfristiger Schwankungen
geeigneten Faktoren, kommen für die Erklärung längerfri-
stiger Veränderungen der realen Wechselkurse folgende Ursachen in Frage: permanent vom internationalen Durchschnitt
abweichendes **Produktivitätswachstum**, Erschließung neuer für
den Weltmarkt wichtiger **Ressourcen** (z.B. Nordseeöl), exogen
bedingte dauerhafte Veränderungen der **Terms of Trade**.[35]

---

33) vgl. Hamman (1980), S. 77 ff.; Chalmovsky (1984),
S. 225 ff.
34) vgl. Herrmann (1984).
35) vgl. Herrmann (1984), S. 22 ff.

2.2. Ökologische Bestimmungsfaktoren

Zu den risikorelevanten ökologischen Bedingungen eines
Landes, die sich vor allem auf den dispositiven Bereich
auswirken, zählen die klimatischen Verhältnisse und die
Bodenschätze:[36]

> Die **Rohstoffvorkommen** eines Landes - bestimmte Indus-
> trierohstoffe (Kobalt, Kupfer, Mangan, Uran) oder
> Energieressourcen (Erdgas, Ölreserven) - ziehen häu-
> fig Auslandsinvestoren an, die Interessen der Roh-
> stoffsicherung und Produktionskostensenkung verfol-
> gen.[37] Fehleinschätzungen der Rohstofflage können
> mithin zu kostspieligen Fehlinvestitionen führen.

> Extreme **klimatische Verhältnisse** können sich negativ
> auf die Leistungsfähigkeit der Mitarbeiter auswirken
> und die Funktionsfähigkeit der Maschinen beeinträch-
> tigen.

2.3. Infrastrukturelle Bestimmungsfaktoren

Die infrastrukturellen Bedingungen in einem Land setzen
sich zusammen aus seiner wirtschaftlichen und politischen
Infrastruktur.

> Die **wirtschaftliche Infrastruktur** in Form des Ver-
> kehrs- und Kommunikationssystems sowie eines funk-
> tionierenden Energieversorgungs- und Entsorgungs-
> systems schafft die Voraussetzungen für einen rei-
> bungslosen Ablauf der Geschäftstätigkeit im Lande.

> Die Risiken der **politischen Infrastruktur** resultieren
> aus dem Rechts- und Verwaltungssystem eines Landes.
> Mangelnde Kenntnisse der Gesetze oder sogar erheb-

---

36) vgl. Raffée/Kreutzer (1984), S.42.
37) vgl. Pollak/Riedel (1984), S. 14.

liche Rechtsunsicherheiten und eine willkürliche Rechtssprechung erhöhen die Risiken der laufenden Geschäftsaktivitäten beträchtlich. Rigorose Umweltschutzauflagen, ein überzogenes Steuersystem und Probleme, die sich aus der Unternehmensverfassung ergeben, können die unternehmerische Tätigkeit erschweren. Bürokratische Hemmnisse, Papierkrieg mit Formularen, eine schleppende und langwierige Bearbeitung von Anträgen, ein zeitraubender Instanzenweg mit Lizenzierungen, Überwachungen und unsicheren Zahlungsterminen können zu unerträglichen Behinderungen und Zeitverzögerungen führen.[38]

2.4. Sozio-kulturelle Bestimmungsfaktoren

Im Mittelpunkt der Betrachtungen der Bestimmungsfaktoren aus dem sozio-kulturellen Bereich stehen die soziale Stabilität eines Landes, die Einstellung der Bürger gegenüber ausländischen Unternehmen und gegenüber der Arbeit im Unternehmen im allgemeinen.

In den **sozialen und kulturellen Unterschieden** der Bevölkerung liegen häufig die Ursachen für die soziale Instabilität eines Landes begründet. Die Aufspaltung der Bevölkerung (Fraktionalisierung) in sprachliche, kulturelle, religiöse und rassische Gruppen oder in unterschiedliche Einkommens- und Vermögensklassen ruft soziale Ungerechtigkeiten und Spannungen hervor.[39] Sie äußern sich in gewaltlosen Demonstrationen bis hin zu gewaltsamen Unruhen, Bürgerkrieg und Revolution[40] sowie Terrorismus, Sabotage, permanenten Streiks und Plünderungen. Für die Unternehmung entstehen daraus die unterschiedlichsten Dispositionsrisiken: Behinderungen des Tagesgeschäfts

38) vgl. Raffée/Kreutzer (1984), S. 43.
39) vgl. Balleis (1984), S. 98.
40) vgl. Kobrin (1979), S. 67.

durch Betriebsstörungen, Beschaffungs- und Distribu-
tionsprobleme, Zerstörung von Eigentum und Verletzung
oder Tötung von Mitarbeitern. Im allgemeinen verschlechtert sich auch das Geschäftsklima insgesamt in
einem Land, und die Umsätze und Gewinne gehen zurück.[41]

Eine **fremdenfeindliche Einstellung** der Bevölkerung
erhöht das Enteignungsrisiko beträchtlich. Die frem-
den, häufig dominierenden und nach eigenem Profit
strebenden ausländischen Unternehmen erwecken Miß-
trauen und Aversionen in der Bevölkerung.[42]

Eine **negative Einstellung** der Mitarbeiter zur Arbeit,
die mit einer mangelnden Verantwortungsbereitschaft,
Unpünktlichkeit, Absentismus und Fluktuation einher-
geht, kann die Personalkosten bis an die Grenzen der
Belastbarkeit erhöhen.[43]

2.5. Politische Bestimmungsfaktoren

Die relevanten politischen Faktoren besitzen entweder
innen- oder außenpolitischen Charakter und wirken sich
insgesamt gesehen recht unterschiedlich auf die einzelnen
Länderrisiken aus.

Innenpolitische Ursachen: In den differierenden politischen
Auffassungen, Ideologien und Interessen politischer Partei-
en und Gruppierungen, verbunden mit einem Anspruch auf
Beteiligung an oder sogar Übernahme der politischen Macht,
liegen die Konfliktstoffe, die zur politischen Instabilität
eines Landes führen können. Nicht selten sind die Konflikte
ein Spiegelbild der sozio-kulturellen Spannungen in der Bevölkerung. Kennzeichnend für eine instabile politische Lage

---

41) vgl. Agtmael (1976), S. 27.
42) vgl. Raffée/Kreutzer (1984), S. 43; Stockner (1984),
S. 91.
43) vgl. Raffée/Kreutzer (1984), S. 42 f.

ist häufig eine Zersplitterung des politischen Spektrums und gleichzeitige Verteilung der Macht auf mehrere miteinander rivalisierende Parteien oder auch das Abschneiden einer Gruppe von der politischen Macht.[44] Die politischen Unruhen in Süd-Afrika, hervorgerufen durch die Apartheitspolitik der Regierung, sind bezeichnend für eine solche Situation.

Wie aus den bisherigen Ausführungen hervorgeht, kann die politische Instabilität unterschiedliche Wirkungen zeigen:

> **Politische Unruhen:** Eine Zuspitzung der politischen Konflikte kann zum Ausbruch politischer Unruhen führen, die von sozialen Unruhen eigentlich kaum zu trennen sind. Zumindest führen sie für die Unternehmung zu denselben Risiken.

> **Politischer Wandel:** Mit der politischen Instabilität erhöht sich die Wahrscheinlichkeit für häufige und abrupte Änderungen der politischen Linie und der sie vertretenden Regierungsmitglieder oder der Regierung insgesamt. Nicht selten besteht sogar die Gefahr für einen Putschversuch und einen radikalen politischen Wandel.[45] Da Umfang und Zeitpunkt eines politischen Wandels selten einfach zu bestimmen sind, schafft die politische Instabilität hohe Unsicherheiten darüber, wie die zukünftige Politik und Einstellung der betreffenden Regierung gegenüber ausländischen Unternehmen aussehen wird. Im schlimmsten Falle muß die Unternehmung mit Maßnahmen der Regierung rechnen, die auf den dispositiven Bereich abzielen und ihre Existenz gefährden können.

Außenpolitische Ursachen: Politische Spannungen zu Nachbarstaaten oder den Weltmächten führen zu weiteren Risiken für die Unternehmung (z.B. Boykott-Maßnahmen und kriegerische Auseinandersetzungen).

---

44) vgl. Stockner (1984), S. 90.
45) vgl. Haner (1979), S. 19.

3. Erklärung und Prognose von Länderrisiken

Erklärungsansätze befassen sich mit Ursache-Wirkungs-Beziehungen zwischen Bestimmungsfaktoren und Länderrisiken, gehen aber über die Einzelhypothesen in Kapitel 2 hinaus, indem sie versuchen Erklärungsmodelle aufzustellen. Sie basieren grundsätzlich auf zwei Konzepten, die durch unterschiedliche Interessen geprägt sind. Die erste Gruppe geht von Totalanalysen der Umwelt aus. Dabei werden sämtliche Umweltkomponenten in toto analysiert. Das Ziel ist primär ein praktisches: Es sollen Entscheidungshilfen für den Markteintritt und die Weiterbearbeitung von Märkten angeboten werden. Die zweite Gruppe, die mehr von wissenschaftlichen, analytischen Interessen geleitet ist, greift auf Partialansätze zurück und analysiert jeweils nur einen Teilausschnitt aus der relevanten Unternehmensumwelt.

3.1. Partialansätze der Länderrisiko-Analyse

Partialanalysen lassen sich differenzieren nach empirischen und theoretischen Untersuchungen der Wirtschaftswissenschaften und der Politikwissenschaften, die auf soziologische und psychologische Erkenntnisse zurückgreifen.[1] Um die Schwerpunkte der Partialansätze zu verdeutlichen, sind in Abbildung 14 die in Kapitel 2 bereits explizit angesprochenen Beziehungen zwischen Bestimmungsfaktoren und Länderrisiken durch einen Punkt angedeutet. Aufgrund dieser Beziehungsstruktur liegt es nahe, insgesamt drei übergeordnete Analyse-Bereiche zu unterscheiden, die in Abbildung 14 durch die stark umrandeten Felder gekennzeichnet sind. Die hier vorgenommene Abgrenzung besagt nicht, daß die Bereiche keinem gegenseitigen Einfluß unterliegen, sondern hebt lediglich solche Gebiete hervor, die sich sinnvoll voneinander abgrenzen und schwerpunktmäßig untersuchen lassen.

---

1) vgl. Root (1972), S. 359 f.

Ursachen-Bereiche / Länderrisiken	Wechselkurs	Zahlungsfähigkeit	Handelshemmnisse	Dispositionsrisiken	Enteignungsrisiken
Wirtschaftliche Bestimmungsfaktoren					
– Exportfähigkeit		●			
– Importfähigkeit		●			
– Verschuldungsfähigkeit		●			
– Devisenreserven		●			
– Ressourcen-Basis		●			
– Regierungspolitik		●			
– Angebot, Nachfrage, Preise am Weltmarkt		●			
– Zinsen, Konditionen, Kreditwürdigkeit auf internationalen Finanzmärkten		●			
– Inflation		●			
– Wechselkursschwankungen		●			
– Unterbeschäftigung			●		
– Devisenknappheit			●		
– Preis- und Kostengefälle	●				
– Zinsdifferenzen	●				
– Leistungsbilanzungleichgewichte	●				
– Vermögensumschichtung	●				
Ökologische Bestimmungsfaktoren					
– Rohstoffe				●	
– Klima				●	
Infrastrukturelle Bestimmungsfaktoren					
– Wirtschaftliche Infrastruktur				●	
– Politische Infrastruktur				●	
Sozio-kulturelle Bestimmungsfaktoren					
– Soziale Instabilität				●	
– Fremdenfeindlichkeit					●
– Arbeitsmoral				●	
Politische Bestimmungsfaktoren					
– Politische Unruhen				●	●
– Politischer Wandel				●	●
– Embargo-Maßnahmen		●			
– Krieg	●	●	●	●	●

Abb. 14: Schwerpunkte der Länderrisiko-Analyse

Mit Hilfe dieser Betrachtungsweise ist es möglich, einen systematischen Überblick über die verschiedenen Ansätze der Länderrisiko-Analyse zu geben.

Die in Abbildung 14 abgegrenzten Wirkungsbereiche unterscheiden zwischen einer wirtschaftlichen, einer wirtschaftlichen/politischen und einer politischen/sozialen Sphäre,

48

die jeweils durch charakteristische Merkmale gekennzeichnet
sind.

Wirtschaftliche Sphäre: Die wirtschaftlichen Umweltfaktoren wirken sich unmittelbar auf die Transferrisiken aus. Die Partialanalysen in diesem Bereich
untersuchen vorwiegend die Wirkungszusammenhänge der
Zahlungsfähigkeit und Verschuldungskrisen.

Wirtschaftliche/politische Sphäre: Die ökologischen
und infrastrukturellen Umweltkomponenten stehen mit
den verschiedenen Dispositionsrisiken in direkter
Beziehung. Bisher kommt diesem Bereich kein eigenes
wissenschaftliches Interesse im Rahmen von Partialanalysen zu. Im Grunde genommen gehören sie teils zu
der wirtschaftlichen teils zu der politischen Umwelt
der Unternehmung.

Politische/soziale Sphäre: Die sozialen und politischen Umweltfaktoren bewirken unmittelbar Disposi-
tions- und Enteignungsrisiken aber auch Transferrisiken. Die Schwerpunkte der Partialanalysen liegen
sowohl auf der Beschreibung, Erklärung und Operationalisierung der politischen, einschließlich der
sozialen Stabilität als auch auf der Erfassung der
Determinanten des Enteignungsrisikos.

3.2. Totalansätze der Länderrisiko-Analyse

Primär besteht das Zeil der Totalansätze darin, die Bestimmungsfaktoren vollständig zu erfassen. Eine Analyse der
Wirkungsbeziehungen im Detail ist wegen der Komplexität der
Strukturen sehr schwierig und zwingt die Totalansätze zu
einer wenig differenzierten Betrachtungsweise.

Die groben Verflechtungen zwischen den Umweltbereichen und ihr direkter Einfluß auf die verschiedenen Länderrisiken sind in Abbildung 15 wiedergegeben.

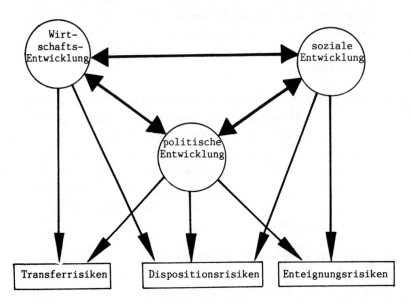

Abb. 15: Die groben Wirkungsstrukturen zwischen
Umweltbereichen und Länderrisiken

Die hohen Interdependenzen unter den Umweltbereichen machen deutlich, daß bereits die Analyse von Einzelrisiken eine Totalanalyse der Umwelt erfordert.

Beispielsweise streben viele Ansätze zur Beurteilung von Transferrisiken wie der Zahlungsfähigkeit eine umfassende Umweltanalyse an. Wirtschaftliche Determinanten stehen hierbei zwar im Vordergrund, doch werden die politischen und sozialen Faktoren ebenfalls mit einbezogen, weil sie zumindest indirekt über den wirtschaftlichen Bereich auf die Zahlungsfähigkeit einwirken (vgl. auch Abb. 15).

Ebenso erfordern die Ansätze zur Beurteilung von einzelnen Auslandsaktivitäten, die das Investitions- und Geschäftsklima bewerten und nicht nach einzelnen Risiken differenzieren, eine Totalanalyse.

Die Analyse der Risiken von Auslandsaktivitäten kann
deshalb auf die bereits existierenden Totalansätze zur
Beurteilung von Zahlungsfähigkeit und Investitions- und
Geschäftsklima zurückgreifen und die Ergebnisse der
Partialansätze in die Analyse mit einbinden.

3.3. Aufgaben und Methoden der Länderrisiko-Prognose

Länderrisiken werden für eine Unternehmung immer dann
relevant, wenn sie Entscheidungen über Auslandsaktivitäten
in der Zukunft trifft. Da diese Entscheidungen zwangsläufig unter unvollkommener Information getroffen werden,
muß die Unternehmung bestrebt sein, mit Hilfe von Prognosen
über zukünftige Entwicklungen ihren Informationsstand zu
verbessern und die Unsicherheit und das Risiko von Fehl-
entscheidungen zu verringern.[2]

Das methodische Instrumentarium hierfür können Indikatorenmodelle liefern. Indikatoren sind unabhängige Variable, die
mit einer zu prognostizierenden abhängigen Variable in
Beziehung stehen. Die IMF-Reserveposition im Verhältnis zu
den Importen eines Landes dient z.B. als Indikator für die
Zahlungsfähigkeit. Der Zusammenhang zwischen den Variablen
verlangt rein statistisch gesehen nur eine assoziative
Beziehung, d.h. die Neigung der Variablen, miteinander zu
variieren. Die Beziehung setzt keinen Kausalzusammenhang
voraus. "Es kann, aber muß kein durch theoretische Überlegungen begründetes und mathematisch formuliertes Erklä-
rungsmodell für den Zusammenhang zwischen Variable und zu
prognostizierendem Ereignis bestehen,"[3] ein Grund, warum
viele Indikatorenmodelle weitgehend theorielose Konzepte
darstellen. Sie sind mit dem Vorwurf behaftet, lediglich
auf instabilen Zufallskorrelationen aufzubauen, so daß die
Modelle zu Fehlprognosen führen.[4] Ist die Ausprägung der

---

2) vgl. Frerichs (1980), S. 1.
3) Brockhoff (1977), S. 87.
4) vgl. Backhaus/Simon (1981), S. 422.

unabhängigen Variable bekannt, ist aufgrund der assoziativen Beziehung eine bessere Schätzung der Prognosevariable möglich als ohne diese Kenntnis. Allerdings gilt das nur dann, wenn die Beziehung im Prognosezeitraum stabil bleibt. Damit aber von einer Stabilität über die Zeit ausgegangen werden kann, muß eine kausale Beziehung, eine Gesetzmäßigkeit, bestehen. Wie jede andere Prognose kommt auch ein Indikatorenmodell letztlich nicht ohne Theorie aus.[5]

Doch hiermit allein sind die Probleme einer Länderrisikoprognose noch nicht gelöst. Theorien beruhen auf Annahmen über wirtschaftliche, politische und soziale Phänomene und treffen Aussagen über Regelmäßigkeiten im Verhalten sozialer Gruppen (Bevölkerung), politischer Gruppen (Parteien, Regierungen) und wirtschaftlicher Gruppen (Konsumenten, Unternehmern, Ölmultis, Banken usw.). Rationale und emotionale Verhaltenskomponenten spielen dabei gleichermaßen eine Rolle. Z.B. hängt die Entwicklung der Schuldenkrise nicht nur von den ökonomischen Umständen ab, sondern auch vom Druck, den die Bevölkerung auf eine Regierung ausübt, den Strategien und Verhandlungstaktiken, den wirtschaftlichen und finanzpolitischen Maßnahmen der Entscheidungsträger und ihrer Einschätzung der Situation. Länder können insofern ihr Verhalten in bisher nicht vorhersehbarer Weise ändern, weil die Menschen aus Erfahrung lernen, durch neue Ideen und Werturteile beeinflußt werden und unterschiedlichen Erwartungen in zukünftige Entwicklungen setzen.[6] Für die Beurteilung von Länderrisiken sind damit erhebliche Konsequenzen verbunden:

- Eine bestimmte Länderrisiko-Theorie gilt immer nur vor dem Hintergrund einer bestimmten Datenkonstellation bzw. setzt einen situativen Kontext voraus.[7]

- Nur solange die Rahmenbedingungen gleich bleiben, die Akteure im politischen, sozialen und wirtschaftlichen

---

5) vgl. Lindlbauer (1979), S. 7.
6) vgl. Stobbe (1984), S. 38.
7) vgl. Backhaus/Simon (1980), S. 422.

Geschehen ihr Verhalten nicht ändern, kann eine Theorie auch für die Zukunft Gültigkeit besitzen.[8]

- Die bereits vorhandenen und neuen Hypothesen sind immer wieder an der Realität zu überprüfen. Wird eine Theorie nicht bestätigt (falsifiziert) wird sie verworfen und durch eine neue ersetzt. Eine Hypothese endgültig zu bestätigen (zu verifizieren) ist nicht möglich.[9]

Nur unter Berücksichtigung dieser Aspekte sind Prognosen aufzustellen. Den Frühwarnindikatoren, die einer bestimmten Entwicklung vorauseilen, kommt für die Beurteilung von Länderrisiken eine besondere Bedeutung zu. Läuft beispielsweise ein Indikator der Risikoentwicklung um eine Zeitspanne von t Perioden voraus, kann die Risikoentwicklung um eben diese Zeitspanne mit Hilfe des Indikators in die Zukunft prognostiziert werden, ohne daß der Indikator selbst prognostiziert werden muß.

Die Bildung von Indikatorenmodellen ist insofern nicht als eine in sich abgeschlossene Aufgabe anzusehen, sondern ist als ein fortwährender Konstruktionsprozeß zu verstehen (vgl. Abb. 16).

Aus den bereits bekannten Erklärungszusammenhängen (Theorien) werden die relevanten, zu prognostizierenden Faktoren abgeleitet und geeignete Indikatoren für ihre Prognose bestimmt. Auf diese Weise kann das Informationssystem eine ursachenbezogene und zukunftsorientierte Risikobeurteilung abgeben. Die einmal aufgestellten Modelle müssen an der Realität überprüft werden, d.h. sie müssen sich einer konfirmatorischen, hypothesentestenden Analyse unterziehen. Hierzu liefern die Vergangenheitsdaten der Indikatoren, die i.d.R. fortlaufend ermittelt werden, einen umfangreichen Datensatz, der von Erhebung zu Erhebung anwächst. Dieser

---

8) Verhaltensänderungen können jederzeit Prognosen zu nichte machen, die auf Annahmen über Regelmäßigkeiten im menschlichen Verhalten aufbauen. Vgl. Stobbe (1984), S. 38.
9) vgl. Popper (1966), S. 198.

Datensatz ermöglicht es, die prognostizierte Entwicklung mit der tatsächlich eingetretenen Entwicklung zu vergleichen. Bestätigt die konfirmatorische Analyse das Indikatorenmodell, kann es weiterhin für zukünftige Prognosezwecke verwendet werden. Lehnt der empirische Test das Modell ab, können weitere empirische, dann aber explorative Analysen, sowie theoretische Überlegungen zu einer Neukonzeption des Modells führen, das wiederum zukünftigen empirischen Tests standhalten muß.

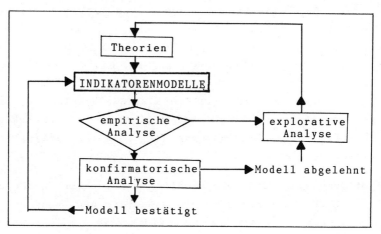

Abb. 16: Methodische Vorgehensweise der Länderrisiko-Beurteilung

Anhand der Beschreibung der methodischen Vorgehensweise der Länderrisiko-Prognose wird deutlich, daß der Stand der Länderrisiko-Beurteilung von den bereits formulierten Theorien, den durchgeführten explorativen Studien und den bestehenden Indikatorenmodellen bestimmt wird. Besondere Bedeutung kommt den Ergebnissen konfirmatorischer Analysen zu, die aber bisher noch nicht durchgeführt worden sind.

4. Überblick über den Stand der Länderrisiko-Beurteilung

4.1. Länderrisiko-Theorien

Bisher existieren explizit formulierte partielle Theorien im wirtschaftswissenschaftlichen und politikwissenschaftlichen Bereich, aber keine alle Umweltbereiche umfassenden Theorien. Die Totalansätze der Länderrisiko-Analyse bestehen vielmehr aus nicht theoriegestützten Indikatorenmodellen (siehe Abschnitt 4.3.2.).

4.1.1. Partielle Länderrisiko-Theorien

4.1.1.1. Ökonomische Theorien

Ökonomische Theorien über die Entstehung von Transferrisiken liegen nur für die Zahlungsfähigkeit vor. Für Risiken aus Handelshemmnissen scheint nur die Aussage gesichert, "daß kurzfristige Aufschwünge in der weltwirtschaftlichen Aktivität die Handelspolitik liberaler gestalten und sich kurzfristige Abschwünge protektionsverschärfend auswirken."[1] Ebenso wenig existieren Modelle, die die bereits in Abschnitt 2.1.3. aufgezeigten einzelnen Determinanten des Wechselkurses in ein gemeinsame Modell einbinden.[2]

Die Theorien und Erklärungsansätze über die Zahlungsfähigkeit liegen auf zwei verschiedenen Betrachtungs-Ebenen: einer langfristigen und einer kurz- bis mittelfristigen Ebene. Die Erklärung langfristiger Zahlungsprobleme fragt nach den notwendigen Bedingungen, die ein Land und seine Wirtschaft erfüllen müssen, um seine Schuldendienstfähigkeit aufrecht zu erhalten. Kurz- und mittelfristige Be-

---

1) Glismann/Horn (1984), S. 102.
2) vgl. Haan (1984), S. 236.

trachtungen treffen Aussagen über unausgewogene Verhältnisse zwischen Einnahme- und Ausgabenquellen, die durch
zyklische Schwankungen, z.B. der Exporteinnahmen, die entsprechende Devisenengpässe hervorrufen können, entstehen.

4.1.1.1.1. Langfristige Verschuldungsmodelle

Der Grundgedanke dieser Modelle läßt sich über eine Betrachtung der Kosten- und Ertragsseite einer Auslandsverschuldung erfassen. Die Ertragsseite beinhaltet, daß ein
Land mit Hilfe der Auslandskredite Investitionen tätigen
und Wirtschaftswachstum erzeugen kann. Das bisherige Pro-
Kopf-Einkommen steigt. Die Kostenseite besagt, daß das Land
einen Teil seiner Ersparnisse bzw. der ansonsten für Kon-
sum- oder Investitionszwecke verwendeten Mittel für Zins
und Tilgung der Kredite aufbringen muß. Solange das Wachstum bzw. das Mehr an Einkommen ausreicht, um damit die
Zins- und Tilgungszahlungen zu leisten, fällt es einem
Land, seiner Bevölkerung und Regierung, leicht, die eingegangenen Verpflichtungen zu erfüllen. Reicht das erzielte
Wachstum aber nicht aus, dann gehen die Schuldendienstzahlungen zu Lasten des bisher gewohnten Lebensstandards (Konsumverzicht) und/oder des Beschäftigungsniveaus (Investiti-
onsrückgang) und führen zu Problemen. Daraus läßt sich
schließen, daß ein kontinuierliches Wachstum des Pro-Kopf-
Einkommens eine langfristig notwendige Bedingung für die
Aufrechterhaltung der Schuldendienstfähigkeit ist.[3] Insofern reduziert sich das langfristige Problem der Zahlungsfähigkeit auf die Möglichkeiten eines Landes, Ersparnisse
zu bilden bzw. bereitzustellen und läßt sich mit Hilfe von
Modellen, die den Wachstumsprozeß durch Auslandsverschuldung erfassen, sogenannte **"growth-cum-debt models"**[4] beschreiben.

---

3) vgl. Avramovic (1964), S. 10 f.
4) vgl. Zaidi (1985), S. 574 ff.

Aber damit ist das Phänomen Schuldendienstfähigkeit noch
nicht vollständig erfaßt, denn Zins und Tilgung sind in
einer ausländischen Währung zu zahlen. Ein Land muß deshalb
nicht nur in der Lage sein, Ersparnisse zu bilden, sondern
muß darüberhinaus die Ersparnisse in Devisen umwandeln
können: Ein Problem, das allgemein als Transfer-Problem
bezeichnet wird. Es ist durchaus denkbar, daß ein Land über
hohes Wirtschaftswachstum und hohe Ersparnisse verfügt,
aber dennoch nicht genügend Devisen erwirtschaftet, um
seinen Schuldendienst zu leisten. Darüberhinaus kann die
Fiskal-, Geld- und Währungspolitik der Regierung Ungleichgewichte der Zahlungsbilanz erzeugen. Die Produktionsstruktur und internationale Wettbewerbsfähigkeit kann es einem
Land unmöglich machen, am Weltmarkt Güter zu verkaufen.
Hinzu kommt, daß selbst wenn eine Nachfrage am Weltmarkt
besteht, die Exporte nur gesteigert werden können, wenn
auch die Nachfrage am Weltmarkt mitwächst. Sie darf nicht
stagnieren oder gar zurückgehen. Das Transferproblem besteht somit darin zu bestimmen, welche Faktoren einer Steigerung der Exporteinnahmen Grenzen setzen. Modelle, die die
Schuldendienstfähigkeit eines Landes erklären wollen, müssen also sowohl die Bedingungen für langfristiges Wachstum
als auch für eine Verbesserung der Liquidität über Export-
steigerungen erfassen können. Ein erster Schritt in diese
Richtung stellt der Ansatz von Holthus dar. Er versucht
über die Konstruktion von drei Bedingungen bzw. Kriterien,
unter denen eine erfolgreiche Verschuldung[5] möglich ist,
das Phänomen der langfristigen Zahlungsfähigkeit zu erfassen:[6]

Transformationskriterium: Die aufgenommenen Kredite
müssen in eine investive Verwendung transformiert
werden.

---

5) vgl. Eine erfolgreiche Verschuldung ist eine Verschuldung, die ein Land in die Lage versetzt, Zins und Tilgung
zu zahlen, ohne Wohlstandsverluste zu erleiden.
6) vgl. Holthus/Stanzel (1984).

Effizienzkriterium: Die Investitionen müssen so rentabel sein, daß sie die Kreditkosten erwirtschaften können.

Transferkriterium: Die Mittel für Zinszahlungen an das Ausland müssen nicht nur verdient werden, sondern auch transformiert werden können, d.h. zu Deviseneinnahmen führen, indem das Mehrprodukt übergeht in Exportgüter oder Importsubstitutionsgüter.

In seinen empirischen Analysen über die Bedeutung dieser Kriterien kommt Holthus zu dem Schluß, daß nicht nur die internen Bedingungen eines Landes letztlich bestimmen, ob es zahlungsfähig bleibt, sondern auch externe Bedingungen einen wesentlichen Einfluß haben.[7] Der Ansatz muß deshalb noch erweitert werden und auch die folgenden Bestimmungsfaktoren der Schuldendienstschwierigkeiten berücksichtigen:

Kompressibilität der Importe: Von der Fähigkeit bisher importierte Güter selbst zu erstellen, hängt es ab, wie stark ein Land seine Importausgaben senken kann. Eine Reduzierung der Ausgabenseite ist nur soweit möglich, wie ein Land unverzichtbare Güter, die es nicht selbst erstellen kann, im Ausland kaufen muß.

Verschuldungsniveau: Je nachdem, wie hoch die bestehende Schuldenlast ist, schränkt der bereits zu leistende Schuldendienst den Spielraum für neue Kredite ein.

Unregelmäßige Schwankungen im Welthandel: Starke Schwankungen der Einnahmen führen dazu, daß die Länder die extremen Einnahmenausfälle durch Auslandskredite ersetzen und somit ein fortwährender Verschuldungsprozeß entsteht.

---

7) vgl. Holthus/Stanzel (1984), S. 260 ff.

Längerfristige Einbrüche des Welthandels: Sie bleiben völlig unberücksichtig und sind mit Transfer- und Wachstumsproblemen nicht erfaßbar.

4.1.1.1.2. Kurz- und mittelfristige Liquiditätsansätze

Um seine Liquidität kontinuierlich aufrecht zu erhalten, muß ein Land in der Lage sein, kurz- und mittelfristige Störungen wie Preisverfall der Exportgüter, Preissteigerungen wichtiger Importgüter, Zinssteigerungen usw. zu kompensieren bzw. sich diesen Ereignissen anzupassen. Kurzfristige Liquiditätsansätze versuchen deshalb, über bestimmte Verhältniszahlen bzw. Kennziffern Mißverhältnisse zwischen der Einnahmen- und der Ausgabenseite aufzuzeigen, die für Liquiditätsengpässe verantwortlich sind. Die Ursachen dieser Störungen hinterfragen diese Ansätze allerdings nicht.

Die wichtigsten Kennziffern zur Beurteilung der Liquidität sind in Abbildung 17 aufgeführt.[8] Eine Darstellung sämtlicher "Country Risk Ratios" würde den Rahmen dieses Kapitels sprengen.[9] Außerdem wird die Rolle dieser Indikatoren bei der Übersicht über empirische Frühwarnstudien diskutiert.

---

8) vgl. Müller (1985), S. 477.
9) vgl. auch hierzu die Arbeit von Sofia (1981). Sie gibt einen umfangreichen Überblick über mögliche Kennziffern.

$$\text{Reserveadäquanz} = \frac{\text{Devisenreserven}}{\text{Importe an Gütern und Dienstleistungen pro Jahr}}$$

Diese Verhältniszahl besagt: Je höher die Devisen im Verhältnis zu den Importen sind, desto eher kann ein Land Schwankungen bei den Exporteinnahmen verkraften.

$$\frac{\text{Schuldendienstquote}}{\text{(Debt-Service-Ratio)}} = \frac{\text{Schuldendienst (Zins und Tilgung)}}{\text{Deviseneinnahmen (Exporte von Gütern und Dienstleistungen)}}$$

Sie gibt an, welchen Anteil der Deviseneinnahmen ein Land für Zins und Tilgung aufbringen muß und somit nicht mehr für Investitions- und Konsumzwecke verwenden kann. Je höher diese Quote ansteigt, desto eher kommt ein Land durch Exportausfälle in Liquiditätsengpässe. Jeder Fehlbetrag bei den Deviseneinnahmen, der nicht durch Devisenreserven oder neue Kredite abgedeckt ist, geht zu Lasten einer Importreduzierung.

$$\frac{\text{Schuldenrückzahlungsfähigkeitsquote}}{} = \frac{\text{Auslandsverschuldung}}{\text{Exporteinnahmen - Importminimum}}$$

Sie gibt an, wie lange ein Land brauchen wird, um mit Hilfe seiner Exporteinnahmen abzüglich der nicht reduzierbaren Importe seine Schulden zurückzuzahlen. Je höher diese Quote ansteigt, desto belastender ist der Schuldendienst für ein Land und seine Wirtschaft.

$$\frac{\text{Schuldendienstleistungsfähigkeitsquote:}}{} = \frac{\text{Zinsen + Tilgung}}{\text{Exporteinnahmen - Importminimum + Devisenreserven}}$$

Sie gleicht der Debt-Service-Ratio, berücksichtigt aber neben den Exporteinnahmen, die Reduzierbarkeit der Importe und die internationalen Reserven. Je höher diese Quote ansteigt, desto weniger ist ein Land dazu in der Lage Schwankungen der Exporteinnahmen auszugleichen.

Abb. 17: Kennziffern zur Beurteilung der Zahlungsfähigkeit

4.1.1.2. Theorien der Politikwissenschaften

Einen starken Einfluß auf die Entwicklung und Konstruktion von partiellen Indikatorenmodellen haben die Theorien im Bereich der politischen Stabilität gehabt. Die hier existierenden theoretischen Ansätze, die aus verschiedenen Spielarten der **Aggressions-Frustrations-Theorie** bestehen,[10] seien hier erwähnt, obwohl sie nicht versuchen, das Länderrisiko unmittelbar zu erklären, sondern nur eine seiner Determinanten. Die Grundzüge der Aggressions-Frustrations-Theorie haben Feierabend/Feierabend (1966) folgendermaßen formuliert: Die politische Instabilität ist Ausdruck der Aggressionen in einem politischen System, die Individuen und Gruppen gegen andere Gruppen und Regierungsvertreter sowie mit der Regierung assoziierte Individuen und Gruppen richten sowie der Aggressionen, die umgekehrt die Regierungsverteter gegen andere Gruppen und Individuen ausüben. Die Aggressionen entstehen aus Frustrationen, die wiederum die Diskrepanz zwischen den in einer Gesellschaft geweckten, aber nicht befriedigten Bedürfnissen reflektiert. Auf diesem Gedankengut baut eine Reihe der im nächsten Abschnitt 4.3.1. aufgeführten Indikatorenmodelle der politischen Stabilität auf.

Die **Sündenbock-Theorie** von Knudsen geht über die Aggressions-Frustrations-Theorie hinaus und versucht das Enteignungsrisiko zu erklären. Die Kernaussage dieses Modells lautet: Wenn die Frustration hoch ist und gleichzeitig die ausländischen Direktinvestitionen sichtbar hoch sind, dann übernimmt die Auslandsunternehmung die Rolle eines "Sündenbocks". Die Regierung verschafft den Frustrationen Luft, indem sie Maßnahmen wie Enteignung gegenüber der ausländischen Unternehmung ergreift.[11]

---

10) vgl. Juhl (1983), S. 61 ff.
11) vgl. Knudsen (1974), S. 53 f.

61

4.1.2. Aufgaben einer umfassenden Länderrisiko-Theorie

Eine für die Beurteilung der Länderrisiken von Auslandsaktivitäten erforderliche, umfassende Theorie existiert
noch nicht, obwohl ihr gerade die wichtige Aufgabe zukommt,
Zusammenhänge zwischen den Einzelrisiken aufzuzeigen und zu
untersuchen. Beispielsweise kann zwischen der Zahlungsfähigkeit und den Handelshemmnissen ein ursächlicher Zusammenhang bestehen. So wird ein Land mit Zahlungsschwierigkeiten versuchen, seine Importausgaben zu reduzieren, indem
es die Einfuhr ausländischer Waren einschränkt. Hohe Wechselkursschwankungen können ebenso das Risiko für Handelshemmnisse erhöhen. Eine überbewertete inländische Währung
kann zu überhöhten Importen in ein Land führen, die die
inländische Wirtschaft schädigen und nicht zuletzt ein bereits bestehendes Handelsbilanzdefizit vergrößern. Zwischen
den Dispositions- und Enteignungsrisiken besteht ebenfalls
ein enger Zusammenhang. Hohe Dispositionsrisiken können
Ausdruck einer negativen Einstellung gegenüber ausländisch-
en Investoren sein und einer bevorstehenden Enteignung vor-
angehen. Bisher allerdings wurde die Analyse solcher Risikoverbunde völlig vernachläßigt. Folgendes Beispiel macht
aber die Bedeutung der Risikoverbunde für strategische Entscheidungen deutlich: Angenommen, die Ursachen für Handelshemmnisse liegen in Devisenproblemen begründet, dann kann
die Unternehmung zwar versuchen die Handelshemmnisse zu
umgehen, indem sie vom Exportgeschäft übergeht zur Produktion im Ausland, muß aber dann aufgrund der Devisenknappheit mit Schwierigkeiten beim Rücktransfer der Gewinne
rechnen. Eine Aufgabe für zukünftige Arbeiten dürfte somit
darin bestehen, die Struktur der Einzelrisiken zu analysieren und ihre zeitliche Entwicklung zu betrachten, um so
zu erkennen, ob etwa zunehmende Handelshemmnisse als Früh-
warnindikator für Zahlungsschwierigkeiten anzusehen sind.
Die Regierungen greifen u.U. zu diesen Maßnahmen, um über
eine Reduzierung der Importausgaben frühzeitig eine Devisenknappheit zu verhindern.

4.2. Explorative Analysen über Frühwarnindikatoren

4.2.1. Frühwarnindikatoren der Verschuldung und Enteignung

Das Ziel der empirischen Studien besteht darin, aus verschiedenen Verschuldungsindikatoren die Indikatoren mit Hilfe statistischer Verfahren auszuwählen, die in der Lage sind, frühzeitig Schuldendienstprobleme anzuzeigen.

Studie	(a)	(b)	(c)
Dhonte (1975)	10	H	69 Nicht-Umschuldungsländer für 1969 und 13 Umschuldungsländer von 1959-1971
Frank/Cline (1971)	8	D	26 Länder mit 13 Umschuldungen in 8 Ländern von 1960-1968
Grinols (1976)	20	D	64 Länder von 1961-1974
Feder/Just (1977)	9	L	41 Länder mit 21 Umschuldungen in 11 Ländern von 1965-1972
Mayo/Barrett (1977)	50	L	48 Länder mit 28 Umschuldungen in 11 Ländern von 1960-1975
Sargen (1977)	6	D	1960-1975
Saini/Bates (1978)	10	D/L	25 Länder mit 13 umgeschuldeten Ländern von 1960-1977
Abassi/ Taffler (1982)	42	D	95 Länder mit 55 Umschuldungen in 14 Ländern von 1967-1978
Schmidt (1982/1984)	21	D/L	53 Länder mit 9 umgeschuldeten Ländern von 1973-1979

(a) Anzahl der analysierten quantitativen Kennzahlen
(b) Angewandte Untersuchungsmethoden: H=Hauptkomponentenanalyse; D=Diskriminanzanalyse; L=Logitanalyse
(c) Anzahl der Länder und Untersuchungszeitraum

Abb. 18: Explorative Studien über Frühwarnindikatoren der Verschuldung

Abbildung 18 gibt einen Überblick über bisherige explorative Analysen.[1] Sie erhebt nicht den Anspruch auf Vollständigkeit, enthält aber die wichtigsten zur Zeit diskutierten Studien.[2]

Die Arbeiten verwenden alle die gleiche Methodik. Sie definieren die zu erklärende, abhängige Variable "Schuldendienstschwierigkeiten" in binärer Form, indem sie zwischen
Umschuldungsländern und Nicht-Umschuldungsländern unterscheiden. Die Indikatoren liegen als quantitative, me-
trische Daten vor, so daß sich für diese Problemstellung
grundsätzlich eine multivariate Analyse unter Verwendung
der Diskriminanz- und Logitanalyse anbietet. Anhand der
Vergangenheitsdaten berechnen diese Verfahren Indikatoren,
die in ihrer Ausprägung signifikante Niveau-Unterschiede
für die beiden Ländergruppen aufweisen und somit für zukünftige Prognosen von Umschuldungen geeignet erscheinen.

Eine Ausnahme unter den Arbeiten stellt die Studie von
Dhonte dar. Sie verfolgt eine andere Zielsetzung und Vorgehensweise und wird deshalb zuerst behandelt. Sie filtert
nicht aus einem Datensatz signifikante Indikatoren heraus,
sondern will notwendige Beziehungen unter den als relevant
erachteten Indikatoren aufdecken, die gegeben sein müssen,
damit ein Land schuldendienstfähig bleibt. Die Studie geht
dabei von dem Gedanken aus, daß ein Verschuldungsprozeß
solange unkritisch ist, wie ein Land einen Netto-Transfer
erzielen kann, d.h. die Neuverschuldung über den Schuldendienstzahlungen liegt und dem Land ein Netto-Betrag an
finanziellen Mitteln zufließt (Roll-over-Approach). Anhand
dieser Grundkonzeption wählt Dhonte die zu analysierenden
Indikatoren aus und untersucht 69 Länder, die im Jahre 1969
nicht umgeschuldet haben, daraufhin, welche Indikatoren
korrelieren und sich auf einen gemeinsamen Faktor zurück-

---

1) Die Arbeit von Petersen (1977) ist hier nicht explizit
aufgeführt, weil sie nicht mit objektiven statistischen
Verfahren arbeitet, sondern die Indikatorenauswahl subjektiv trifft.
2) vgl. Saini/Bates (1984); Stockner (1984), S. 95 ff.;
Baxmann (1985), S. 205 ff.

führen lassen. Aus dieser Hauptkomponentenanalyse leitet
Dhonte mehrere Hypothesen ab (vgl. Abb. 19). Er sieht in
dem Faktor F1 den Verschuldungsgrad und in F2 die Kreditkonditionen repräsentiert. Beide Faktoren sind miteinander
korreliert, denn aus der Darstellung der Länder anhand der
Faktorenwerte in einem zweidimensionalen Plot ist zu erkennen, daß die stärker verschuldeten Länder gleichzeitig auch
günstigere Kreditkonditionen genießen.

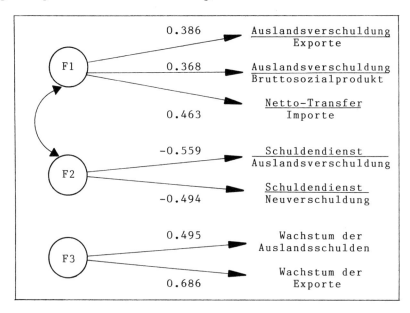

Abb. 19: Faktorenmuster einer gleichgewichtigen
Verschuldungssituation

Der isoliert zu betrachtende Faktor F3 besagt, daß das
Wachstum der Auslandsschulden mit dem Wachstum der Exporte
zunimmt. Aus diesen Ergebnissen leitet Dhonte zwei Un-
gleichgewichtsbeziehungen ab, die ein Land in Verschuldungsprobleme bringen:

(1) Eine hohe relative Verschuldung, die von ungünstigen
    Kreditkonditionen begleitet wird.

(2) Ein Wachstum der Verschuldung, das nicht in Einklang
    mit dem Wachstum der Exporte steht.

Dhonte versucht, seine Ergebnisse zu untermauern, indem er zeigt, daß das Faktorenmuster von 14 umgeschuldeten Ländern tatsächlich von dem vorhergehenden abweicht, aber er vermag nicht zu sagen, um wieviel das Wachstum der Exporte vom Wachstum der Verschuldung abweichen muß, damit Zahlungsprobleme auftreten.

Die aufgestellten Hypothesen erscheinen überzeugend und stimmen mit der allgemeinen Aussage überein, daß immer dann eine Devisenlücke entsteht, wenn Schuldendienst und Importe gegenüber den Exporten und der Neuverschuldung stärker zunehmen.

Das Ziel der übrigen Studien besteht nicht darin, Gleichgewichtsbedingungen zu gewinnen, sondern Indikatoren zu bestimmen, die zwischen Umschuldungs- und Nicht-Umschuldungsländern möglichst gut trennen können (vgl. Abb. 20).

Frank und Cline nehmen insgesamt 8 Indikatoren (X1 bis X8) in eine Diskriminanzanalyse auf,[3] die zu folgendem Ergebnis kommt:[4]

$$Z = -0.21 + 1.49\ X1 - 0.05\ X2 - 0.07\ X3 - 0.11\ X4$$
$$(5.16) \qquad (0.13) \qquad (-0.11) \qquad (-0.59)$$

$$+\ 0.01\ X5 - 1.37\ X6 + 0.26\ X7 + 0.03\ X8$$
$$(1.01) \qquad (-3.27) \qquad (0.7) \qquad (3.60)$$

Ein t-Test für die geschätzten Koeffizienten (die t-Werte sind in Klammern angegeben) zeigt, daß die drei Variablen X1, X6, X8 einen signifikanten Einfluß auf Umschuldungen besitzen.

---

3) Die Diskriminanzfunktion $Z = W1X1 + W2X2 + \ldots + WmXm$ besteht aus einer Linearkombination der Indikatoren Xi. Die Koeffizienten Wi werden so bestimmt, daß die Varianz zwischen den beiden Ländergruppen im Verhältnis zur Varianz innerhalb der Ländergruppen ein Maximum erreicht. Zusammen mit den geschätzten Koeffizienten und den bekannten Ausprägungen der Variablen Xi für jedes Land kann dann ein Z-Wert berechnet werden. Für jede Gruppe ergibt sich daraus eine Häufigkeitsverteilung der Z-Werte. Der kritische Z-Wert wird dann i.d.R. so festgelegt, daß der Fehler 1. Art und der Fehler 2. Art zusammengenommen ein Minimum erreichen. Vgl. Schuchard-Ficher u.a. (1985), S. 151.
4) vgl. Frank/Cline (1971), S. 336.

Abb. 20: Signifikante Trennvariablen zwischen Umschuldungs-
und Nichtumschuldungsländern

(Fehler 1. Art: Ein Umschuldungsland wird als Nichtum-
schuldungsland klassifiziert.
Fehler 2. Art: Ein Nicht-Umschuldungsland wird als
Umschuldungsland klassifiziert)

Grinols (1976)	Feder/Just (1977)	Mayo/Barrett (1977)
Fehlertyp I: 12,5% Fehlertyp II: 6%	Fehlertyp I: 5% Fehlertyp II:2,5%	Fehlertyp I: 24% Fehlertyp II:13%
Schuldendienst Währungsreserven	Schuldendienst Exporte	Auslandsschulden Exporte
Auslandsschulden Schuldendienst	Tilgung Auslandsschulden	Importe Bruttoinlandsprodukt
Schuldendienst Importe	Importe Währungsreserven	Währungsreserven Importe
Auslandsschulden Exporte	Kapitalimporte Schuldendienst	IWF-Reserveposition Importe
Auslandsschulden Bruttosozialprodukt	Wachstum der Exporte	Preissteigerungsrate bei Konsumgütern
	Pro-Kopf-Einkommen	Bruttoinvestitionen Bruttoinlandsprodukt

Frank/Cline (1971)	Sargen (1977)	Saini/Bates (1978)
Fehlertyp I: 23% Fehlertyp II:11%	Fehlertyp I: 33% Fehlertyp II: 8%	Fehlertyp I: 17% Fehlertyp II:15%
Schuldendienst Exporte	Schuldendienst Exporte	Wachstum der Konsumgüterpreise
Tilgung Auslandsschulden	Inflationsrate	Wachstum der Geldmenge
Importe Währungsreserven		Leistungsbilanz Exporte
		Wachstumsraten der Reserven

Abassi/Taffler (1982)	Schmidt (1982/1984)
Fehlertyp I: 10% Fehlertyp II:8,9%	Fehlertyp I: 11% Fehlertyp II: 7%
Neuverschuldung	Währungsreserven Importe
Auslandsschulden Exporte	Zinsen Auslandsverschuldung
Inflationsrate	Schulden aus Exporten Auslandsverschuldung
Auslandsschulden Bruttosozialprodukt	

Grinols bestimmte mit Hilfe einer umfangreicher angelegten
Diskriminanzanalyse insgesamt 5 statistisch signifikante
Indikatoren.[5]

Die Studie von **Feder und Just** baut auf der Studie von Frank
und Cline auf. Die Auswahl der Indikatoren orientiert sich
an dem Rahmenkonzept von Avramovic,[6] das zwischen langfristigen Bestimmungsfaktoren (Wirtschaftswachstum und
Exporteinnahmen) und kurzfristigen Bestimmungsfaktoren
(Schuldendienst/Exporte, internationale Reserven/Importe
u.a.) unterscheidet. Sieben der neun analysierten Indikatoren stimmen mit der Studie von Frank und Cline überein.
Die Berechnungen unter Verwendung der Logitanalyse[7] ergaben 6 mit einem t-Test als trennfähig erkannte Indikatoren
(Vgl. Abb. 20). Sie erzielten zusammen einen Likelihood
Ratio Index von 0.92. Dieser Index entspricht dem Determi-
nationskoeffizienten R^2. Allerdings zeigte sich bei den
Untersuchungen, daß neben dem Exportwachstum auch das Wirtschaftswachstum von Bedeutung sein muß. Beide Variablen
sind eng miteinander korreliert. Das Exportwachstum ging
nur als die führende Variable in die Gleichung ein, während
das Wirtschaftswachstum ausgeschlossen wurde.[8] Über die
von Frank und Cline bereits als signifikant erachteten

---

5) vgl. Grinols (1976) zitiert nach Saini/Bates (1984),
S. 344.
6) vgl. Avramovic (1964), S. 13.
7) Die Wahrscheinlichkeit für eine Umschuldung Pi berechnet
sich anhand einer Linearkombination Wi der Indikatoren Xi
(Wi ist eine multiple Regressionsgleichung) über folgende
Funktion:

$$Pi = 1 \ / \ (1 + e^{-Wi}) \text{ und}$$
$$Wi = b_0 + b_1 X_1 + \ldots + b_m X_m$$

mit i = 1,2, ... , n ;
n = Anzahl der Fälle
m = Anzahl der Indikatoren.

Zusammen mit den geschätzten Koeffizienten und den bekannten Indikatorwerten für die einzelnen Länder wird für jedes
Land ein Wahrscheinlichkeitswert Pi berechnet. Jede Ländergruppe besitzt somit eine Häufigkeitsverteilung für Pi und
wieder muß analog zur Diskriminanzanalyse ein kritischer
Wert für Pi festgelegt werden, so daß der Fehler 1. und 2.
Art zusammen ein Minimum ergeben. Vgl. Hartung/Elpelt
(1984), S. 132 ff.
8) vgl. Feder/Just (1977), S. 33 f.

Indikatoren hinaus, die eher kurzfristiger Natur sind, kommen bei der Studie von Feder und Just weitere, vor allem langfristige Indikatoren hinzu. Mit dieser Indikatorenkombination erzielten sie die geringsten Fehlerquoten unter den in Abbildung 20 aufgeführten Studien.

Die Studie von **Mayo und Barrett** verfolgte das Ziel, ein Frühwarnsystem für die US-Export-Import Bank mit einer Prognosefähigkeit bis zu 5 Jahren aufzustellen. Hierzu definieren sie die abhängigen Variable derart, daß ein Land, das in einem bestimmten Jahr in Umschuldungsverhandlungen eingetreten ist, für weitere 5 Jahre in der Gruppe der Umschuldungsländer bleibt. Mayo und Barrett führten mehrere Logitanalysen durch und wählten dann 6 Indikatoren aus. Dabei verwendeten sie Beurteilungskriterien wie Stabilität und Signifikanz der Koeffizienten und die Veränderung der Vorhersagefähigkeit der Gleichung, wenn eine einzelne Variable aus der Analyse ausgeschlossen wurde. Der ausgewählte Indikatorensatz enthält sowohl Indikatoren mit Langzeitcharakter (Investitionen/Bruttosozialprodukt) als auch kurzfristige Indikatoren (IWF-Reserveposition/Importe). Bemerkenswert ist an dieser Studie, daß sie, obwohl sie fünfmal soviele Indikatoren analysierte wie die Feder und Just-Studie, eine fünfmal höhere Fehlerrate aufweist und sich der Likelihood Ratio Index von 0.92 auf 0.63 verschlechterte.

Die Studie von **Sargen** betrachtet explizit die Schuldenprobleme, die durch Exportschwankungen oder die Überbewertung einer Währung auftreten und eher kurzfristiger Natur sind. Sargen ermittelte zwei signifikante Indikatoren: die Inflationsrate und die Relation Schuldendienst/Exporte.

Die Studie von **Saini und Bates** verwendete sowohl Logit- als auch Diskriminanzanalysen. Dabei erzielte kein Verfahren bessere Fehlerraten als das andere. Vier Indikatoren weisen einen hohen Erklärungswert auf: die Wachstumsrate der Konsumgüterpreise, der Geldmenge, der Reserven und das Verhältnis Leistungsbilanz/Exporte. Die ebenfalls untersuchte

Schuldendienstquote konnte in dieser Untersuchung nicht
zwischen Ländern mit und ohne Schuldendienstproblemen
trennen.[9]

Die Studie von **Abassi und Taffler** setzt zum ersten Mal eine
schrittweise Diskriminanzanalyse ein. Sie kommt zu dem
Ergebnis, daß insgesamt 4 Indikatoren in der Lage sind,
zwischen Umschuldungs- und Nicht-Umschuldungsfällen zu
trennen.

Die Studie von **Schmidt** bezieht in ihre Analyse 21 weitver-
breitete Kennzahlen ein: die Kreditkonditionen, die Struktur und das Wachstum der Verschuldung sowie die Verschuldung in Relation zu den Exporten und Reserven und andere
nicht direkt mit der Verschuldung verbundene ökonomische
Größen. Schmidt kritisiert an den bisherigen Arbeiten, daß
sie die Beobachtungen über mehrere Jahre hinweg in einem
einzigen Datensatz zusammengefaßt und gemeinsam analysiert
haben, ohne dabei zu berücksichtigen, daß sich die Beziehungen unter den Indikatoren über die Zeit hinweg ändern
können. Die Studie von Dhonte weist z.B. auf solche
Veränderungen der Beziehungsstruktur der Indikatoren hin.
Deshalb stellt Schmidt ein völlig neues Untersuchungskonzept auf. Die Studie unterteilt den Untersuchungszeitraum
von 1974 bis 1981 in einen Basis- und einen
Prüfzeitraum:[10]

```
          Basiszeitraum      I Prüfzeitraum
      I----I----I----I----I----I----I----I----I
       1974 1975 1976 1977 1978I1979 1980 1981
```

Aufgrund dieser Untersuchungskonzeption ist es möglich, die
Länder nach folgenden Kriterien in Umschuldungs- und Nicht-
Umschuldungsländer aufzuteilen:

— Umschuldungsländer sind solche Länder, die im Basis-
  Zeitraum 1973 bis 1978 nicht, aber im Prüfzeitraum
  von 1978 bis
  ten sind.

---

9) vgl. Saini/Bates (1984), S. 347.
10) vgl. Schmidt (1982), S. 509.

- Nicht-Umschuldungsländer sind solche Länder, die von 1973 bis 1981 nicht umgeschuldet haben.[11]

Auf diese Weise kann Schmidt im Basiszeitraum Jahr für Jahr getrennte Diskriminanz- und Logitanalysen durchführen und die Entwicklung des funktionalen Zusammenhangs im Zeitverlauf beobachten. Zunächst rechnet er eine schrittweise Diskriminanzanalyse, Wilks'lambda diente als Selektionskriterium, für jedes Jahr im Basiszeitraum über die insgesamt 21 Indikatoren. Der funktionale Zusammenhang zeigte sich recht stabil über die Zeit und drei Indikatoren kristallisierten sich als die trennfähigen Variablen heraus. Allerdings führte die Diskriminanzanalyse zu unakzeptablen Fehlerraten. Zwar nahmen die Fehlerraten von 1974 bis 1978 ab, doch betrugen sie 1978 noch 44% (Fehler 1. Art) und 7% (Fehler 2. Art). Deshalb führte Schmidt weitere Logitanalysen mit den über die schrittweise Diskriminanzanalyse bestimmten Indikatoren durch. Wieder verhielten sich die Koeffizienten recht stabil über die Zeit. Die Fehlerraten verbesserten sich. Von 1974 bis 1978 sinkt der Fehler 1. Art von 33% auf 11% und der Fehler 2. Art von 21% auf 7%. Dabei nehmen die Fehlerraten allerdings erst ab 1977 mit 5% und 11% akzeptable Werte an. Insofern scheint die Logitanalyse der Diskriminanzanalyse überlegen zu sein. Insgesamt zeigen diese Ergebnisse, daß die Verschuldungsindikatoren das Ereignis der Umschuldung erst kurz vor Eintritt erkennen.

Neuere Untersuchungen über die Frühwarneigenschaft quantitativer Kennziffern kommen zu keinen anderen Ergebnissen und werden hier nicht weiter vertieft.[12] Erwähnenswert sind lediglich die Analysen von Baxmann über das Früherkennungspotential der in Abschnitt 5 behandelten Indikatorenmodelle. Die Berechnungen ergaben, daß die Diskriminierungsfähigkeit des Institutional Investor- und Euromoney-Index sowie des mm-Länder- und des FORELEND-Ratings

---

11) vgl. Schmidt (1982), S. 508.
12) vgl. Baxmann (1985), S. 205 ff.

schlechter zu sein scheint als die der statistischen Kennziffern.[13)]

Neben diesen Prognoseansätzen für die Zahlungsfähigkeit
eines Landes existiert nur eine veröffentlichte Untersuchung von Loscher (1984), die versucht, Indikatoren für
das Enteignungsrisiko zu gewinnen.

Für den Beobachtungszeitraum von 1969 bis 1971 wird ein
Prognosemodell getrennt für die Länder Lateinamerikas und
Afrikas entwickelt, und zwar anhand 14 politischer und
sozialer Indikatoren. Die Länder teilen sich auf in solche,
die enteignet haben, und solche, die nicht enteignet haben.
Über eine Diskriminanzanalyse werden die Indikatoren, die
zu einer optimalen Trennung der beiden Gruppen beitragen
können, berechnet. Die Ergebnisse ergeben für Lateinamerika
acht, die für Afrika sechs diskriminierende Variable, wobei
vier Variable für beide Gruppen fast identisch sind: das
Bruttosozialprodukt, die Verteidigungsausgaben bzw. die
Ausgaben für internen Sicherheitskräfte, die ethnische und
sprachliche Zersplitterung und die Unruhen bzw. die sozial-
politische Instabilität. Die berechnete Diskriminanzfunktion konnte sowohl für Lateinamerika als auch für Afrika
alle Länder richtig klassifizieren.

4.2.2. Kritik an den Studien über Frühwarnindikatoren

Zusammenfassend zeigen die Ergebnisse über die Frühwarnindikatoren für Verschuldungsprobleme in Abbildung 20, daß
ein eindeutiger in allen Studien nachweisbarer funktionaler
Zusammenhang zwischen Indikator und Umschuldung nicht zu
erkennen ist und es stellt sich die Frage, worauf die unterschiedlichen, zum Teil schlechten Ergebnisse zurückzuführen sind:

---

13) vgl. Baxmann (1985), S. 182 ff.

Operationalisierungsprobleme der Zahlungsunfähigkeit: Die Operationalisierung der Zahlungsunfähigkeit über die Meßvariable "Umschuldung" oder "keine Umschuldung" erscheint nicht problemadäquat. Der Regierung stehen noch andere Maßnahmen zur Verfügung, wie Refinanzierung und Umstrukturierung der Schulden, Devisen- und Importkontrollen usw., die sie zumindest eine Zeit lang als Handlungsalternativen ergreifen kann.[14] Ein weiteres Problem besteht darin anzunehmen, ein Land habe entweder Schuldendienstschwierigkeiten oder keine, d.h. den Verschuldungsprozeß als ein diskretes Ereignis anzusehen und nicht als einen kontinuierlichen Prozeß, der sich aus dem Zusammenwirken mehrerer Faktoren entwickelt und unterschiedliche Intensität annehmen kann. Beispielsweise sagt die Umschuldung nichts darüber aus, wieviel Prozent der Forderungen an ein Land abzuschreiben sind. Schuldendienstschwierigkeiten sind realitätsadäquat nicht tatsächlich kategorial, sondern als kontinuierliches Phänomen zu behandeln.

Auswahl und Verfügbarkeit geeigneter Indikatoren: Die Probleme einiger Studien liegen im mangelnden konzeptionellen Rahmen sowie der fehlenden Zielsetzungen bei der Auswahl der Indikatoren. Ein konzeptionsloses Vorgehen birgt die Gefahr in sich, daß für die Problemstellung wesentliche Variable fehlen oder unwichtige, in keinem ursächlichen Zusammenhang stehende Variablen, die u.U. Zufallskorrelationen erzeugen, einbezogen werden. Nur wenige Autoren geben sich die Mühe, explizit zu formulieren, unter welcher Perspektive sie das Problem Schuldendienstschwierigkeiten betrachten wollen. Eine Ausnahme bildet Dhonte, der einen Roll-over-Approach wählt oder Sargen, der die Auswirkungen kurzfristiger Schwankungen der Exporteinnahmen in den Vordergrund stellt bzw. Frank und Cline, die sich sowohl mit kurz- als auch mit langfristigen Wirkungszusammenhängen befassen.

---

14) Saini/Bates (1984), S. 352.

Eine noch nicht gelöste Aufgabe besteht insgesamt darin, die Ursachen und Erscheinungsformen von Zahlungsschwierigkeiten systematisch zu erfassen und darauf aufbauend die Auswahl der Indikatoren zu treffen. Auf diese Weise können die Konzepte auch dem Vorwurf entgegenwirken, lediglich theorielose Meßkonzepte darzustellen.[15]

Dieser Vorwurf beinhaltet noch einen weiteren Aspekt. Die bisherigen Studien erfassen vorwiegend Indikatoren, die Symptome für Verschuldungskrisen darstellen, wie Schuldendienst, Exporte, Importe, Neuverschuldung, Verschuldung und Devisenreserven und daraus gebildete Verhältniszahlen, aber die eigentlichen Ursachen, die eine Veränderung dieser Größen bewirken, berücksichtigen sie nicht.

In Zukunft müssen verstärkt die bisher vernachlässigten Ursachenvariablen in die Analysen einbezogen werden. Dazu gehören Faktoren wie Wirtschaftspotential und Wettbewerbsfähigkeit am Weltmarkt,[16] Ursachenfaktoren, die von Entwicklungen der Weltwirtschaft ausgehen und weniger gut oder überhaupt nicht quantifizierbare wirtschaftliche, politische und soziale Faktoren, die Bedingungen auf den internationalen Finanzmärkten, die Wahrnehmung und Einschätzung der Verschuldungslage durch Banken und Regierungen. Da diese Informationen nicht alle über quantitative statistische Daten erfaßt werden können, werden in Zukunft auch verstärkt qualitative, über Expertenbefragung erhobene Daten in die empirischen Analysen einbezogen werden müssen.

Probleme einer adäquaten Untersuchungskonzeption: Die verschiedenen multivariaten statistischen Methoden müssen im Hinblick auf die Problemstellung sinnvoll eingesetzt und miteinander kombiniert werden. Bisher beschränken sich die Studien weitgehend auf Logit- und Diskriminanzanalysen, wobei einige methodische Hindernisse auftreten. Beispielsweise sind die Koeffizienten in den Gleichungen nur sinnvoll interpretierbar, - die schrittweise Diskriminanzanalyse

---

15) vgl. Erbe/Schattner (1980), S. 288.
16) vgl. Erbe/Schattner (1980), S. 288 f.

ausgenommen – wenn die Indikatoren unabhängige und nicht eng miteinander korrelierende Größen darstellen. Speziell in Verbindung mit einer Diskriminanzanalyse ist der t-Test nicht zulässig, weil die Normalverteilungsannahme für die geschätzten Koeffizienten nicht gilt. Dennoch verwenden Frank und Cline diesen Test in ihren Diskriminanzanalysen, um die "nicht signifikanten" Variablen auszuschließen.

Annahme homogener Ländergruppen: Eine weiteres Problem der Arbeiten besteht darin, daß sie die Länder als homogene Gruppe betrachten und nicht berücksichtigen, daß sich die Verschuldungskrisen unter unterschiedlichen Bedingungen entwickelt haben. Eine allen Ländern gemeinsame, übergeordnete Struktur zu unterstellen, stellt angesichts der heterogenen Natur der Länder eine sehr strenge Annahme dar.[17] In Zukunft besteht somit eine wichtige Aufgabe darin, das methodische Instrumentarium gezielt für die Problemlösung einzusetzen und durch geschickte Kombination der Methoden zu brauchbaren Ergebnissen zu gelangen.

Prognoseproblem: Insgesamt betrachtet erscheint der Vorwurf gerechtfertigt, daß die Studien zu schnell zu statistischen Analysen übergegangen sind, ohne die Anforderungen an das Instrumentarium unter dem Gesichtspunkt der Prognose und der Anwendbarkeit in der Praxis zu beachten.

Beispielsweise haben die Studien bis auf die Arbeit von Schmidt nicht differenziert zwischen dem Zeitpunkt für das Eintreten eines Ereignisses und dem Auftreten eines Frühwarnsignals. Keine der Arbeiten hat die Indikatoren danach untersucht, ob sie geeignete Vorlaufindikatoren darstellen. Keine der Arbeiten hat versucht, unterschiedliche Wirkungsstufen und zeitliche Betrachtungsebenen zu unterscheiden und auf diese Weise mehrere Signalstufen bilden zu können. Für Prognosezwecke kann dieses Vorgehen jedoch sehr hilfreich sein. Je weiter z.B. ein Indikator A in einer Wirkungskette zurückliegt (A – B – C), desto frühzeitiger kann sie eine Risikoentwicklung C signalisieren. Allerdings

---

17) vgl. Petersen (1977).

nimmt damit gleichzeitig ihre Prognosegenauigkeit ab, weil
noch weitere Elemente in der Wirkungskette einen Einfluß
auf das zu prognostizierende Ereignis nehmen.

Selbst wenn die aufgezeigten Mängel beseitigt sind, bleibt
das Problem bestehen, daß die politische, soziale und wirtschaftliche Umwelt der Entwicklungsländer, einschließlich
der internationalen Umwelt, einem schnellen Wandel unterliegt. Diese Veränderungen können den über Ex post-Analysen
ermittelten funktionalen Zusammenhang auseinanderbrechen.
Der Indikator verliert seine Prognosekraft. Somit läßt sich
das Prognoseproblem letztlich nicht mit einer mechanis-
tischen Vorgehensweise lösen.[18] Flexible Untersuchungs-
konzeptionen, die Veränderungen der Beziehungsstrukturen
rechtzeitig erkennen können, sind gefordert.

---

18) vgl. Baxmann (1985), S. 261.

4.3. Indikatorenmodelle zur Beurteilung von Länderrisiken

Indikatorenmodelle unterscheiden sich von den theoretischen Ansätzen in Abschnitt 4.1 dadurch, daß sie primär versuchen, die als risikorelevant betrachteten Umweltkomponenten operational zu erfassen. Insofern gehen sie über die theoretischen Modelle hinaus. Das Instrumentarium dieser Konzepte besteht i.d.R. aus Punktbewertungsmodellen.[1]

Die Meßkonzepte im politischen und wirtschaftlichen Bereich werden im folgenden vor allem unter dem Gesichtspunkt betrachtet, inwieweit sie einen Beitrag für die Beurteilung der Länderrisiken von Auslandsaktivitäten leisten können.

4.3.1. Indikatorenmodelle der politischen Instabilität

Die Konzepte im politischen Bereich konzentrieren sich fast ausschließlich auf die operationale Erfassung der politischen Instabilität, d.h. der Veränderungen in der politischen Sphäre, ohne dabei explizit auf ein bestimmtes Einzelrisiko einzugehen.

4.3.1.1. Überblick über Indikatorenmodelle politischer Instabilität

Abbildung 21 gibt einen Überblick über die einzelnen Meßkonzepte mit einer kurzen Beschreibung des jeweiligen Grundgedankens auf dem die Ansätze beruhen und der Methodik, die sie verwenden.[2]

---

1) Zusammenfassende Darstellungen der Indikatorenmodelle finden sich bei Loscher (1984), Stockner (1984), Blank u.a. (1982) und Pott (1983).
2) Speziell mit Konzepten zur Beurteilung der politischen Instabilität befaßt sich Juhl (1983).

Ansatz von Banks/Textor (1963) für politische Instabilität

Datenbasis: 27 Länder, ein qualitatives Kriterium

Grundgedanke: Länder lassen sich generell in vier Kategorien einordnen, die dem Ausmaß und der Dauer der Stabilität der Länder seit dem 1. Weltkrieg entsprechen.

Methodik: Ein Experte ordnet die einzelnen Länder in die vier Kategorien ein.

Ansatz von Russett (1964) für politische Instabilität

Datenbasis: R1-Index: Daten von 1950-1962 für 74 Länder
R2-Index: Daten von 1945-1961 für 87 Länder

Grundgedanke: Die quantitativen Indikatoren R1 und R2 bilden geeignete Maßzahlen, die die Wirkung unterschiedlicher Ereignisse in der politischen Umwelt abbilden bzw. die soziale und die Regierungsstabilität erfassen.

Methodik: Der Gewalt-Indikator R1 gibt die Anzahl der Todesopfer bei politischen Unruhen pro Millionen Einwohner an. Der Machthaberwechsel-Indikator R2 gibt die Zahl der regulären Regierungswechsel gewichtet durch die Dauer der Unabhängigkeit des betreffenden Landes an. Die Regierungsstabilität wird operationalisiert anhand der Häufigkeit der Regierungswechsel. Beide Indikatoren können kombiniert werden.

Ansatz von Feierabend/Feierabend (1966) für politische Instabilität

Datenbasis: 84 Länder beurteilt anhand 30 quantitativer Kriterien für 1955-1961

Grundgedanke: Die politiche Stabilität ist Ausdruck der Aggressionen, die aus Frustrationen resultieren. Aggressive Handlungen wie Bürgerkrieg, Staatsstreich, Massenverhaftungen, friedliche Demonstrationen u.a., aber auch Veränderungen der Regierung wie allgemeine Wahlen oder Rücktritt eines Kabinettsmitgliedes stellen unterschiedlich stark destabilisierende Ereignisse dar.

Methodik: Insgesamt 30 Indikatoren bzw. politische Ereignisse erhalten entsprechend ihrer destabilisierenden Wirkung ein Gewicht von 0 bis 6. Das höchste destabilisierende Ereignis, das innerhalb des Beobachtungszeitraumes auftritt, bestimmt in welche der vorgegebenen 7 Kategorien, die den Gewichten der Ereignisse entsprechen, ein Land eingeordnet wird. Der Rang eines Landes innerhalb einer Stabilitätsklasse wird bestimmt durch die Summe der Gewichte aller eingetretenen Ereignisse.

Ansatz von Schöllhammer (1978) für politische Instabilität mit Bezug zu Einzelrisiken

Datenbasis: 60 Länder beurteilt über 5 Kausalfaktoren, die über mehrere quantitative Kriterien gemessen werden für 1948-1967.

Grundgedanke: Entwicklungen im politischen und sozioökonomischen Bereich erfaßt durch die Kausalfaktoren verursachen Regierungswechsel oder Änderungen der Regierungsmitglieder. Veränderungen der Regierung führen zu Änderungen der Politik, die bestimmte Risiken für die Unternehmung hervorruft wie Konfiszierung, Verstaatlichung, Geschäftsrestriktionen, Nicht-Einhaltung von Verträgen und Diskriminierung.

Methodik: Die Kausalfaktoren werden über die Häufigkeit mit der verschiedene Ereignisse innerhalb eines bestimmten Zeitraumes auftreten gemessen und aufaddiert. Eine Gewichtung der Kausalfaktoren ist möglich. Die Summe wird sowohl auf das Pro-Kopf-Einkommen als auch die Bevölkerungsgröße bezogen. Sie ergeben die sogenannten "Risk Scores" für ein Land.

Ansatz von Green (1974) für politische Instabilität

Grundgedanke: Mit der Form des politischen Systems nimmt das Risiko eines radikalen politischen Wechsels zu. Das Risiko für eine radikale politische Veränderung ist in einem modernisierten Land wie den USA geringer als in einem sich modernisierenden Land mit einer Militärdiktatur wie in der Türkei.

Methodik: Die Länder werden entsprechend ihrem politischen System in ein Schema eingeordnet. Dieses Schema besteht aus 7 Hauptformen politischer Systeme, denen ein kontinuierliches Risikomaß für einen radikalen politischen Wandel zugeordnet ist.

Ansatz von Knudsen (1974) für das Enteignungsrisiko

Grundgedanke: Aus einem hohen Frustrationsniveau in einem Land bei gleichzeitiger hoher Bedeutung der Direktinvestitionen für die heimische Wirtschaft ergibt sich ein hohes Enteignungsrisiko. Die Frustration entsteht aus der Differenz zwischen dem erhofften Lebensstandard und dem bereits erreichten sowie erwarteten Lebensstandard.

Methodik: Die Konstrukte erhoffter, erreichter und erwarteter Lebensstandard werden über verschiedenen quantitative Variable operationalisiert. Eine Faktorenanalyse erechnet die Faktorwerte für jedes Konstrukt und die Differenz zwischen den Faktorwerten bestimmt das Frustrationsniveau. Die Bedeutung der Direktinvestition wird ebenfalls über mehrere quantitative Variable, unter anderem dem Verhältnis der Direktinvestitionen zum

Bruttosozialprodukt, ermittelt. Ein vorgegebenes Bewertungssschema rechnet die Daten zu einem Wert von 1 (geringe Bedeutung) bis 4 (große Bedeutung) um.

Ansatz von Haendel/West/Meadow (1975) für politische Instabilität bekannt als **PSSI-Index** (Political System Stability Index)

Datenbasis: 65 Entwicklungsländer beurteilt anhand 15 quantitativer Indikatoren für 1961-1966

Grundgedanke: Die politische Instabiltät wird durch die drei zunächst gleichgewichtigen Komponenten sozio-ökonomisches Umfeld, Ausmaß sozialer Konflikte und Fähigkeit der Regierung gesellschaftliche Konflikte zu lösen bestimmt.

Methodik: Jede Komponente wird durch einen Index, der über mehrere Indikatoren realisiert wird, gemessen. Die Indikatorwerte werden hierzu standardisiert und aufaddiert und ergeben so für jede Komponente die "Component Scores". Sie können gewichtet und wiederum zu einem PSSI-Wert für ein Land aufsummiert werden.

Ansatz von Duff/Mc Camant (1968) für politische Instabilität

Grundgedanke: Die Ursachen politischer Instabilität liegen im ökonomischen, politischen und gesellschaftlichen Umfeld eines Landes. Sie können durch die fünf Faktoren: sozialer Wohlstand (X1), soziale Mobilität (X2), ökonomisches Wachstum (X3), Staatsquote (X4) und Umverteilungsquote (X5) erfaßt werden.

Methodik: Faktoren werden durch bestimmte quantitative Variable operationalisiert und wie folgt verbunden:

$$\frac{\text{System-}}{\text{stabilität}} = \frac{1}{12} \ (4 \ (X1 - X2) + 2 \ X3 + 3 \ X4 + 3 \ X5)$$

Ansatz des Political Instability Potential Index (PIP-Index) für die politische Instabilität (siehe Blank u.a. (1982)

Datenbasis: Qualitative und quantitative Daten (Zeitreihen) werden fortlaufend erhoben und ausgewertet.

Methodik: Die politische Stabilität wird prognostiziert, indem quantitative Daten und ihre Zeitreihen, die destabilisierende Ereignisse (Guerilla-Kriege, Unruhen, Streiks etc.) erfassen, ausgewertet werden, ebenso wie Zeitreihendaten über wirtschaftliche Veränderungen (Änderungen der Wachstumsraten des BSP). Die Trend Impact Analyse verbindet die Trendextrapolation mit den Expertenschätzungen. Die anschließende Extrapolation des PIP-Index beruht auf dem Box-Jenkins-Verfahren, das den neuesten Zeitreihendaten ein größeres Gewicht für die Prognose zukommen läßt.

Ansatz des World Political Risk Forecast (WPRF) für Regimestabilität, politische Unruhen, Handelsbeschränkungen u.a. (siehe Coplin/O'Leary (1982)).

Datenbasis: 18-Monats- und 5-Jahres-Prognosen werden fortlaufend über ein Expertenpanel ermittelt.

Grundgedanke: Der Entscheidungsprozeß, der hinter einem Ereignis steht, ist in jedem Land anders. Der Schlüssel zu diesem Prozeß liegt in der Bestimmung der Gruppen, die einen Einfluß auf das Ereignis besitzen.

Methodik: Um das Ereignis Regimestabilität zu prognostizieren, bestimmen mindestens 3 Experten die Akteure (Gruppen, Individuen, Institutionen), die einen Einfluß auf das Ereignis besitzen. Dann beurteilen sie jeden Akteur danach, ob seine Einstellung gegenüber dem Ereignis positiv oder negativ ist, wie hoch das Vertrauen des Experten in seine Information ist, die Möglichkeit des Akteurs, den Ausgang des Ereignisses zu beeinflussen und welche Bedeutung ein Ereignis für einen Akteur hat. Wie das Beispiel zeigt, werden anhand dieser Informationen Prince Scores berechnet und entsprechend der angegebenen Formel zu einer Wahrscheinlichkeitsaussage zusammengefaßt.

THE CONTINUATION OF THE MARCOS REGIME (June 1, 1980)

CURRENT ESTIMATES

ORIENTATION	CERTAINTY, POWER, SALIENCE	
+ Supports	1 Little/None	4 High
O Neutral	2 Slight	5 Extremely High
− Opposes	3 Moderate	

ACTOR	ORIENTATION	CERTAINTY	POWER	SALIENCE	PRINCE SCORE
Benigno Aquino	−	x 5	x 2	x 5	= − 50
Armed Forces	+	x 4	x 3	x 4	= + 48
Cardinal Sin	−	x 5	x 1	x 5	= − 25
Christian Left	−	x 5	x 1	x 3	= − 15
Economic Elite	+	x 4	x 3	x 2	= + 24
Moderate Opposition	−	x 2	x 2	x 3	= − 12
Labor	−	x 3	x 1	x 3	= − 9
Raul S. Manglapus	−	x 5	x 1	x 3	= − 15
Ferdinand Marcos	+	x 5	x 5	x 5	= + 125
Moro National Liberation Front	−	x 3	x 2	x 2	= − 12
New People's Army	−	x 5	x 2	x 2	= − 20
Cabinet	+	x 5	x 2	x 4	= + 40
Overseas Opposition	−	x 2	x 1	x 3	= − 6

PROBABILITY EQUATION:

$$\frac{\text{Sum of Total Positive Actor Scores (including 1/2 of each Neutral Actor Score)}}{\text{Sum of Absolute Value of All Actor Scores (including Neutral Actors)}} = \frac{231}{401}$$

Probability = 59 %

Abb. 21: Indikatorenmodelle politischer Instabilität

4.3.1.2. Kritische Beurteilung der politischen Indikatorenmodelle

Mehrere Probleme, mit denen die Modelle der politischen Instabilität verbunden sind, sprechen gegen eine unmittelbare Verwendung dieser Konzepte für die Länderrisiko-Beurteilung von Auslandsaktivitäten.

1. Problem: Die Konzepte dienen primär der Beurteilung der politischen Instabilität und nicht einer umfassenden Beurteilung potentieller Risiken einer Auslandsunternehmung. Die Ansätze sind nicht auf die Interessen und relevanten Kriterien für Investitionsentscheidungen bzw. Entscheidungen über die Auslandstätigkeiten abgestimmt. Ausnahmen bilden nur die Ansätze von Knudsen und Green und des WPRF, weil sie zumindest versuchen, einen Bezug zu den Unternehmensrisiken herzustellen. Allerdings spricht generell gegen diese Ansätze, daß eine hohe politische Instabilität nicht zwangsläufig mit einer Erhöhung bestimmter Transfer-, Dispositions- und Enteignungsrisiken verbunden sein muß. Länder wie Italien, die politisch sehr instabil sind, beinhalten kaum politisch bedingte Risiken für Unternehmen.[3] Politisch bedingte Dispositions- und Enteignungsrisiken ebenso wie Handelshemmnisse hängen vielmehr von der Einstellung der Regierung gegenüber der ausländischen Unternehmung ab und den Faktoren, die diese Einstellung bestimmen, als generell von der politischen Instabilität.

2. Problem: Analog zu den empirisch-statistischen Studien über Zahlungsschwierigkeiten tritt auch bei den Konzepten zur Beurteilung der politischen Instabilität das Problem auf, daß überwiegend Indikatoren verwendet werden, die zwar symptomatisch für das Auftreten politischer Umwälzungen sind, aber nicht die Ursachen-Faktoren wiedergeben. Beispielsweise verwendet der PSSI-Index hauptsächlich Symptome, wie Unruhen, Streiks, Demonstrationen usw. Sie sollen geeignete Vorlaufindikatoren der politischen Instabilität

---

3) vgl. Loscher (1984), S. 154.

darstellen. Der Duff-McCamant-Index hingegen bestimmt zunächst die Ursachenfaktoren der politischen Instabilität und versucht, diese erst im nächsten Schritt über quantitativ erfaßbare Variable zu operationalisieren. Der Index stellt in dieser Hinsicht eine Ausnahme unter den übrigen Konzepten dar. Für Prognosezwecke dürfte der Duff-McCamant-Index anderen Konzepten wie dem PSSI-Index überlegen sein, weil Ursachenvariablen frühzeitig, d.h. mit einem größeren zeitlichen Vorlauf Veränderungen der politischen Lage anzeigen können.[4]

Die Symptome einer bestimmten Entwicklung eignen sich bestenfalls für kurzfristige Prognosen. Wer längerfristige Prognosen aufstellen will, muß sich auf die Ursachen einer Entwicklung konzentrieren. Ein Grund, warum viele Meßkonzepte weitgehend auf die Symptome einer Risikoentwicklung zurückgreifen, liegt mit Sicherheit auch darin, daß sich die Symptom-Variablen (Demonstrationen, Streiks usw.) eher quantifizieren lassen als die Ursachen-Variablen soziale Spannungen und ungleiche politische Machtverhältnisse. Für Ex post-Analysen sind diese Daten schließlich nicht mehr zu erheben, während Streiks und Unruhen aus Zeitungsberichten nachträglich erfaßbar sind.

3. **Problem:** Nicht selten verwenden die Konzepte Variablen nebeneinander, die selbst wieder in einer Ursache-Wirkungs-Beziehung zueinander stehen. Dieses Problem tritt besonders auffällig beim PSSI-Index hervor, der bei der Aggregation der drei Hauptkomponenten, dem sozio-ökonomischen Umfeld, dem Ausmaß sozialer Konflikte und der Fähigkeit der Regierung, gesellschaftliche Konflikte zu lösen, unterschiedliche Ursache-Wirkungs-Ebenen miteinander vermischt.[5] Sozio-ökonomische Unterschiede in der Bevölkerung rufen soziale Spannungen hervor, die die Regierung bewältigen muß, um die politische Stabilität aufrechtzuerhalten. Anstatt diese Komponenten als Elemente einer Ursache-Wirkungskette zu behandeln, summiert der PSSI-Index die

4) vgl. Loscher (1984), S. 161.
5) vgl. Loscher (1984), S. 154.

Indikatorwerte der Komponenten zu einem Gesamtwert auf und verschenkt dabei für Prognosezwecke wichtige Informationen über die zeitliche Entwicklung der einzelnen Indikatoren. Außerdem tritt bei der Aggregation eine kaum abzuschätzende implizite Gewichtung der Variablen auf. Der Ansatz von Knudsen umgeht als einziger das Problem einer impliziten Gewichtung, indem er über eine Faktorenanalyse aus den Meßvariablen Faktorwerte für die jeweiligen Konstrukte berechnet.

4. Problem: Die verschiedenen Grundgedanken, auf denen die einzelnen Ansätze aufbauen, zeigen recht deutlich, daß kaum gesicherte und leistungsfähige Theorien vorliegen, an denen sich die Ansätze bei der Bestimmung der relevanten Konstrukte und der Auswahl geeigneter Indikatoren für die Erfassung der Konstrukte orientieren könnten. Es entsteht die Gefahr, daß die Konstrukte und die Auswahl der Indikatoren von der Verfügbarkeit der Daten maßgeblich bestimmt wird,[6] mit dem Effekt, daß die Ansätze zwar gute Meßkonzepte für bestimmte Konstrukte darstellen, sich aber nicht für Prognosen eignen. Beispielsweise mißt der Ansatz von Russett, die politische Instabilität über die Anzahl der Todesopfer bei politischen Unruhen und die Häufigkeit der Regierungswechsel. Diese Daten sind vergangenheitsorientiert und nicht zukunftsbezogen. Der Ansatz kehrt Ursache und Wirkung um, denn die Anzahl der Todesopfer erfaßt eher die Wirkung politischer Unruhen als deren Ursache. Für Prognosen dürfen Ursache und Wirkung nicht vertauscht werden.

5. Problem: Da die meisten Indices bis auf die des WPRF und den PIP-Index nicht regelmäßig ermittelt werden, müßte die Unternehmung selbst die notwendigen Daten erheben und auswerten. Bei der Datenbeschaffung aber tritt der Effekt auf, daß die gängigen Publikationen veraltetes Datenmaterial enthalten und neuere Daten nur im Land selbst erhoben werden können.

---

6) vgl. Juhl (1982), S. 12.

4.3.2. Umfassende Indikatorenmodelle für Länderrisiken von Auslandsaktivitäten

Die Zielsetzung umfassender Indikatorenmodelle ist eine völlig andere als die der Modelle über die politische Stabilität. Sie wollen das Länderrisiko bestimmter Auslandsgeschäfte, der Kreditgeschäfte oder der Investitions- und Exportgeschäfte, insgesamt beurteilen (siehe die Übersicht über die Zielgruppen in Abb. 22). I.d.R. bestehen diese umfassenden Konzepte aus Punktbewertungsmodell, die die risikorelevanten wirtschaftlichen, politischen und sozialen Umweltindikatoren zu einem globalen Risikoindex aggregieren.

Die Modelle unterscheiden sich in unternehmensinterne Modelle und unternehmensexterne Modelle, die von kommerziellen und öffentlichen Institutionen und Fachzeitschriften veröffentlicht werden. Über unternehmensinterne Modelle verfügen multinationale Unternehmen, wie die Shell AG, und vor allem die internationalen Banken, wie die US-EXIM-Bank. Die Liste, der in Abbildung 22 aufgeführten internen Indikatorenmodelle, ist bei weitem nicht vollständig. Heute verfügt jedes größere Kreditinstitut über ein eigenes Checklistensystem. Eine vergleichende Untersuchung dieser Banken-Modelle erbrachte, daß es ebensoviele verschiedene Kriterienkataloge wie Banken gibt.[7] Unternehmensinterne Modelle sind von den Interessen und Zielsetzungen der jeweiligen Unternehmung geprägt. Z.B. legt das ASPRO/SPAIRE-System der Shell AG einen Schwerpunkt auf die Beurteilung der Rohstoffvorkommen und die Determinanten des Enteignungsrisikos. Solche Konzepte garantieren keine umfassende, sämtliche Umweltfaktoren und Risiken gleichermaßen berücksichtigenden Analysen der Länderrisiken von Auslandsaktivitäten.

---

7) vgl. Körner u.a. (1984), S. 37.

Konzepte	Herkunft	Zielgruppe	Erscheinungs-häufigkeit	Prognose-horizont	inhaltliche Beschreibung	Methodik
BERI-Ge-schäfts-risiko-Beurteilung	BERI-Institut	Exporteure und Investoren	3xjährlich; ORI seit 1972 PRI seit 1978 R-F seit 1973 POR seit 1978	1-Jahres- und 5-Jahres-Prognosen	Oberkriterien: Operation Risk Index Political Risk Index R-Factor Profit Opportunity	Punktbewertungsmodell: 31 qualitative und 9 quantitative Kriterien für 48 Länder
BERI-Kre-ditrisiko-Beurteilung	BERI-Institut	Kreditgeber	3xjährlich seit 1978	1-Jahres- und 5-Jahres-Prognosen	Oberkriterien: LRquant LRqual LRenvir Recommended Lender Action	Punktbewertungsmodell: 29 qualitative und 20 quantitative Kriterien für 50 Länder
mm-Länder-test	Manager Magazin	Exporteure und Investoren	1xjährlich für 1980, 1981, 1982	Gegenwarts-prognose	Oberkriterien: Politische Stabilität Binnenwirtschaft Außenwirtschaft Gesamturteil	Punktbewertungsmodell: 23 qualitative und 7 quantitative Kriterien für 55 Länder
ESI-Indi-katoren	ifo-Institut	Unternehmen	2 bis 3xjähr-lich seit 1981	kurzfris-tige Prognose	Tendenzaussagen über die Entwicklung wirtschaft-licher Indikatoren	20 regelmäßig er-mittelte qualitative Kriterien für 50 Länder
Institu-tional Investor-Index	Institu-tional Investor Magazine	Kreditgeber	2xjährlich seit 1979	kurzfris-tige Prognose	Global-Index für Kreditwürdigkeit	ein qualitatives Kriteium für 105 Länder
Euromoney-Index	Euromoney Magazine	Kreditgeber	2xjährlich seit 1979	Gegenwarts-prognose	ab 1979: weighted average spread ab 1982: 3 Oberkriterien	ab 1979: ein quantita-tiver Indikator ab 1982: Punktbewer-tungsmodell
Konzept der Commerzbank	Commerz-bank	nur Commerz-bank	1xjährlich seit 1978	Prognose-charakter	Oberkriterien: Wirtschaft Management-Qualität Politische Stabilität Gesamturteil	Punktbewertungsmodell: mehrere qualitative und quantitative Kriterien

Modell	Quelle	Kreditgeber	Periodizität	zukünftige Perioden	Oberkriterien	Modellbeschreibung
Two-Gap Modell der Weltbank	Weltbank	fortlaufend		zukünftige Perioden	Schätzung der Devisenlücke für zukünftige Perioden	Makroökonomisches Prognosemodell mit etwa 300 quantitativen geschätzten Daten
Modell der EXIM-Bank	EXIM-Bank	nur EXIM-Bank	fortlaufend	längerfristige Prognose	Das Gesamtrating setzt sich aus 3 Teilen zusammen: 1. Frühwarnsystem für Umschuldungen nach dem Modell von Mayo/Barrett, 2. 10 quantitative Indikatoren, 3. qualitative Kriterien wie Management-Qualität.	
BI-Ratings	Business International Inc.	Exporteure und Investoren	1xjährlich seit 1976	Prognose-charakter	Oberkriterien: pol., rechtl., soz. Entwicklung Wirtschafts-, Finanz-, Währungssituation, Energieversorgung, Gesamturteil	Punktbewertungsmodell: 34 quantitative und qualitative Kriterien für 57 Länder
NIKKEI-BUSINESS-Index	NIKKEI-BUSINESS Zeitschrift	Investoren	fortlaufend		Oberkriterien: Marktgrößenindikator Wirtschaftsklimaindikator Sozio-politischer-Indikator Gesamturteil	Punktbewertungsmodell: quantitative und qualitative Kriterien
ASPRO/SPAIR-System	Shell Oil Company	nur für Shell Company		Prognose-charakter	9 politische Ereignisse wie Steueränderung, Enteignung u.a. Ursachenvariable für politische Ereignisse	Berechnung von Wahrscheinlichkeiten mit Bayes-Theorem und qualitativen Daten
International Country Risk Guide	International Reports Inc.	Investitionen und Kredite	monatlich seit Januar 1984 in dieser Form	kurzfristige Prognose	Oberkriterien: Political Risk (PR) Financial Risk (FR) Economic Risk (ER) Composite Risk (CPFER)	Punktbewertungsmodell: 18 qualitative und 6 quantitative Kriterien für über 100 Länder

Abb. 22: Umfassende Indikatorenmodelle zur Beurteilung der Länderrisiken von Auslandsgeschäften

Unternehmensexterne Modelle hingegen verfügen über einen Kriterienkatalog, der nicht durch die subjektive Sicht einer Unternehmung geprägt ist, sondern unternehmensunspezifisch die Risiken von Auslandsaktivitäten beurteilt. Aber nicht nur die Kriterienauswahl, sondern auch die anschliessende Beurteilung der Länder anhand dieser Kriterien unterscheidet interne und externe Indikatorenmodelle. Unternehmen lassen die internen Modelle durch eigene Mitarbeiter beurteilen. Die qualitativen Daten sind somit durch die subjektive unternehmenseigene Sicht stark beeinflußt. Die Institute und Fachzeitschriften befragen hingegen mehrere aus verschiedenen Unternehmen und Institutionen stammende Experten und verringern auf diese Weise die Subjektivität der Ergebnisse. Auf eine kurze Darstellung und Kritik der umfassenden Modelle wird an dieser Stelle verzichtet, weil sie im nächsten Abschnitt anhand ausgewählter Konzepte im Detail nachgeholt wird.

5. Darstellung und Kritik ausgewählter Indikatorenmodelle

Aus den bisherigen Ausführungen geht hervor, daß für eine unternehmensunspezifische, umfassende Länderrisiko-Beurteilung von Auslandaktivitäten vor allem die unternehmensexternen Indikatorenmodelle in Frage kommen, weil die Auswahl und Beurteilung der qualitativen Kriterien nicht durch die subjektive Sicht der einzelnen Unternehmung verzerrt ist.

Damit sich ein Indikatorenmodell für Prognosezwecke in der Praxis der Länderrisiko-Beurteilung eignet, müssen die Daten regelmäßig erhoben und veröffentlicht werden, d.h. für die Unternehmung auch beschaffbar sein. Die Indikatorenmodelle der politischen Instabilität erfüllen diesen Anspruch nicht bis auf die Ausnahme des WPRF. Aus den verbleibenden Indikatorenmodellen wurden folgende Konzepte ausgewählt, und zwar unter dem Gesichtspunkt, einen Informationspool zu erhalten, der eine Analyse der Länderrisiken über mehrere Zeitperioden erlaubt und soweit wie möglich die in Abschnitt 4 diskutierten Umweltdeterminanten umfaßt. So bieten das BERI-Geschäftsklima-Informationssystem und der mm-Ländertest einen Kriterienkatalog für die Beurteilung des Investitions- und Geschäftsklimas, das BERI-Kredit-Informationssystem für Kreditgeschäfte. Die ESI-Indikatoren stellen speziell für kurzfristige Prognosen bis zu einem halben Jahr zusätzlich ökonomische Indikatorvariablen bereit und der Institutional Investor- und Euromoney-Index geben Informationen über die Kreditwürdigkeit der Länder in den Augen internationaler Banken.

5.1. Darstellung ausgewählter Indikatorenmodelle

Unter methodischen Gesichtspunkten unterscheiden sich die ausgewählten Indikatorenmodelle danach, ob sie das Länderrisiko über **ein- oder mehrdimensionale Meßmodelle** erfassen und ob sie **quantitative und/oder qualitative Indikator-**

arten verwenden. Mit Hilfe dieser Kriterien lassen sich im wesentlichen drei Modelltypen herauskristallisieren:

Eindimensionale, quantitative Modelle: Sie verwenden statistisches Zahlenmaterial über die Innen- und Aussenwirtschaft eines Landes. Die Rohdaten entstammen weitgehend den veröffentlichten Statistiken des IWF, der Weltbank und der einzelnen Länder. Aus ihnen werden Kennzahlen gebildet, die von sehr einfachen Verhältniszahlen, z.B. Schuldendienstquote, bis hin zu sehr komplexen Indikatoren, wie dem "average weigthed spread" reichen.[1] Die eindimensionalen Konzepte wählen immer nur eine dieser Kennziffern aus, um das Risiko insgesamt zu beurteilen. Z.B. beruht der Euromoney-Index auf dem "average weighted spread".

Eindimensionale, qualitative Modelle: Die Daten für qualitative Indikatoren werden über die Befragung von Experten gewonnen. Beispielsweise läßt der Institutional Investor-Index regelmäßig über ein Panel von Bankexperten die Kreditwürdigkeit beurteilen und verwendet dieses qualitative Kriterium als Risiko-Indikator.

Mehrdimensionale qualitative und/oder quantitative Modelle: Mehrere quantitative Kennziffern und/oder qualitative Kriterien werden zur Beurteilung des komplexen Phänomens Länderrisiko herangezogen und zu Oberindikatoren aggregiert (mm-Ländertest, BERI-Geschäftsklima-, BERI-Kredit-Informationssystem) oder in unaggregierter Form belassen (ESI-Indikatoren).

---

1) "Der Spread stellt eine Risikoprämie dar, die entsprechend dem von den Banken subjektiv wahrgenommenen Länderrisiko variiert wird." Karsten (1984), S. 35.

5.1.1. Das BERI-Geschäftsrisiko-Beurteilungssystem

Das BERI-Institut beurteilt das gegegenwärtige und das Geschäftsklima in fünf Jahren, und zwar dreimal jährlich für
48 Länder anhand qualitativer und quantitativer Daten. In
einem umfassenden Scoring-Modell werden die Daten zu einem
Gesamturteil aggregiert. Das Gesamtmodell setzt sich aus
drei Untermodellen zusammen:

- dem **Operation Risk Index** (Geschäftsklima-Index)
- dem **Political Risk Index** (Politischer Risiko-Index)
- dem **R-Factor** (Rückzahlungsfaktor).

Aus der Addition der 5-Jahres-Prognosen für diese Indices
ergibt sich ein weiterer Index, die **Profit Opportunity
Recommendation** (Empfehlungen zur Gewinnerzielung).[2]

Im Vordergrund des **Operation Risk Index** steht die Beurteilung der Bedingungen, die das Erreichen eines Gewinns für
die Unternehmung im Ausland erschweren und insgesamt das
Geschäfts- bzw. Investitionsklima eines Landes kennzeichnen. Etwa 105 Experten - Führungskräfte aus Industrieunternehmen, Banken, Regierungsbehörden und Institutionen -
bilden ein weltweites Panel, das wie folgt arbeitet:

1. **Schritt:** 10 bis 15 Experten des Panels beurteilen
jeweils ein Land anhand der Kriterien in Abbildung
23. Auf einer Ratingskala, die von 0 (unakzeptable
Bedingungen) bis 4 (sehr gute Bedingungen) reicht,
bestimmen sie mit Zwischenwerten von jeweils 1/10 die
jeweilige Merkmalsausprägung, so daß im Prinzip eine
Vierziger-Skala entsteht.

2. **Schritt:** Für jedes Kriterium wird das arithmetische Mittel und die Standardabweichung der Bewertungen der 10 bis 15 Experten gebildet. Um extreme
Abweichungen zu vermeiden, wird über die Delphi-
Methode eine Konvergenz der Meinungen angestrebt,

---

2) vgl. Backhaus (1982), S. 133 ff.; Hake (1982).

indem jedem Panel-Mitglied seine vorherige Bewertung sowie die Durchschnittsnote des gesamten Panels für jedes Kriterium mitgeteilt wird.

Kriterien (i=1, 2, ... , 15)	(ai)	(gi)	(ai·gi)
1. Politische Stabilität	1,5	3,0	4,50
2. Einstellung gegenüber ausl. Investoren und Gewinnen	2,1	1,5	3,15
3. Expropriation	2,1	1,5	3,15
4. Inflation	0,8	1,5	1,20
5. Zahlungbilanz	1,7	1,5	2,55
6. Bürokratische Hemmnisse	1,6	1,0	1,60
7. Wirtschaftswachstum	1,3	2,5	3,25
8. Währungskonvertibilität	1,3	2,5	3,25
9. Durchsetzbarkeit v. Verträgen	2,1	1,5	3,15
10. Lohnkosten/Produktivität	1,8	2,0	3,60
11. Verfügbarkeit örtl. Fachleute und Lieferanten	2,3	0,5	1,15
12. Nachrichten/Transport	2,0	1,0	2,00
13. Ortsansässiges Management und Partner	2,0	1,0	2,00
14. Verfügbarkeit kurzfristiger Kredite	1,4	2,0	2,80
15. Verfügbarkeit langfristiger Kredite und Eigenkapital	1,2	2,0	2,40
max. --> 25 · 4 = 100 Punkte		$\sum_{i=1}^{15} gi=25$	$\sum_{i=1}^{15} ai \cdot gi=39,75$
(a) : gemittelte Merkmalsausprägung (g) : Gewichtung			

Abb. 23: Berechnung des Operation Risk Index 1982-III für Argentinien

3. Schritt: Die gemittelten Merkmalsausprägungen werden mit einem vorgegebenen Gewicht multipliziert und zu einem Gesamtwert aufaddiert (vgl. Abb. 23).

4. Schritt: Der Gesamtpunktwert bestimmt die Risikoklasse, in die ein Land fällt.

<u>Risiko-Ausmaß</u>

```
        prohibitiv          hoch       mäßig       gering
I-------------------I---------I---------I-------------------I
0                   40        55        70                  100
```

Alle drei Messungen, der Operation und Political Risk Index sowie der R-Factor, verwenden diese Risiko-Skala.

Abbildung 23 stellt am Beispiel von Argentinien die Vorgehensweise des Scoring-Modells dar. Der Gesamtpunktwert des Index von 39,75 Punkten ordnet Argentinien als ein Land mit prohibitivem Risiko und unakzeptablen Geschäftsbedingungen ein.

Der **Political Risk Index** dient der Beurteilung der sozialen und politischen Stabilität eines Landes. Ein Experten-Panel aus etwa 75 Politologen bewertet 10 Kriterien. 8 Kriterien stellen Ursachen der Instabilität und 2 Symptome dar (vgl. Abb. 24). Die Indexberechnung vollzieht sich in mehreren Schritten:

1. **Schritt:** Aus dem gesamten Experten-Panel beurteilen etwa 5 bis 8 Personen ein Land hinsichtlich der angegebenen Kriterien. Die Merkmalsausprägungen können Werte annehmen von 0 (außerordentliche Probleme) bis 7 (keine Probleme). Auf diese Weise kann ein Land maximal 70 (7 x 10) Punkte erreichen.

2. **Schritt:** Um die Kriterien 1 bis 8 entsprechend ihrer Bedeutung gewichten zu können, stehen den Experten zusätzlich 30 Punkte zur Verfügung, die sie auf die Kriterien verteilen können, aber nicht verteilen müssen.

3. **Schritt:** Berechnung des arithmetischen Mittels und der Standardabweichung für die Merkmalsausprägungen. Auch hier dient die Delphi-Methode dazu, extreme Abweichungen der Bewertungen zu verhindern.

4. **Schritt:** Addition der gemittelten Merkmalsausprägungen und Gewichtungen zu einem Gesamtpunktwert (vgl. Abb. 24).

5. Schritt: Einordnen der Länder anhand ihrer Gesamt-punktzahl von 0 bis 100 in Risikoklassen, die mit den Klassen des Operation Risk Index übereinstimmen.

Kriterien (i = 1,...,10)	Punkte (a_i)	Gewich-tung (g_i)
1. Politische Parteien/Zersplitterung u.Macht	7	0
2. Sprache, Religion/Zersplitterung u. Macht	2	0
3. Unterdrückungsmaßnahmen	5	0
4. Mentalität	7	0
5. Soziale Lage	2	0
6. Radikale Linke	0	0
7. Abhängigkeit von Großmächten	2	0
8. Einfluß regionaler polit. Kräfte	7	2
9. Soziale Konflikte	4	–
10. Politische Instabilität	4	–
$\sum\limits_{i=1}^{10} a_i + \sum\limits_{i=1}^{8} g_i = 42$	$\sum\limits_{i=1}^{10} a_i = 40$	$\sum\limits_{i=1}^{8} g_i = 2$

Abb. 24: Berechnung des Political Risk Index 1982-III für Australien

Der **R-Factor** beurteilt die Zahlungsfähigkeit eines Landes und damit das Risiko ausländischer Unternehmen, das mit dem Umtausch von Erträgen und Kapital von der Ländeswährung in eine harte Währung sowie dem Transfer dieser Guthaben ver-bunden ist. Im Gegensatz zu den beiden anderen Scoring-Modellen arbeitet dieses Modell weitgehend mit quantita-tiven Daten. Die insgesamt 15 Einzelmerkmale werden zu-nächst zu 4 Oberkriterien zusammengefaßt und dann erst zu einem Gesamtpunktwert aggregiert.

1. Schritt: Das Oberkriterium "Behördliche Vorschrif-ten" wird über 6 qualitative Kriterien anhand einer Skala von 0 (sehr schlecht) bis 5 (optimal) gemessen. Jedes Merkmal erhält eine Gewichtung und die Summe der gewichteten Kriterienausprägungen ergibt die Punktzahl für das Oberkriterium.

Kriterien	Merkmals-ausprägung (a_i)	Gewichtung (g_i)	Oberkriterien Merkmals-ausprägung (a_j)	Oberkriterien Gewichtung (g_j)
A1. Formelle Vorschriften für Transfer von Erträgen u.Dividenden	0 - 5	4		
A2. Formelle Vorschriften für Lizenzgebühren, Royalties usw.	0 - 5	3		
A3. Formelle Vorschriften für Rückführung von Kapital	0 - 5	3		
A4. Praktische Durchführung für Dividenden und Royalties	0 - 5	4		
A5. Praktische Durchführung für Kapitaltransfer	0 - 5	3		
A6. Termingeschäfte	0 - 5	3		
A. Behördliche Vorschriften	max. $\sum a_i \times g_i = 100$		0 - 100	0,2
B1. Leistungsbilanz	0 - 50			
B2. Kapitalbilanz	0 - 30			
B3. Kapitalzuflüsse als Folge hoher Zinsen	0 - 10			
B4. Kapitalanziehende Fluchtwährung	0 - 10			
B. Deviseneinnahmen	max. $\sum a_i = 100$		0 - 100	0,3
C1. $\dfrac{\text{Devisenreserven}}{\text{monatl. Importe (Waren u. Dienstleistungen)}}$	0 - 50			
C2. $\dfrac{\text{Devisenreserven + Goldreserven}}{\text{Staatsschulden im Ausland}}$	0 - 50			
C. Währungsreserven	max. $\sum a_i = 100$		0 - 100	0,3
D1. $\dfrac{\text{Brutto-Inlandsprodukt}}{\text{Auslandsverschuldung}}$	0 - 40			
D2. $\dfrac{\text{Schuldendienst}}{\text{Deviseneinnahmen}}$	0 - 40			
D3. $\dfrac{\text{Schuldendienst + Ölimporte}}{\text{Deviseneinnahmen}}$	0 - 20			
D. Auslandsverschuldung	max. $\sum a_i = 100$		0 - 100	0,2
Rückzahlungs- bzw. R-Factor			max. $\sum a_j \times g_j = 100$	

Abb. 25: Scoring-Modell zur Berechnung des R-Factors.

2. Schritt: Die anderen 3 Oberkriterien basieren auf quantitativen, d.h. statistischen Daten, die den International Financial Statistics des Internationalen Währungsfonds und den World Debt Tables der Weltbank u.a. Quellen entnommen sind. Sie werden über ein spezielles EDV-Programm verarbeitet. Genauere Informationen über die Vorgehensweise sind bisher nicht veröffentlicht.

3. Schritt: Bevor die quantitativen Daten zu den Oberindices aggregiert werden, nimmt das BERI-Institut eine Transformation der verhältnisskalierten Werte in intervallskalierte Werte vor. Die Daten über Deviseneinnahmen werden teilweise in Standard-Normal-Abweichungen ausgedrückt, um sinnvolle Vergleiche der Länder zu ermöglichen. Die Zuordnung der Punkte wird folgendermaßen vorgenommen:

- Eine ausgeglichene Leistungsbilanz erhält 25 Punkte. Die Punkteskala reicht von 0 bis 100.
- Eine ausgeglichene Kapitalbilanz zählt 15 Punkte. 0 bis 30 Punkte sind möglich.
- Bei der Beurteilung der Auslandsverschuldung erhalten die Gläubigerländer bei Kriterium D1 und D2 generell 40 Punkte und das Land mit dem schlechtesten Verhältniswert beginnt mit 0 Punkten.
- Das Merkmal D3 stellt einen theoretischen Sättigungsfaktor dar. Ein Land erreicht die Sättigungsgrenze bei einem Verhältnis von 1 und bekommt dann 0 Punkte zugeordnet. 5 von 20 möglichen Punkten gelten als kritisch.

4. Schritt: Die einzelnen Punktwerte der Kriterien werden zu einem Gesamtpunktwert für die jeweiligen Oberkriterien zusammengefaßt. Die Gewichtung der Unterkriterien in den Gruppen B, C und D drückt sich dabei in der unterschiedlichen Breite der Intervallskalen aus. Nur die Kriterien in der Gruppe A sind zusätzlich gewichtet, weil ihre Skalen einheitliche Ausprägungen besitzen.

5. Schritt: Der Gesamtpunktwert für ein Land ergibt sich durch Addition der gewichteten Punktwerte der Oberkriterien. Ein Land kann auf diese Weise maximal 100 Punkte erreichen.

6. Schritt: Jedes Land wird mit Hilfe der Gesamtpunktzahl einer Risikoklasse zugeordnet. Die Risikoklassen sind identisch mit denen des Operation und Political Risk Index.

Die drei bisher beschriebenen Indices bilden die Komponenten bzw. die gleichgewichteten Oberkriterien, aus denen sich die **Profit Opportunity Recommendation** (Empfehlung für die Gewinnerzielung) zusammensetzt.

$$A_j = A_{1j} + A_{2j} + A_{3j}$$

mit A_j: Profit Opportunity Recommendation für Land j
A_{1j}: Operation Risk Index für Land j
A_{2j}: Political Risk Index für Land J
A_{3j}: R-Factor für Land j

Sie basiert auf einer 5-Jahres-Prognose der drei Risikokomponenten. Während hierzu beim Operation und Political Risk Index die Experten lediglich eine zusätzliche Beurteilung der Kriterien für einen Zeitraum von 5 Jahren abgeben, fliessen in die 5-Jahres-Prognose des R-Factors Ergebnisse von Regressionsanalysen, Untersuchungen des BERI-Stabes sowie die in den Länder-Prognoseberichten dargestellten Entwicklungen und das Urteil der BERI-Länderchefs ein. Aus dem Gesamtindex, der maximal 100 x 3 = 300 Punkte erreichen kann, leitet das BERI-Institut die Handlungsempfehlungen in Abbildung 26 ab.[3]

---

3) vgl. Hake (1982), S. 471.

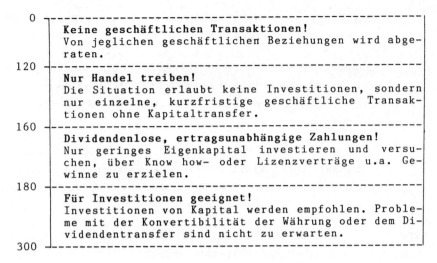

```
  0  ┬-----------------------------------------------------
     | Keine geschäftlichen Transaktionen!
     | Von jeglichen geschäftlichen Beziehungen wird abge-
     | raten.
 120 ┼-----------------------------------------------------
     | Nur Handel treiben!
     | Die Situation erlaubt keine Investitionen, sondern
     | nur einzelne, kurzfristige geschäftliche Transak-
     | tionen ohne Kapitaltransfer.
 160 ┼-----------------------------------------------------
     | Dividendenlose, ertragsunabhängige Zahlungen!
     | Nur geringes Eigenkapital investieren und versu-
     | chen, über Know how- oder Lizenzverträge u.a. Ge-
     | winne zu erzielen.
 180 ┼-----------------------------------------------------
     | Für Investitionen geeignet!
     | Investitionen von Kapital werden empfohlen. Proble-
     | me mit der Konvertibilität der Währung oder dem Di-
     | videndentransfer sind nicht zu erwarten.
 300 ┴-----------------------------------------------------
```

Abb. 26: Handlungsempfehlung zur Gewinnerzielung.

5.1.2. Das BERI-Kreditrisiko-Beurteilungssystem

Das Indikatorenmodell, auch FORELEND (Forecast of Country
Risk for International Lenders) genannt, stammt ebenfalls
vom BERI-Institut. Das Modell baut zum größten Teil auf den
Kriterien und der Methodik des BERI-Geschäftsrisiko-Beur-
teilungssystems auf.[4] Für internationale Banken oder im
Export, Anlagen- oder Auslandsbau tätige Unternehmen lie-
fert das Kreditprüfungssystem generell Auskunft über die
Bonität bzw. Kreditwürdigkeit von 50 Welthandelsländern.
Der Global-Index, bezeichnet als **Recommended Lender Action**
(Kreditempfehlung), setzt sich aus den folgenden Subindices
zusammen:

- **LRquant** (quantitativer Index),
- **LRqual** (qualitativer Index),
- **LRenvir** (sozialer Index).

---

4) vgl. Hake (1985).

Der Index **LRquant** dient der Einschätzung "der Fähigkeit eines Landes harte Devisen zu verdienen, ausreichend hohe Währungsreserven zu unterhalten, seine Auslandsverschuldung zu begrenzen und den Staatshaushalt auszugleichen".[5]

Kriterien	Ausprä-gung (a_i)	Oberkriterien	
		Ausprä-gung (a_j)	Gewich-tung (g_j)
1-1. Leistungsbilanz	0-80		
1-2. Kapitalbilanz	0-20		
1. Deviseneinnahmen max. $\sum a_i = 100$		0-100	0,3
2-1. $\dfrac{\text{Auslandsverschuldung}}{\text{Brutto-Inlandsprodukt}}$	0-50		
2-2. $\dfrac{\text{öffentl. Schuldendienst}}{\text{Deviseneinnahmen(Waren/Dienstl.)}}$	0-50		
2. Auslandsverschuldung max. $\sum a_i = 100$		0-100	0,3
3-1. $\dfrac{\text{Devisenreserven}}{\text{monatl. Importe (Waren/Dienstl.)}}$	0-50		
3-2. $\dfrac{\text{Devisenreserven+Goldreserven}}{\text{Staatsschulden im Ausland}}$	0-50		
3. Währungsreserven max. $\sum a_i = 100$		0-100	0,3
4-1. $\dfrac{\text{Haushaltsdefizit}}{\text{Brutto-Inlandsprodukt}}$	0-30		
4-2. $\dfrac{\text{Wachstum der Staatseinnahmen -}}{\text{Wachstum der Staatsausgaben}}$	0-40		
4-3. $\dfrac{\text{Staatsausgaben}}{\text{Brutto-Inlandsprodukt}}$	0-30		
4. Staatshaushalt max. $\sum a_i = 100$		0-100	0,1
LRquant max. $\sum a_j' \times g_j = 100$			

Abb. 27: Scoring-Modell zur Berechnung des LRquant

Er besteht aus insgesamt 9 quantitativen Einzelkriterien, die den Statistiken des IWF, der Weltbank und ähnlichen Quellen entstammen und zu vier Oberkriterien zusammengefaßt werden (vgl. Abb. 27). Die Oberkriterien "Zahlungsbilanz", "Auslandsverschuldung" und "Währungsreserven" entsprechen etwa den Oberkriterien B, C und D des R-Factors beim BERI-

---

5) Hake (1985), S. 58.

Geschäftsrisiko. Sie beziehen allerdings nicht alle Unter-
kriterien des R-Factors mit ein und verwenden eine andere
Kriteriengewichtung. Neu hinzugekommen ist der Bereich
"Staatshaushalt". Die Transformation der quantitativen
Daten erfolgt ebenfalls nach Art der R-Factor-Berechnung.
Bei dem hinzugekommenen Subindex "Staatshaushalt" erhält
das Kriterium "Haushaltsdefizit in Prozent vom Brutto-
Inlandsprodukt" 30 Punkte für einen ausgeglichenen Staatshaushalt und 0 Punkte für ein Defizit von 9 % zugeordnet.
Das Merkmal "Staatsausgaben in Prozent vom Brutto-Inlands-
produkt" erhält 30 Punkte bei 10 % und 0 Punkte bei 40 %
zuerkannt. Die Gewichtung der Einzelkriterien drückt sich
in der Breite der Intervallskalen aus. Nach der Addition
der Einzelkriterien zu den Oberkriterien werden diese
wieder gewichtet, und ihre gewichtete Summe ergibt schließlich die LRquant-Wertung.

Der Index **LRqual** ist nicht im BERI-Geschäftsrisiko-Konzept
enthalten.

Kriterien	Aus-prägung (a_i)	Gewich-tung (g_i)
1. Entschlossenheit zur Erfüllung inter-natinaler Verpflichtungen	0-5	3
2. Struktur und Bedingungen kurzfr. Schulden	0-5	2
3. Struktur und Bedingungen langfr. Schulden	0-5	1
4. Kompetenz der wirtschaftlichen Führung	0-5	2,5
5. Politische Eingriffe in die wirtschaftliche Führung	0-5	1,5
6. Korruption und Unterschlagung im Finanzwesen	0-5	2
7. Indirekte Fehlleitung von Finanzmitteln	0-5	1,5
8. Zugang zu verbilligten Krediten	0-5	1,5
9. Strategische Bedeutung für ausländische Kreditgeber	0-5	1,5
10. Vorschriften für den Devisentransfer	0-5	2
11. Ungünstig hohe Besteuerung von Zinsen und Dividenden	0-5	1,5
LRqual max. $\sum a_i \times g_i = 5 \times 20 = 100$		

Abb. 28: Scoring-Modell zur Berechnung des LRqual

Das Teilkonzept erfaßt die Faktoren, die einen direkten Einfluß auf die Zahlungsfähigkeit eines Landes ausüben, aber nur durch Expertenbefragung bzw. qualitative Daten erfaßbar sind. Anhand 11 unterschiedlich gewichteter Kriterien (vgl. Abb. 28) beurteilen die Länder-Referenten des BERI-Instituts die einzelnen Länder selbst. Die Meßskala reicht von 0 (sehr ungünstig) bis 5 (sehr günstig). Als Kontroll-Instrument kommt auch hier die Delphi-Methode zum Einsatz. Ein Land kann maximal 100 (20x5) Punkte erreichen.

Der Index **LRenvir** beurteilt das politische und sozio-ökonomische Umfeld in einem Land, "denn dieses beeinflußt die Produktion jener Güter, die zur Bezahlung der ausländischen Gläubiger benötigt werden."[6] Der Index besteht aus drei Oberindices:

Dem politischen Risiko-Index, der mit dem Political Risk Index des BERI-Geshäftsrisiko-Konzeptes völlig identisch ist.

Dem Index für das Geschäftssklima, der aus ausgewählten Bausteinen des Operation Risk Index besteht. Die insgesamt 8 qualitativen Kriterien gehen allerdings mit einer anderen Gewichtung in den Subindex ein.

Dem Index der sozial-politischen Verhältnisse, der nicht im BERI-Geschäftsrisiko-Konzept enthalten ist. Die 8 Unterkriterien stellen quantitative Größen dar und "beurteilen u.a. die politische Durchsetzbarkeit von Austerity-Maßnahmen zur Sicherstellung von Schuldendienstzahlungen."[7] Alle Kriterien werden auf eine Punkteskala von 0 bis 10 transformiert, indem zunächst für jedes Kriterium das arithmetische Mittel berechnet wird. Dieser Mittelwert erhält die Hälfte der Punkte also 5 auf der transformierten Skala.

---

6) Hake (1985), S. 58.
7) Hake (1985), S. 59.

Kriterien	Ausprä-gung (g_i)	Ge-wicht (g_i)		
1-1. Politische Parteien/Zersplitterung und Macht	0-7			
1-2. Sprache/Religion/Zerplitterung/Macht	0-7	30		
1-3. Unterdrückungsmaßnahmen	0-7	Punk-		
1-4. Mentalität	0-7	te		
1-5. Soziale Lage	0-7	zum		
1-6. Radikale Linke	0-7	ver-		
1-7. Abhängigkeit von Großmächten	0-7	tei-	**Oberkriterien**	
1-8. Einfluß regionaler pol. Kräfte	0-7	len	Ausprä-	Ge-
1-9. Soziale Konflikte	0-7		gung	wicht
1-10. Politische Instabilität	0-7		(g_j)	(g_j)
1. Politischer Risiko-Index max. $\sum a_i$ +	g_i=100		0-100	0,4
2-1. Inflation	0-4	4		
2-2. Bürokratische Hemnisse	0-4	3,5		
2-3. Wirtschaftswachstum	0-4	5		
2-4. Durchsetzbarkeit von Verträgen	0-4	3,5		
2-5. Partner und Management	0-4	1		
2-6. Nachrichten und Transport	0-4	3		
2-7. Verfügbarkeit kurzfristiger Kredite	0-4	2,5		
2-8. Verfügbarkeit langfristigen Kapitals	0-4	2,5		
2. Index für das Geschäftsklima max. $\sum a_i x g_i$=4x25=100			0-100	0,4
3-1. Pro-Kopf-Einkommen	0-10	2		
3-2. Regierungsausgaben für soziale Entwicklung pro Kopf	0-10	1		
3-3. Arbeitslosenrate	0-10	1		
3-4. Analphabetenrate	0-10	1		
3-5. Bevölkerungswachstum	0-10	2		
3-6. Pro Kopf Kalorienverbrauch	0-10	1		
3-7. Lebenserwartungen	0-10	1		
3-8. Kindersterblichkeit	0-10	1		
3. Sozialpolitischer Index max. $\sum a_i x g_i$=10x10=100			0-100	0,2
LRenvir max. $\sum a_j x g_j$ = 0,4x100 + 0,4x100 + 0,2x100 = 100				

Abb. 29: Scoring-Modell zur Berechnung des LRenvir

Für alle drei Teilkonzepte - LRquant, LRqual und LRenvir - gilt die Risikoskala in Abb. 30.

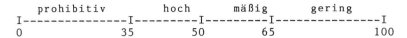

```
     prohibitiv         hoch       mäßig       gering
   I---------------I---------I---------I---------------I
   0               35        50        65              100
```

Abb. 30: Risikoklassen beim BERI-Kreditrisiko

Mit Hilfe dieser Teilkonzepte beurteilt das BERI-Institut
sowohl die gegenwärtige als auch die Situation in 5 Jahren.
Wobei die Daten der 5-Jahres-Prognosen des LRquant auf
Regressionsanalysen und den Kenntnissen der Länderspe-
zialisten des BERI-Institutes selbst basieren, d.h. sie
sind sowohl qualitativ als auch quantitativer Natur. Das
Ermittlungsverfahren ist bisher nicht in der Literatur
veröffentlicht.

Die **Recommended Lender Action** bzw. Gesamtbeurteilung eines
Landes, errechnet sich über folgende Formel:

$$A_j = A_{1j} \times 0,5 + A_{2j} \times 0,25 + A_{3j} \times 0,25$$

mit A_j: Recommended Lender Action für das Land j
A_{1j}: LRquant für das Land j
A_{2j}: LRqual für das Land j
A_{3j}: LRenvir für das Land j

Die subjektive Gewichtung der drei Komponenten macht deutlich, daß die Kreditempfehlung am stärksten von der Beurteilung der Zahlungsfähigkeit eines Landes beeinflußt wird.
Die Subindices LRquant und LRqual, die beide die Fähigkeit
eines Landes einschätzen, seinen internationalen Verpflichtungen nachzukommen, gehen zusammen mit einem Gewicht von
75 % in das Gesamturteil ein. Der wirtschaftlichen, politischen und sozialen Situation, die die Voraussetzungen bildet, damit ein Land am Weltmarkt konkurrenzfähig ist und
letztlich Devisen erwirtschaften kann, kommt nur eine Gewichtung von 25 % zu.

Das BERI-Institut teilt die Länder anhand des Gesamtpunkt-
wertes in 8 Kreditwürdigkeitsklassen ein und empfiehlt den
Kreditgebern die in Abbildung 31 aufgezeigten Maßnahmen.[8]

---

8) vgl. Hake (1985), S. 59.

	Handlungsempfehlung für den Kreditgeber (Recommended Lender Action)	Ländersituation bzgl. der Kredite (Country Performance on Loans)
100		
	Kredit gewähren; erstklassiger Kreditnehmer; niedrigste Zinsen	Prompte Kapital- und Zinszahlungen. Zukünftige Verpflichtungen werden pünktlich gezahlt.
65		
	Verleihe zu höheren Zinsen, die ein erstklassiger Kreditnehmer erhält.	
60		
	Verleihe zu hohen Zinsen, zu strengen Vertragsbedingungen. Verlange Regierungsgarantien für private Kredite.	
55		
	Verleihe zu höchsten Zinsen. Verlange ausl. Bank- oder Regierungsgarantien.	Zur Zeit pünktliche Kapital- und Zinszahlungen. In Zukunft pünktliche Zahlungen gefährdet
50		
	Keine neuen Kredite vergeben. Verlängerung der Laufzeit vermeiden. Rückzahlung anstreben.	
45		
	Dränge auf pünktliche Zinszahlungen. Bereite Umschuldungsmaßnahmen vor.	Zinszahlungen pünktlich, Kapitalzahlung manchmal verspätet.
40		
	Bereite Notmaßnahmen vor. Aufwand an Zeit und Kosten zur Sicherung der Rückzahlung begrenzen.	Zinszahlungen manchmal verspätet. Kapitalzahlungen erfordern Umschuldung.
35		
	Führe Notmaßnahmen durch. Begrenze die Zeit und Kosten zur Sicherung der Rückzahlung.	Tatsächlich zahlungsunfähig, Zinszahlungen kapitalisieren, neu strukturieren.
0		

Abb. 31: Recommended Lender Action

5.1.3. Der mm-Ländertest

Der mm-Ländertest ermittelte in den Jahren 1980, 1981 und 1982, seit 1983 erscheint er nicht mehr, das Länderrisiko

für Exportgeschäfte und ausländische Direktinvestitionen.[9]
Dieses Indikatorenmodell soll ausschließlich Unternehmen im
Realgüterbereich eine Einschätzung der Risiken auf den
Weltmärkten ermöglichen.

Kriterien	Ausprä-gungen (a_i)	Punkte Bra-silien		
1-1. Stabilität des pol.Systems	14/10/6/3	9		
1-2. Gefahr innerer Konflikte	14/10/6/0	12		
1-3. Bedrohung der Stabilität v. außen	12/9/5/0	10		
1-4. Wirtschaftsordnung	9/8/7/5	8		
1-5. Staat als Wirtschaftspartner	12/8/4	11	Ausprä-gung (a_j)	Punkte für Bra-silien
1-6. Rechtssicherheit	12/8/5/2	10		
1-7. Funktionsfähigkeit der Verwaltung	12/8/4/3	7		
1-8. Arbeitsklima/sozialer Friede	15/10/3	11		
1. Poltische Stabilität max. $\sum a_i = 100$			0-100	75
2-1. Bevölkerungszahl *	8/7/6/5/4	8		
2-2. Kaufkraft (BIP pro Kopf) *	10/8/6/4/2	6		
2-3. Wirt.wachstum (letzten 5 Jahre) *	7/ 5/3/2	5		
2-4. Wachstum Wirt. auf ca. 3 Jahre)	10/8/5/3	5		
2-5. Inflation (Verbraucherpreise) *	10/7/5/2	2		
2-6. Inländischer Kapitalmarkt	7/6/5/3	5		
2-7. Heimische Arbeitskräfte	8/5/2	5		
2-8. Beschäftigung für ausl. Arbeiter	8/6/3/2	5		
2-9. Energie, Verfügbarkeit	14/10/6/2	9		
2-10. Umweltschutz	8/7/6/4	8		
2-11. Verkehr und Kommunikation	10/8/4/2	8		
2. Binnenwirtschaft max. $\sum a_i = 100$			0-100	67
3-1. Importpolitik (z.B. Zölle)	10/8/5/2	6		
3-2. Exportmöglichkeiten	10/5/2	9		
3-3. Begrenzung ausl. Beteiligungen	9/6/3	8		
3-4. Beteiligungsauflagen	9/8/5/3	8		
3-5. Marken- und Produktschutz	9/6/3	8		
3-6. Kapitalverkehr	8/5/2	5		
3-7. Auf-/Abwertung letzten 5 Jahre *	7/6/4/2	2		
3-8. Trend in Zahlungsbilanz	8/6/5/2	3		
3-9. Energieimporte *	14/10/7/4/3	3		
3-10. Währungsreserven/Import *	8/6/3	8		
3-11. Währungskonvertibilität	8/6/4/2	5		
3. Außenwirtschaft max. $\sum a_i = 100$			0-100	64
mm-Ländertest-Index max. $\sum a_j = 300$			0-300	210

Abb. 32: Scoring-Modell des mm-Ländertests dargestellt am
Beispiel für Brasilien 1982
(* = quantitative Kriterien)

---

9) vgl. Manager Magazin (1981) und (1982); Jägeler/Wagner/
Wilhelm (1981); Jägeler/Wilhelm (1982).

Das "mm-Konzept" besteht wie das BERI-Geschäftsrisiko- und BERI-Kreditrisiko-Beurteilungssystem ebenfalls aus einem umfassenden Scoring-Modell. Das Konzept verwendet insgesamt 23 qualitative, von Experten eingeschätzte Kriterien, und 7 quantitative, auf statistischen Daten beruhende Eigenschaften (vgl. Abb. 32). Aus diesen ingesamt 30 Kriterien werden drei Oberindikatoren gebildet und wie folgt bezeichnet:

- **politische Stabilität,**
- **Binnenwirtschaft,**
- **Außenwirtschaft.**

Die Beurteilung der insgesamt 55 Länder anhand der qualitativen Größen beruht auf der Einschätzung von 230 bis 250 Führungskräften und Spezialisten aus Industrieunternehmen, Banken, Kammern und Institutionen. Jedes Land wurde von mindestens 3, i.d.R. von 5 bis 8 Experten bewertet. Für die einzelnen Kriterien werden jeweils 3 bis 5 verschiedene Ausprägungsmöglichkeiten vorgegeben, die verbal beschrieben sind und eine bestimmte Punktzahl erhalten (vgl. Abb. 32).

Wie in Beispiel 1 aufgezeigt, kreuzen die Experten jeweils eine der vorgegebenen Kategorien an.

Beispiel 1: Bedrohung der Stabilität von außen:

Punkte	verbale Beschreibung der Merkmalsausprägungen
12	Prinzipiell gutes politisches Verhältnis zu den Nachbarstaaten, eindeutige Grenzverhältnisse
9	Gelegentliche Spannungen im Verhältnis zu Nachbarstaaten bei geringer Eskalationsgefahr
5	Starke Spannungen zu Nachbarstaaten, begrenzte Konflikte
0	Akute Kriegsgefahr bzw. Kriegszustand

Das gerundete arithmetische Mittel aus den etwa 3 bis 8 Expertenmeinungen je Land geht als endgültige Merkmalsausprägung in das Scoring-Modell ein.

Die Punktvergabe für die quantitativen Merkmale - sie sind den Statistiken der Weltbank, des IWF und nationaler Statistiken entnommen - legt das Hamburger Institut zur Erforschung technologischer Entwicklungslinien (ITE) fest. Bei-

spiel 2 zeigt auf, wie das BIP pro Kopf in Punktwerte
transformiert wird.

Beispiel 2: Wohlstand eines Landes (BIP pro Kopf):

Punkte	Kategorien der Merkmalsausprägungen
10	5000 US $ und mehr
8	2000 bis unter 5000 US $
6	500 bis unter 2000 US $
4	200 bis unter 500 US $
2	0 bis unter 200 US $

Da die maximal zu erreichende Punktzahl sowohl für die
qualitativen als auch für die quantitativen Kriterien
zwischen 7 und 15 Punkten variiert, ist eine unterschiedliche Gewichtung der Kriterien vorgegeben. Die einzelnen
Punktwerte werden je Land zu den drei Subindices aufaddiert. Ein Land kann für jeden Subindex maximal 100 Punkte
erhalten. "Je höher die Punktzahl, desto attraktiver ist
der Standort."[10] Die Subindices gehen gleichgewichtet in
den Gesamtpunktwert, den mm-Ländertest-Index, ein.

$$A_j = A_{1j} + A_{2j} + A_{3j}$$

mit A_j: mm-Ländertest-Index
A_{1j}: Politische Stabilität für Land j
A_{2j}: Binnenwirtschaft für Land j
A_{3j}: Außenwirtschaft für Land j

5.1.4. Das ESI-Indikatorensystem

Seit 1981 ermittelt das ifo-Institut bestimmte qualitative
Indikatoren über die wirtschaftliche Entwicklung von 50
Ländern. Das Konzept, Economic Survey International (ESI)
genannt, baut auf einem Fragebogen auf, den 2 bis 3-mal
jährlich etwa 500 Experten, d.h. Korrespondenten in Zweig-
stellen und Filialen internationaler Organisationen, vollständig ausfüllen.[11] Die Fragen beziehen sich auf die

---

10) Manager Magazin (1982), S. 2.
11) vgl. ESI (1981) und lfd. Jg.

```
1 Gegenwärtige Wirtschaftslage:
1-1 Gesamtwirt-  gut (9)    befriedigend (5)   schlecht (1)
    schaft:
1-2 Investiti-  gut (9)    befriedigend (5)   schlecht (1)
    onsbereich:
1-3 Konsum-     gut (9)    befriedigend (5)   schlecht (1)
    bereich:
```

```
2 Wirtschaftslage im Vergleich zum letzten Jahr:
2-1 Gesamtwirt-  besser (9)   gleich (5)   schlechter (1)
    schaft:
2-2 Investiti-   besser (9)   gleich (5)   schlechter (1)
    onsbereich:
2-3 Konsum-      besser (9)   gleich (5)   schlechter (1)
    bereich:
```

```
3 Wirtschaftsentwicklung in 6 bis 12 Monaten:
3-1 Gesamtwirt-  besser (9)   gleich (5)   schlechter (1)
    schaft:
3-2 Investiti-   besser (9)   gleich (5)   schlechter (1)
    onsbereich:
3-3 Konsum-      besser (9)   gleich (5)   schlechter (1)
    bereich:
```

```
4 Außenhandelsvolumens in 6 bis 12 Monaten:
4-1 Importe:   steigt (9)   unverändert (5)   sinkt (1)
4-2 Exporte:   steigt (9)   unverändert (5)   sinkt (1)
```

```
5 Handelsbilanzentwicklung in 6 bis 12 Monaten:
       besser (9)   unverändert (5)   schlechter (1)
```

```
6 Konsumpreisentwicklung in 6 bis 12 Monaten:
   Anstieg   Anstieg    Anstieg   Stagnation   Senkung
   schnell   konstant   langsam
    (9)        (8)        (7)         (5)         (1)
```

```
7 Kurzfristige Zinsentwicklung in 6 bis 12 Monaten
        steigen (9)   unverändert (5)   sinken (1)
```

```
8 Geschäftsklima für Investitionsgüter in
8-1 Gegen-   günstig (9)   weder/noch (5)   ungünstig (1)
    wart:
8-2 6 bis 12   besser (9)   gleich (5)   schlechter (1)
    Monaten:
```

```
9 Währungen im Vergleich zu diesem Land
   US-$:   überbe-  (9)   richtig   (5)   unterbe-  (1)
           wertet         bewertet        wertet
   DM:     überbe-  (9)   richtig   (5)   unterbe-  (1)
           wertet         bewertet        wertet
   UK:     überbe-  (9)   richtig   (5)   unterbe-  (1)
           wertet         bewertet        wertet
   Yen:    überbe-  (9)   richtig   (5)   unterbe-  (1)
           wertet         bewertet        wertet
```

Abb. 33: ESI-Fragenkatalog

108

Wirtschaftslage, den Außenhandel, die Preis- und Zinsentwicklung, das Wechselkursverhältnis ·zu den wichtigsten Währungen und das Klima für ausländische Investoren im Inve-
stitionsgüter-Bereich eines Landes. Diese Indikatoren geben
somit Auskunft über die Entwicklung wesentlicher wirtschaftlicher Komponenten des Länderrisikos (vgl. Abb. 33).

Die Ermittlung der Ausprägungen eines Indikators beruht im
Prinzip auf der Berechnung des Erwartungswertes für die
Expertenurteile. In der Regel muß der Experte bei der Beurteilung eines Landes hinsichtlich eines Kriteriums nur zwischen 3 Antwortalternativen wählen. Entweder der Indikator
steigt, bleibt gleich oder sinkt. Der Befragte muß nicht
angeben, wie hoch oder niedrig die Veränderung ausfällt.
Der ifo-Konjunkturtest verwendet die gleiche Methodik. Anhand eines Beispiels sei die Vorgehensweise erläutert.

Insgesamt haben 5 Experten ein Land beurteilt und jeweils
eine der drei Ausprägungen x_{ij} angekreuzt:

x_{ij}	p_{ij}
9 (positiv)	3
5 (indifferent)	1
1 (negativ)	1

mit x_{ij} : Merkmalsausprägung des i-ten Kriteriums
p_{ij} : Häufigkeit mit der die Experten eine Antwort
bezüglich Kriterium i für Land j wählten
n : Anzahl der Experten, die ein Land beurteilt haben

Der Indikatorwert ergibt sich dann aus dem Erwartungswert:

$$x_{ij} = 1/n \sum_{j=1}^{3} x_{ij} \times p_{ij} \qquad bzw.$$

$$x_{ij} = 1/5 \ (9 \times 3 + 5 \times 1 + 1 \times 1) = 6,6$$

Ein Indikatorwert zwischen 5 und 9 Punkten deutet auf überwiegend positive Antworten hin, während Punkte zwischen 1
und 5 überwiegend negative Antworten voraussetzen. Eine Gewichtung der einzelnen Expertenurteile erfolgt nicht. Auch
werden die einzelnen Wirtschaftsindikatoren nicht zu einem
Gesamtindikator aggregiert. Wie aus dem Fragebogen in Ab-

bildung 33 zu entnehmen ist, werden insgesamt 20 laufende Indikatoren ermittelt.[12]

Zusätzlich fragt das ifo-Institut die Experten, worin sie die momentan wichtigsten wirtschaftlichen Probleme eines Landes sehen. Wie häufig ein Problem genannt wurde, bestimmt die Rangordnung gegenüber den anderen Problemen, wie in Abbildung 34 für das Land Brasilien aufgezeigt wird.

Die wichtigsten Probleme der brasilianischen Wirtschaft im Jahr 1985 sehen die 19 befragten Experten wie folgt:[13]

Problem	Nennungen
Öffentliches Defizit	19
Inflation	18
Auslandsschulden	17
Arbeitslosigkeit	10
Fehlendes Vertrauen in die Wirt-schaftspolitik der Regierung	8
geringe Nachfrage	5
Handelshemmnisse für Exporte	1
Fehlende internationale Wettbewerbs-fähigkeit	0
Fehlende gelernte Arbeitskräfte	0

Abb. 34: Die wichtigsten wirtschaftlichen Probleme
Brasiliens 1985

Das ifo-Institut aggregiert zwar nicht die gemessenen Indikatoren zu Subindices, nimmt aber eine Aggregation der Indikatorwerte für bestimmte Ländergruppen wie Industrieländer, Schwellenländer, Entwicklungsländer und alle Länder vor. Dazu werden die Indikatorwerte gemäß der Bedeutung der einzelnen Länder für den Welthandel mit Hilfe der U.N.-Außenhandelswerte von 1979 gewichtet und zu einem Gruppenwert aufaddiert.

Die Entwicklung der ESI-Indikatoren in den Jahren 1981 bis 1985 für das Land Brasilien, aufgezeichnet in den Abbildungen 35a-e, gibt einen ersten Eindruck über den Aussagewert, der diesem Konzept zukommt.

---

12) vgl. ESI (1981) und lfd. Jg.
13) vgl. ESI (1981) und lfd. Jg.

110

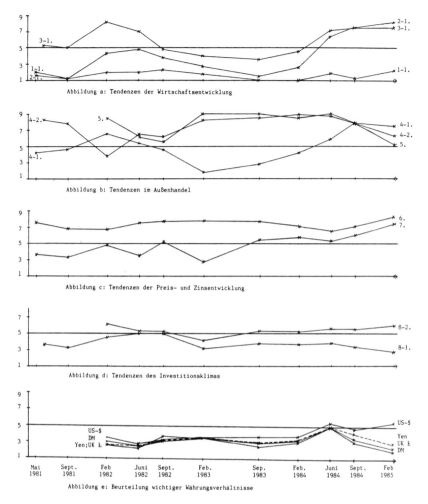

Abbildung a: Tendenzen der Wirtschaftsentwicklung

Abbildung b: Tendenzen im Außenhandel

Abbildung c: Tendenzen der Preis- und Zinsentwicklung

Abbildung d: Tendenzen des Investitionsklimas

Abbildung e: Beurteilung wichtiger Währungsverhältnisse

Abb. 35a-e: Die Beurteilung der brasilianischen Wirtschaft
durch die ESI-Indikatoren von 1981-1985

Aus Abbildung a ist zu erkennen, daß die Wirtschaftslage
Brasiliens (1-1) von allen Experten als permanent schlecht
beurteilt wird. Sie sind sogar der Meinung, daß sie sich
bis Februar 1984 permanent verschlechtert hat und erst ab
dann anfängt, sich zu erholen (2-1). Der Optimismus, daß
zukünftig eine Verbesserung eintritt, unterliegt erheblichen Schwankungen (3-1). Ein Vergleich der Kurven (2-1) und
(3-1) läßt erkennen, daß die Prognose über die zukünftige

111

Lage nicht mit der tatsächlich eingetretenen Entwicklung
(2-1) übereinstimmt, denn die Kurven weisen einen Gleichlauf und keinen Vorlauf auf.

Die Entwicklung des Export- und Importvolumens (4-2, 4-1)
sowie der Handelsbilanz müssen im Zusammenhang gesehen werden. Erwarten die Experten ein Ansteigen der Exporte und
ein Sinken der Importe, dann erwarten sie auch eine Verbesserung der Handelsbilanz wie in der Zeit von September 1982
bis September 1984. Ab 1985 erwarten sie keine Verbesserung
aber auch keine Verschlechterungen. Vor allem wird erwartet, daß die Importe wieder steigen. Diese drei Indikatoren
zusammen könnten z.B. Frühindikatoren für Zahlungsschwierigkeiten hoch verschuldeter Länder wie Brasilien sein. Von
der Außenhandelslage hängt es ab, wieviel Devisen nach Ab-
zug der Importausgaben von den Exporteinnahmen noch für den
zu leistenden Schuldendienst übrig bleiben. Bei der Zinsentwicklung sind die Experten der Meinung, daß sie bis September 1983 sinken und ab dann ansteigen. Die zukünftig er-
wartete Preisentwicklung ist gekennzeichnet durch ein konstant steigendes Preisniveau im Konsumbereich. Offensichtlich gehen die Experten davon aus, daß die Regierung die
Inflation nicht in den Griff bekommen wird. Dieser Indikator ist besonders interessant im Zusammenhang mit der
Beurteilung der Wechselkurse der wichtigsten Weltwährungen.
Die Experten gehen davon aus, daß sowohl der US-Dollar, die
DM, der Yen und das Pfund gegenüber der brasilianischen
Währung unterbewertet sind und sich die hohe Inflation
offensichtlich nicht direkt im Wechselkursverhältnis zu
diesen Währungen niederschlägt. Das Klima für ausländische
Investitionen beurteilen die Experten als negativ und auch
in Zukunft erwartet kaum einer der Experten eine Verbesserung. Empirische Untersuchungen müssen zeigen, ob dieser
Indikator u.U. als Vorlaufindikator für die gesamtwirtschaftliche Entwicklung in Frage kommt. In zukünftigen Indikatorenmodellen könnten die ESI-Indikatoren eingesetzt
werden, um kurzfristige Prognosen über risikorelevante ökonomische Entwicklungen aufzustellen.

5.1.5. Der Institutional Investor-Index

Seit September 1979 veröffentlicht das amerikanische Wirt-
schaftsmagazin Institutional Investor in der März- und September-Ausgabe einen Länderrisiko-Indikator, der die globale Beurteilung der Kreditwürdigkeit von 105 Welthandelsländern durch die Experten von 75 bis 100 führenden internationalen Banken wiedergibt. Das Konzept, auf dem dieser
Index aufbaut, ist sehr einfach konzipiert und läßt sich in
folgender Formel abbilden:

$$A_j = \sum_{i=1}^{75} g_i \times a_{ij}$$

mit A_j: Kreditwürdigkeit des Landes j
a_{ij}: Kreditwürdigkeit des Landes j
beurteilt von Bank i
g_i : Gewichtung der Meinung der Bank i

Die Experten der Bank i legen den Wert a_{ij} auf einer Ra-
ting-Skala von 0 bis 100 Punkten fest. 100 Punkte erhalten
die Länder, die die höchste Kreditwürdigkeit besitzen und
mit der geringsten Wahrscheinlichkeit zahlungsunfähig werden. Bevor Institutional Investor die individuellen Bank-
urteile a_{ij} zu einem Gesamturteil A_j aufaddiert, werden sie
mit einem Faktor g_i gewichtet. Dieser Faktor berücksichtigt, daß die einzelnen Banken unterschiedlich stark international engagiert sind und über unterschiedlich gute Systeme der Länderanalyse verfügen.[14] Offensichtlich führt
der unterschiedliche Informationsstand der Banken zu extremen Unterschieden in den Expertenurteilen, so daß es notwendig ist, über eine entsprechende Gewichtung der Ergebnisse eine Reduktion der Varianz zu erreichen. Institutional Investor macht keine Angaben darüber, wie diese Gewichtung der Expertenmeinungen explizit festgelegt wird.

Das Gesamturteil für die Kreditwürdigkeit eines Landes kann
wieder zwischen 0 und 100 Punkten liegen. Länder die weniger als 60 Punkte erreichen, gehören in die Kategorie der

---

14) vgl. Institutional Investor (March 1984), S. 70.

Problemländer, deren Bonität mit Vorsicht zu beurteilen ist. Am Institutional Investor-Index orientieren sich nicht nur die internationalen Geschäftsbanken, sondern auch der Internationale Währungsfond (IWF) und die Bank für Internationalen Zahlungsausgleich (BIZ).[15] Im Gegensatz zum BERI-Kreditrisiko-Beurteilungssystem stellt der Institutional Investor-Index ein sehr einfaches Konzept dar, denn das Magazin fragt direkt das Gesamturteil bei den Experten ab, während das BERI-Institut über die Aggregation einer Vielzahl von Einzelfragen zu einem Gesamturteil kommt.

5.1.6. Der Euromoney-Index

Während das Magazin Institutional Investor das Länderrisiko anhand der individuellen Meinungen von Bankexperten ermittelt, versucht die Zeitschrift Euromoney das Länderrisiko durch das direkt auf den internationalen Kapitalmärkten beobachtbare Verhalten zu bestimmen. Die Länderrisiko-Punktetabelle von Euromoney gibt also nicht die subjektive Einschätzung der Länder durch Experten wieder, sondern die Beurteilung des Risikos am Markt.[16] Der Euromoney-Index erscheint seit Oktober 1979 regelmäßig in der Februar- und Oktober-Ausgabe der Zeitschrift. Das ursprüngliche Meßkonzept änderte sich allerdings 1982 grundlegend, so daß an dieser Stelle insgesamt zwei Konzepte darzustellen und zu beurteilen sind.[17]

Der Index von 1979: Der Euromoney-Index erfaßte ursprünglich alle internationalen Kredite, die an öffentliche Kreditnehmer eines Landes innerhalb eines bestimmten Zeitraumes vergeben wurden und bei denen es sich um von einem Bankenkonsortium erteilte Euro-Dollar- und Euro-DM-Kredite mit variablen Zinssätzen handelte.[18] Den Ausgangspunkt für

---

15) vgl. Müller-Berghoff (1984), S. 3.
16) vgl. Euromoney (Feb. 1980), S. 40.
17) vgl. Baxmann (1985), S. 194 ff.
18) vgl. Euromoney (Feb. 1980), S. 48.

die Berechnung des Index bildet dabei der Spread, der für
die einzelnen Kredite an ein Land gezahlt werden mußte. Der
Spread ist ein Zinszuschlag auf den zwischen Banken gehan-
delten Zins am Euro-Markt (z.B. Libor). Dieser Zuschlag
"trägt den Modalitäten des Kredits wie Rückzahlungsplan und
Laufzeit, der Bonität des Kreditnehmers und dem jeweiligen
Risiko Rechnung.[19] Euromoney gewichtet diesen Spread mit
der Laufzeit (Maturity) und der Höhe (Volume, Amount) der
einzelnen Kredite und erhält auf diese Weise den "gewichteten mittleren Zinsaufschlag" bzw. den Weighted Average
Spread. Abbildung 36 zeigt am Beispiel von Argentinien die
Vorgehensweise im einzelnen auf.

How the rating works

The weighted average spread is expressed $= \dfrac{\Sigma \ \text{Volume} \times \text{spread} \times \text{maturity}}{\Sigma \ \text{Volume} \times \text{maturity}}$

For example: **Argentina** — loans signed this year

Borrower	Amount	Spread	Maturity	Vol × Sp × Mat	Vol × Mat
Agua y Energia Electrica	$120m	0.750	3.0	270.0	360.0
		0.875	7.5	787.5	900.0
Banco de la Nacion Argentina	$300m	0.750	10.0	2250.0	3000.0
Empresa Lineas Maritimas Argentinas	$50m	0.875	11.0	481.3	550.0
Salto Grande	$125m	0.750	6.0	562.5	750.0
		0.875	6.0	656.3	750.0
Somisa	$40m	0.750	10.0	300.0	400.0
Segba	$75m	0.875	10.5	689.1	787.5
Autopistas Urbanas	$55m	0.750	5.0	206.3	275.0
		0.875	5.0	240.6	275.0
			74.0	6443.6	8047.5

Weighted average spread $\dfrac{6443.6}{8047.5} = 0.801\%$

Average maturity is total number of years (74.0) divided by number of loans = 10.6 years.

Abb. 36: Berechnung des Weighted Average Spread

Dieser gewichtete mittlere Spread bestimmt die Rangordnung
der Länder in der Risiko-Punktetabelle von Euromoney. Euromoney teilt schließlich die Länder auch in Risikoklassen
ein, aber gibt keine inhaltliche Beschreibung der Risikoklassen, so daß diese Kategorisierung letztlich ohne Aussagewert bleibt.

Bereits kurz nach dem Erscheinen des Euromoney-Index 1979
traten die ersten Zweifel auf, ob der gewichtete Spread
tatsächlich eine geeignete Grundlage für die Ermittlung des

19) vgl. Cramer (1981), S. 19.

Länderrisikos sei, auch wenn es sich dabei um objektiv meß-
bare Marktdaten handelt. Beispielsweise wird der Spread
häufig niedrig gehalten, dafür aber die Bearbeitungsge-
bühren erhöht. Außerdem verleihen Banken Geld zu Konditionen, deren Risiko nicht im Spread abgedeckt wird.[20] Darüber hinaus erscheint eine Stichprobe von häufig nur 1 bis
2 Krediten pro Land als Basis für den Spread zu niedrig, um
zu repräsentativen Ergebnissen zu gelangen. Deshalb entwickelte Euromoney eine differenziertere Methode, um das
Verhalten am internationalen Kreditmarkt im Hinblick auf
das Länderrisiko zu beurteilen.

Der Index von 1982: Das neue Meßkonzept von Euromoney geht
davon aus, daß sich das Länderrisiko anhand der Zugangsmög-
lichkeiten eines Landes zu den internationalen Kapitalmärkten und seinem Ansehen auf diesen Märkten beurteilen
läßt.[21] Dazu werden drei Faktoren betrachtet:

**Beurteilung des Zugangs zu den Eurokredit- und Bond-
Märkten für öffentliche Kreditnehmer:** Ein Land erhält
jeweils Punkte für Kredite, die an den Libor, die US
Prime Rate oder die Certificates of Deposit Rate gebunden sind. Hat ein Land auf diesen drei Märkten
Geld aufgenommen, dann erhält es die höchste Punktzahl. Außerdem gibt es Punkte für den Zugang zu den
Floating Rate Notes-, Straight Dollar- und Yankee
Bond-Märkten. Die beiden letzten Märkte erhalten ein
höheres Gewicht. Für die Punktvergabe spielt zusätzlich eine Rolle, ob das Kreditrisiko als hoch, mittel
oder gering eingeschätzt wird.

Beurteilung der Preisgestaltung bzw. der Konditionen:
Die Punktvergabe orientiert sich an den Konditionen,
die ein Land für an den Libor gebundene Konsortial-
kredite erhalten hat.

---

20) vgl. o.V. (1980), S. 74.
21) vgl. Euromoney (Sep. 1982), S. 71.

Beurteilung der Syndizierungsmöglichkeiten: Die Punktvergabe hängt davon ab, ob eine Syndizierung erfolgreich, normal oder schwierig verlief. Extrapunkte gibt es für überzeichnete Kredite und wenn der gewünschte Kreditbetrag erhöht wurde. Mußte wegen Schwierigkeiten bei einer Syndizierung der Kredit herabgesetzt werden, gibt es einen Punktabzug.[22]

Schließlich setzt sich der Euromoney-Index aus diesen 3 Faktoren wie folgt zusammen:

$$A_j = a_{1j} \times 0,4 + a_{2j} \times 0,3 + a_{3j} \times 0,3$$

mit A_j: Länderrisiko-Index für Land j
a_{ij}: Beurteilung des i-ten Faktors
g_i^{ij}: Gewichtung des i-ten Faktors

---

22) vgl. Euromoney (Sep. 1982), S. 74.

5.2. Kritische Beurteilung der Indikatorenmodelle

Um die Indikatorenmodelle in der Unternehmenspraxis sinn-voll interpretieren und verwenden zu können, ist die genaue Kenntnis der Probleme, die mit den verschiedenen Informati-onssystemen verbunden sind, unbedingt erforderlich. Wegen der unterschiedlich gelagerten Schwierigkeiten quantita-tiver und qualitativer Informationen werden beide Bereiche getrennt behandelt.

5.2.1. Quantitative Indikatoren

Um für eine Risikobeurteilung geeignet zu sein, müssen die quantitativen Indikatoren eine adäquate statistische Basis besitzen. Die **Richtigkeit, Vollständigkeit und Vergleich-barkeit** der Informationen ist damit angesprochen. Außerdem müssen die Indikatorwerte frühzeitig zur Verfügung stehen und dürfen keinen großen nachträglichen Korrekturen unter-liegen. Die Erhebung und Veröffentlichung der Informationen in den IWF-, Weltbank- und nationalen Statistiken dauert für Prognosezwecke sehr lange. Teilweise muß sogar die Richtigkeit der Angaben, insbesondere über die Auslands-verschuldung, und die Vergleichbarkeit der Daten über die Länder in Frage gestellt werden. Die Statistiken bzw. Angaben der Länder der Dritten Welt beruhen mitunter auf amtlich eingefärbten Angaben. Die Comecon Länder unterlie-gen erheblichen Datenbeschränkungen.[1] Speziell die Infor-mationen über die Verschuldung sind unvollständig. Zwar liefert die Weltbank relativ vollständige Daten für öffent-liche und öffentlich garantierte Schulden mit Laufzeiten über einem Jahr, doch fehlen Informationen über langfristi-ge nicht garantierte Kredite und kurzfristige Kredite. Da-rüber hinaus weisen die Verschuldungsinformationen der Ost-block- und OPEC-Staaten Lücken auf. Schließlich werden Kre-

---

1) vgl. Thornblade (1978).

dite für militärische Zwecke nicht·erfaßt.[2] Wegen dieses
Informationsdefizits streben die Banken danach, über ein
gemeinsames Institute for International Finance, die Informationen über die internationale Kreditvergabe der Banken
möglichst vollständig und frühzeitig zu erfassen.

Die Oberindikatoren LRquant und R-Factor zeigen deutlich,
daß die statistischen Rohdaten nicht direkt zur Beurteilung
der Länderrisiken eingesetzt werden, sondern zur Konstruktion von Kennzahlen bzw. Verhältniszahlen dienen. Der Aussagewert absoluter Zahlen, ohne Bezugsbasis ist häufig gering.[3] Die quantitativen Indikatoren, die in den hier dargestellten Konzepten verwendet werden, geben nur eine erste
Vorstellung von der kaum noch überschaubaren Zahl der kon-
struierten Verhältniszahlen, die in den übrigen Konzepten
verwendet oder generell in der Literatur diskutiert werden.
Damit diese Kennzahlen zu sinnvoll interpretierbaren Ergebnisse führen, muß die **Aussagefähigkeit** der Kennzahlen bestimmt werden. Darüberhinaus muß der Anspruch vieler Indikatoren, **Prognosekraft** zu besitzen, überprüft werden. Die
wenigen Untersuchungen zu dieser Fragestellung, stehen in
keinem Verhältnis zum Einsatz der Kennziffern in den Beur-
teilungskonzepten. Beispielsweise kann die Aggregation mehrerer Indikatoren beim R-Factor und LRquant dazu führen,
daß vorlaufende, gleichlaufende und nachlaufende Indices
zusammengefaßt und vermischt werden. Aus diesen Problemen
lassen sich für zükunftige Arbeiten zwei wesentliche Ziele
ableiten: Die vielen quantitativen Kennzahlen, die häufig
hoch miteinander korrelieren und keinen zusätzlichen Informationsgehalt besitzen, sind auf die unabhängigen, aussage-
kräftigen Indikatoren zu reduzieren, und die Kennzahlen
sind danach zu untersuchen, welche Indikatoren gegenüber
anderen Indikatoren einen zeitlichen Vorlauf, Gleichlauf
oder Nachlauf besitzen.

Insgesamt betrachtet sind die Möglichkeiten quantitativer
Daten zur Beurteilung von Länderrisiken begrenzt. Häufig

---

2) vgl. Saini/Bates (1984), S. 350; Karsten (1984), S. 54.
3) vgl. Thornblade (1978).

steht kein ausreichendes statistisches Datenmaterial zur Verfügung oder die Daten sind unzuverlässig bzw. die Erhebung und Veröffentlichung der Daten dauert zu lange. Alle drei Gründe führen dazu, daß in den Indikatorenmodellen vielfach qualitative über Expertenbefragung erhobene Daten verwendet werden. Für die Befragung von Experten spricht noch ein weiterer Grund. Die zu prognostizierende Entwicklung, z.B. der Zahlungsfähigkeit, ist von so vielen Einflußfaktoren und deren Zusammenspiel abhängig, daß es bisher nicht möglich ist, logisch bzw. theoretisch einwandfrei die Zusammenhänge wiederzugeben. Deshalb vertraut man auf die Fähigkeit der Experten, sich umfassend und frühzeitig zu informieren, und diese Informationen der vorgegebenen Fragestellung gemäß zu beurteilen.

5.2.2. Qualitative Indikatoren

Für die Beurteilung qualitativer Indikatoren spielen zunächst die angewendeten Grundsätze der **Expertenauswahl** und deren Einhaltung eine Rolle. Die Beurteilung der fachlichen Kompetenz eines Experten hängt davon ab[4)]

- über welche Informationen er verfügt und zu welchen Informationen er Zugang hat und

- seiner Fähigkeit, die Informationen problemgerecht zu kombinieren und zu beurteilen.

Darüber, wie die vorgestellten Konzepte im einzelnen bei der Expertenauswahl vorgehen, existieren kaum Angaben. Während der Institutional Investor Fachleute aus der Bankpraxis befragt, wählt das BERI-Institut für die Beurteilung des Political Risk Index Politologen und Soziologen aus.

Es gibt im Grunde drei **Formen der Expertenbefragung**, die auch in den dargestellten Konzepten zum Einsatz kommen. Sie

---

4) vgl. Brockhoff (1977), S.75.

unterscheiden sich dahingehend, welche Form der Merkmals-
skalierung sie verwenden und ob sie eine einstufige oder
mehrstufige Expertenbefragung (Delphi-Methode) einsetzen.
Die Indikatorenmodelle sind in der folgenden Matrix kurz
anhand dieser Eigenschaften charakterisiert:

Skalierungs-form / Befra-gungsstufen	Ratingskala	Tendenzaussagen
einstufige Experten-befragung	– Institutional Investor Index – mm-Ländertest	– ESI-Indikatoren
mehrstufige Experten-befragung	– Operation Risk Index – Political Risk Index – LRqual	

Abb. 37: Angewandte Formen der Expertenbefragung

5.2.2.1. Methoden und Probleme der ein- und mehrstufigen Expertenbefragung

Die **einstufige** Expertenbefragung berücksichtigt mehrere
Expertenurteile, ohne daß die Teilnehmer eine Informations-
rückkopplung über die Ergebnisse der anderen erhalten. Die
Befragung mehrerer und nicht nur eines Experten ist notwendig, um den hohen Subjektivitätsgrad einer Expertenmeinung,
die u.U. von persönlichen Interessen stark beeinflußt ist,
zu verringern und zu objektiveren Ergebnissen zu gelangen.[5] Die vorgestellten Konzepte beziehen deshalb i.d.R.
die Meinungen von 5 und mehr Experten mit ein. Schließlich
ist gerade bei Paneldaten zu überprüfen, ob die Expertenmeinungen über die Zeit konsistent bleiben, d.h. das Infor-
mations- und Bewertungsverhalten eines Experten sich im

---

5) vgl. Frerichs (1980), S. 14.

Zeitverlauf nicht ändert. Durch das Ausscheiden und Hinzu-
kommen von neuen Teilnehmern kann die Vergleichbarkeit der
Daten ebenfalls erschwert werden.

Die Aggregation der Einzelurteile zu einem Gesamturteil der
Experten erfolgt i.d.R. über die Berechnung des Mittelwer-
tes. Die Aussagekraft dieser Größe aber hängt davon ab, wie
klein oder groß die Varianz über die befragten Experten
ausfällt. Große Streuungen und eine Verzerrung der Ergebnisse entstehen durch extreme oder sogar widersprüchliche
Expertenmeinungen. Das führt entweder zu einem Ausschließen
extremer Bewertungen aus der Untersuchung oder aber wie
beim Institutional Investor zu einer Gewichtung der einzelnen Expertenurteile. Wie das Institutional Investor Magazin die Gewichtung festlegt, ist nicht bekannt. Grundsätzlich besteht die Möglichkeit, die Gewichte subjektiv, ohne
Berechnungen anzustellen, zu bestimmen oder aber über Ex
post-Analysen die Gewichte so festzulegen, daß sich die
Varianz der Befragungsergebnisse minimiert.

Die **mehrstufige** Expertenbefragung beruht auf der Delphi-
Methode. Sie versucht ebenfalls, eine Varianzreduktion zu
erreichen.[6] Normalerweise geht die Delphi-Methode so vor,
daß in einer ersten Befragungsrunde auftretende extreme
Meinungen von dem jeweiligen Experten begründet werden müssen. In einer zweiten Runde erhält jeder Teilnehmer die Ergebnisse der anderen und deren Begründungen, um aufgrund
dieser Informationen erneut eine Beurteilung abzugeben.
Dieser Prozeß kann sooft wiederholt werden, bis eine ausreichende Konvergenz der Meinungen erreicht wird.

Das BERI-Institut verwendet die Delphi-Methode nicht für
jede der 3-mal jährlich stattfindenden Panelbefragungen zur
Ermittlung des Operation und Political Risk Index, sondern
die Delphi-Methode kommt nur dann zum Einsatz, wenn ein
neues Mitglied in das Panel aufgenommen wird. Die neuen
Mitglieder durchlaufen den mehrstufigen Befragungsprozeß
bis ihre Bewertungen mit denen anderer Experten überein-

---

6) vgl. Brockhoff (1977), S. 80; Frerichs (1980), S. 15.

stimmen. Den laufenden Panel-Mitgliedern aber werden nur noch die Ergebnisse ihrer eigenen letzten Wertung und die der anderen Mitglieder mitgeteilt. Dieses Vorgehen spart zwar Zeit, verhindert aber dafür den eigentlich von der Delphi-Methode angestrebten fortlaufenden Lernprozeß unter den Experten und fördert den sogenannten Paneleffekt,[7] d.h. der psychologische Druck bei den Experten, keine stark abweichenden Meinungen zu äußern, führt dazu, daß sie ihre Antworten an die vermuteten Ergebnisse anderer Experten anpassen.

5.2.2.2. Methoden und Probleme der Skalierung

Von dem Problem stark divergierender Meinungen ist die Tendenzbefragung, auf der die ESI-Indikatoren basieren, weniger betroffen, denn sie läßt nur drei mögliche Antworten der Experten zu. Auf diese Weise lassen sich Informationen über Entwicklungstendenzen schnell gewinnen und zu Gesamttendenzaussag
sehr grob und kurzfristig angelegt, so können sie doch als erste Frühwarnungen für unternehmerische Entscheidungsträger von Bedeutung sein, insbesondere dann, wenn sie bevorstehende Tendenzumschläge signalisieren,[8] eine Eigenschaft, die für die ESI-Indikatoren im einzelnen noch zu untersuchen bleibt.

Die Tendenzbefragung verzichtet auf quantifizierbare Aussagen, wie sie die Ratingskala des Political Risk Index verlangt. Sie kommt mit nur drei Antwortalternativen dem Urteilsvermögen der Experten sehr entgegen. Insofern ist es nicht verwunderlich, daß Tendenzbefragungen weniger genau sind als quantifizierte Fragestellungen, aber dafür tendenziell zutreffender sind.[9]

---

7) vgl. Brockhoff (1977), S.75.
8) vgl. Frerichs (1980), S. 13.
9) vgl. Brockhoff (1977), S. 66.

Das zentrale Problem der Tendenzbefragung besteht darin, daß die Skala explizit **nicht intervallskaliert** ist und deshalb im Grunde genommen eine Aggregation der Expertenurteile über eine additive Verknüpfung nicht erlaubt ist. Methodisch einwandfrei wäre es deshalb, wenn das ifo-Institut nicht den Erwartungswert, sondern den Median oder einfach nur den häufigsten Wert der Expertenurteile berechnen würde. Die Gesamttendenzaussage würde dann auch genau das angeben, was ursprünglich gemessen wurde, nämlich, ob die Mehrheit der Experten der Meinung ist, daß eine wirtschaftliche Größe steigt, gleichbleibt oder fällt. Die Interpretation des Erwartungswertes aber muß mit Vorsicht geschehen. Auf keinen Fall sagt diese Größe etwas aus über die Stärke der erwarteten Veränderung. Und nur dann, wenn die Abstände zwischen 1 und 5 sowie 5 und 9 gleich sind bzw. es keine Rolle spielt, wie stark eine Veränderung ist, kann der Erwartungswert interpretiert werden als eine Größe, die angibt, wieviele der befragten Personen eine Veränderung erwarten.

Diese Problematik intervallskalierter Daten wird anhand der Konstruktion einer Ratingskala noch deutlicher. Die Eigenschaften der Länder werden gemessen, indem den verschiedenen Ausprägungsmöglichkeiten eines Merkmals Punkte (Symbole) zugeordnet werden. Dabei verhalten sich die Punkte genauso zueinander wie die Sachverhalte, die sie abbilden, d.h. das Verhältnis der Punkte muß nicht automatisch, nur weil sie Zahlen darstellen, den Verhältnissen auf einer Intervall- oder sogar Ratio-Skala entsprechen, sondern es kann sich auch um ein ordinales Skalenniveau handeln.[10]

Die Ratingskalen, die das BERI-Institut und der Institutional Investor bei ihren Expertenbefragungen einsetzen, verlangen quantifizierbare Beurteilungen. Diese Ratingverfahren setzen voraus, daß die befragten Personen ihre Beurteilung so auf der Ratingskala wiedergeben, daß die Abstände zwischen den Punkten gleichbleiben, obwohl bekannt

---

10) vgl. Green/Tull (1982), S. 469.

ist, daß die Befragten aus den verschiedensten psychologischen Gründen die Skala in ihrer Wahrnehmung verzerren können. Manche Personen neigen z.B. dazu, an den Enden einer Skala anzukreuzen, während andere zum mittleren Teil der Skala tendieren. Damit ändert sich die subjektive Skaleneinteilung bei einer Person, je nachdem, ob sie sich am Ende oder in der Mitte einer Skala befindet und die Art und Weise dieser Verzerrung kann von Person zu Person anders aussehen.[11]

Die Ratingskalen, mit denen der Operational Risk Index arbeitet, stellen außerdem sehr hohe Anforderungen an das Differenzierungsvermögen der Experten. Auf einer Skala von 0 bis 4 sollen sie bis auf ein Zehntel genau ihre Beurteilung angeben, d.h. der Abstand zwischen 2,5 und 2,6 muß von den Experten genauso gesehen werden wie zwischen 0,1 und 0,2. Noch eklatanter tritt dieses Problem beim Institutional Investor Index auf. Die Experten müssen über 115 Länder auf einer Skala von 0 bis 100 so anordnen, daß nicht nur eine Rangordnung unter den Ländern gegeben ist, sondern daß die Abstände der Kreditwürdigkeitsbeurteilungen, wiedergegeben durch die Abstände zwischen den Punkten, konstant bleiben. Bereits das Aufstellen einer Rangordnung dürfte hohe Anforderungen an die Qualifikation der Befragten stellen.

Das **Skalenniveau** aber bestimmt wesentlich den Informationsgehalt einer Befragung. Die Aggregation der Expertenmeinungen durch die Berechnung eines gewichteten (Institutional Investor Index) oder eines ungewichteten (ESI-Indikatoren und Operational und Political Risk Index und mm-Ländertest) arithmetischen Mittels verlangt in jedem Falle ein Intervallskalenniveau. Bei einem ordinalen Niveau darf lediglich der Median berechnet werden.

Bei der Aggregation der verzerrten Expertenurteile ist nicht mehr gewährleistet, daß sich die Länder hinsichtlich dieses Merkmals in einer Rangordnung befinden. Die Skala

---

11) vgl. Green/Tull (1982), S. 167.

der aggregierten Experturteile muß nicht mehr ordinalskaliert sein.[12] Dieses Problem sollte nicht unnötig hochgespielt, aber auch nicht einfach übergangen werden. Letztlich kommt es darauf an, wie stark sich diese Effekte auf das Gesamturteil auswirken. Allerdings ist es unbefriedigend, einfach davon auszugehen, daß diese Effekte gering und die Daten annähernd intervallskaliert sind. Es erscheint sinnvoller, die Probleme anzusprechen und sie damit einer Kontrolle und soweit möglich, einer Lösung näher zu bringen.

Der mm-Ländertest verwendet eine Ratingskala, die weniger von diesen psychologischen Effekten beeinflußbar ist. Das liegt darin begründet, daß eine genaue verbale Beschreibung der verschiedenen Merkmalsausprägungen gegeben wird und die Zuordnung der Punkte zu den Merkmalsausprägungen im Nachhinein erfolgt. Allerdings muß auch hier gewährleistet sein, daß der Abstand zwischen den Punkten den Unterschiedsgrad zwischen den verbal formulierten Merkmalsausprägungen wiedergibt, damit die Skala Intervallskalen-Niveau besitzt. Leider macht das Manager Magazin in seinen Veröffentlichungen hierüber keine Angaben.

5.2.3. Aggregation der Indikatoren zu Globalindices

Während das ESI-Indikatorensystem die gemessenen Merkmale der Länder unabhängig nebeneinander bestehen läßt und der Institutional Investor und Euromoney Index aus einer einzigen direkt global gemessenen Größe bestehen, versuchen das BERI-Institut und auch das Manager Magazin das mehrdimensional gemessene Risiko über Punktbewertungsmodelle zu einer eindimensionalen, globalen Risikobeurteilung zusammenzufassen. Diese Methodik verlangt allerdings nicht wenige kritische Prozeduren, wie die Transformation der Ausgangsdaten

---

12) vgl. Green/Tull (1982), S. 155.

auf eine gemeinsame Skala, die Gewichtung der Einzelindikatoren und die Auswahl eines geeigneten Kriterienkatalogs.

5.2.3.1. Skalentransformation

Damit die Indikatoren aggregiert werden können, werden zunächst die qualitativen und quantitativen Ausgangsdaten mit
unterschiedlichen Skalenniveaus – die qualitativen Daten
werden als intervallskaliert angenommen und die quantitativen Daten besitzen eine Ratioskala – auf ein gemeinsames
Intervallskalen-Niveau transformiert. Die Problematik, ohne
Überprüfung bei den qualitativen Indikatoren generell eine
Intervallskala vorauszusetzen, wurde bereits intensiv diskutiert. Die **Transformation** der verhältnisskalierten quantitativen Daten wirft ebenfalls einige Probleme auf:

1. Problem: Die Transformation verlangt häufig das
Festlegen eines "Ankerpunktes". Z.B. erhält eine ausgeglichene Leistungsbilanz genau die Hälfte von 50
möglichen Punkten. Diese Festsetzungen lassen sich
nicht immer rein logisch ableiten, sondern unterliegen einem subjektiven Ermessensspielraum. Ebenso gut
könnte eine ausgeglichene Leistungsbilanz nur ein
Viertel der Punkte erhalten.

2. Problem: Die Ratioskala kann bis ins Unendliche
gehen, während die Intervallskala nach oben und unten
begrenzt bleibt, so daß auf der Ratioskala plausible
Ober- und Untergrenzen angegeben werden müssen. Dieser Effekt tritt auch auf, wenn ein quantitatives
Merkmal theoretisch Werte annehmen kann, die praktisch nicht vorkommen. Deshalb legt das BERI-Institut
z.B. bei dem Merkmal "Haushaltsdefizit/Brutto-In-
landsprodukt" mit möglichen Werten von 0 bis 100 %
fest, daß diese Ratioskala praktisch bereits bei 9 %
aufhört und an dieser Stelle auf der Intervallskala

den Punktwert O erhält. Auch hier liegt ein erhebli-
cher subjektiver Ermessensspielraum vor.

3. Problem: Um zu einem sinnvollen Vergleich der Länder zu kommen, standardisiert das BERI-Institut die
Einzelindikatoren des R-Factors unter Punkt "B. Deviseneinnahmen" und transformiert dann die standardisierten Daten auf eine Intervallskala. Dabei kann
folgender Effekt auftreten: Niveau und Mittelwert des
jeweils gemessenen Merkmals können sich verschieben.
Da der Mittelwert bei der Standardisierung O gesetzt
wird, ist diese Veränderung anhand der standardisierten Daten nicht mehr zu erkennen. Von Erhebung zu Erhebung kann dann ein bestimmter realer Wert einen anderen Punktwert auf der Intervallskala zugeordnet bekommen, so daß die Ergebnisse über die Zeit nicht
mehr vergleichbar sind. Dieser Effekt tritt auch dann
auf, wenn sich die Standardabweichung des Merkmals
verändert. Deshalb wäre es notwendig, die Verteilun-
gen standardisierter Merkmale ständig auf Veränderungen hin zu überwachen und gegebenenfalls im Nachhinein auf eine gemeinsame Bezugsbasis zu stellen, um so
die Vergleichbarkeit der Daten zu gewährleisten.

5.2.3.2. Gewichtung der Indikatoren

In den Modellen drückt sich die **Gewichtung** der Kriterien
entweder in den unterschiedlich breiten Intervallskalen aus
oder bei gleichbleibender Skalenbreite in einem Gewich-
tungsfaktor. Die Gewichtungen spielen für die Modelle eine
zentrale Rolle, denn sie sind das Instrument, mit dem sie
die Bedeutung der einzelnen Umweltkomponenten bzw. Indikatoren für das jeweilige Risiko im Kreditgeschäft oder bei
Export- und Direktinvestitionstätigkeiten festlegen.

Die Unterschiede in den Gewichtungen der Subindices fallen
in den vorgestellten Konzepten besonders auf. Beim mm-Län-

dertest und BERI-Geschäftsrisiko kommt dem Faktor der Zahlungsfähigkeit bzw. der Außenwirtschaft ein Drittel Gewicht
gegenüber den beiden anderen politischen und wirtschaftlichen Komponenten zu, während ihr beim BERI-Kreditrisiko
allein eine Bedeutung von 75 % beigemessen wird. Offensichtlich sehen die Institute beim Geschäftsrisiko die
politischen und wirtschaftlichen Bedingungen, die im Land
selbst die Gewinnerzielung beeinträchtigen, als ebenso
wichtig an, wie die Bedingungen die einen Gewinntransfer
verhindern. Beim Kreditrisiko aber sind die Institute der
Meinung, daß der Zahlungsfähigkeit eine überragende Bedeutung zukommen muß. Zumindest für eine langfristige Betrachtung von 5 Jahren, wie sie die Recommended Lender Action
anstrebt, kann dies jedoch nicht ohne weiteres unterstellt
werden, denn langfristig gesehen bestimmt die Entwicklung
der wirtschaftlichen und politischen Verhältnisse die Entwicklung der Zahlungsfähigkeit grundlegend mit.

Bei der Gewichtung der Einzelindices tritt ein bisher völlig vernachlässigtes Problem der Punktbewertungsmodelle
auf. Einerseits versuchen sie ein komplexes Konstrukt wie
die Zahlungsfähigkeit über möglichst viele Einflußgrößen zu
erfassen, wobei die Gewichtungsfaktoren **explizit** angeben,
welche Bedeutung einem einzelnen Kriterium für die Beurteilung eines Phänomens zukommt, während gleichzeitig die
Kriterien untereinander korrelieren und sich dadurch eine
kaum nachvollziehbare, **implizite** Gewichtung einschleicht.
Ohne Schwierigkeiten lassen sich solche Interdependenzen
zwischen den Kriterien in allen Konzepten nachweisen. Z.B.
sind die Kriterien 11, 12 und 13 beim Operation Risk Index
Ausdruck der wirtschaftlichen Infrastruktur und dürften
hoch miteinander korrelieren. Das Gesamtmodell erfaßt das
Kriterium politische Stabilität mehrmals. Es kommt sowohl
beim Operation als auch beim Political Risk Index jeweils
als Einzelkriterium vor. Der Kriterienkatalog des Political
Risk Index ist explizit so angelegt, daß die Kriterien 1
bis 8 mögliche Ursachen für die Kriterien 9 und 10, d.h.
die soziale und politische Stabilität, darstellen und somit

hohe Interdependenzen zwischen den 10 Kriterien auftreten
müssen. Zusätzlich erscheint die Gewichtungsmethode bei
diesem Subindex sehr fragwürdig. Die Experten geben bei
jeder Befragung selbst eine Gewichtung der Kriterien vor,
so daß die Gewichtung unter den Experten unterschiedlich
sein kann. Sie kann sich aber auch bei jedem Experten von
einer Befragung zur nächsten ändern. Die hier vom BERI-
Institut angestrebte Wirkungsweise der Gewichtung ergibt
keinen erkennbaren Sinn mehr.

Im allgemeinen legen die Institute die Gewichtungen selbst
fest, und zwar aufgrund ihrer eigenen Erfahrung. Sie werden
nicht über Ex post-Analysen ermittelt. Ebensowenig wurden
bisher die vorliegenden Paneldaten auf Korrelationen hin
überprüft, um das Ausmaß der impliziten Gewichtungen erfassen zu können.

5.2.3.3. Kriterienkatalog

Ein Vergleich der **Kriterienkataloge** zeigt, daß die Anzahl
der einbezogenen Kriterien recht unterschiedlich ist. Der
mm-Ländertest verwendet 30, das BERI-Geschäftsrisiko 40 und
das BERI-Kreditrisiko 49 Einzelkriterien. Der Anteil quantitativer Kennzahlen, die aus dem Bereich der Zahlungsbi-
lanz-, Wirtschafts- und Bevölkerungsstatistik stammen, umfaßt beim mm-Ländertest 7, beim BERI-Geschäftsrisiko 9 und
beim BERI-Kreditrisiko 17 Einzelkriterien. Der hohe Anteil
quantitativer Daten beim BERI-Kreditrisiko erklärt sich damit, daß dieses Indikatorensystem schwerpunktmäßig die Zahlungsfähigkeit zu erfassen versucht, für die im Vergleich
zu den anderen Beurteilungsgrößen noch am ehesten statistisches Zahlenmaterial zur Verfügung steht.

Ein inhaltlicher Vergleich der Kriterienkataloge mit den in
Abbildung 14 aufgezeigten Umweltkomponenten ergibt, daß die
Konzepte generell versuchen, das weite Spektrum aller mög-
lichen Komponenten zu erfassen und tatsächlich Totalanaly-

sen der Umwelt anstreben. Insofern unterscheiden sich die
Konzepte weniger im Hinblick auf die ausgewählten Einzelkriterien als in deren Gewichtung und Zusammensetzung zu
Subindices. Allerdings fällt auf, daß die Konzepte sowohl
nach den humanen als auch den finanziellen Ressourcen fragen, aber die natürlichen Ressourcen - das gilt vor allem
für die BERI-Informationssysteme - nicht explizit einbe-
ziehen.

Über den Auswahlprozeß der Kriterien existieren kaum Angaben. Die Institute stellen sie selbst aufgrund ihrer umfangreichen Erfahrungen auf dem Gebiet der Länderrisiko-
Analyse zusammen. Ein allgemein anerkanntes Rahmenkonzept
existiert nicht. Darin kommt schließlich das eklatante
Theoriedefizit der Globalanalysen zum Ausdruck.

5.2.3.4. Strategieempfehlungen

Das BERI-Institut leitet aus den Globalindices, der Profit
Opportunity Recommendation und der Recommended Lender Action, **Strategieempfehlungen** für die Unternehmen ab, während
der mm-Ländertest bei einer reinen Beschreibung der Länderpositionen anhand der gefundenen Ergebnisse stehen bleibt.
Er zeigt bis ins Detail auf, worauf die wesentlichen Änderungen der globalen Positionierungen gegenüber dem Vorjahr
zurückzuführen sind.

Die Handlungsempfehlungen der BERI-Geschäftsrisiko-Beur-
teilung sind ihrem Charakter nach auf langfristige strategische Entscheidungen der Unternehmen ausgerichtet. Der
Prognosezeitraum beträgt 5 Jahre. Die Empfehlungen beinhalten deshalb auch grundlegende, bereits zu Beginn angespro-
chene Auslandsmarktstrategien, wie kapitalintensive oder
weniger kapitalintensive Investitionen zu tätigen oder Lizenzgeschäfte mit langfristigen Bindungen einzugehen bzw.
sich nur auf kurzfristige Exportgeschäfte einzulassen. Die
Begründungen für die Empfehlungen leitet das BERI-Institut

aus den unterschiedlichen Ausprägungen der Subindices ab
und nicht allein aus dem globalen Index-Wert. Offensichtlich läßt sich das Länderrisiko nicht ohne weiteres eindimensional erfassen. Deshalb stellt sich die Frage, ob die
Aggregation zu einem einzigen Globalindex die richtige Vorgehensweise für die Länderrisiko-Beurteilung darstellt und
es nicht sinnvoller ist, die Länder anhand der Subindices
zu positionieren und für bestimmte Positionen Strategieempfehlungen zu geben.

Die Strategieempfehlungen beruhen auf der Bildung von vier
verschiedenen Risikokategorien (prohobitiv, hoch, mäßig,
niedrig). Die Begründung für diese Vierer-Klassifizierung
und die Festlegung der Grenzen der Risikoklassen ist nicht
bekannt. Obwohl die Strategieempfehlungen der Recommended
Lender Action für eine langfristige Prognose von 5 Jahren
gelten, stellen die Handlungsempfehlungen nur kurzfristige
Reaktionsmöglichkeiten dar.

6. Zusammenfassung der Probleme der Länderrisiko-Beurteilung und Ansatzpunkte zu ihrer Überwindung

Die bisherigen Ausführungen haben deutlich gemacht, daß die Aussage- und Prognosefähigkeit von Länderrisiko-Konzepten durch das Zusammenspiel zwischen Informationen, Methoden und Theorien bestimmt wird. Auf allen drei Gebieten bestehen zentrale Probleme (vgl. Abb. 38). Es fehlen ausreichende Informationen, das methodische Instrumentarium wird nicht genügend und zum Teil nicht problemadäquat eingesetzt und die theoretische Basis und damit auch die Prognosefähigkeit der Konzepte ist gering.

Konzepte	Daten-basis	Methoden	theoret. Basis
Studien über Frühwarn-indikatoren	quantitative, ökonomische Indikatoren	Diskriminanz-, Logit-, Faktorenanalyse	gering
Indikatoren-modelle der politischen Instabilität	quantitative, ökonomische, politische, soziale Indikatoren	Scoringmodelle, Faktorenanalyse	gering
umfassende Indikatoren-modelle	quantitative, qualitative, ökonomische, politische, soziale Indikatoren	Scoringmodelle	äußerst gering

Abb. 38: Kurzcharakterisierung der Länderrisiko-Konzepte

(1) Informationsdefizit

Die Analyse von Länderrisiken führt zu einem hohen Informationsbedarf über Entwicklungen in den wirtschaftlichen, politischen und sozialen Umweltbereichen. Dieser Informationsbedarf kann über quantitative Daten der IWF-, Weltbank- und nationaler Statistiken nicht abgedeckt werden. Qualitative Daten der verschiedenen Institute, die über Experten-Panels verfügen, tragen heute dazu bei, das Informati-

onsdefizit der statistischen Daten zu verringern. Insofern
stehen der Unternehmung extern beschaffbare qualitative und
quantitative Informationen zur Verfügung. Ein darüber hinaus gehendes Informationsdefizit kann nur über eine Verbesserung der Informationssysteme der öffentlichen und
privaten Institutionen und Institute erreicht werden.

Die Frühwarnstudien verwenden ausschließlich statistisch
erfaßte, ökonomische Daten. Ebenso beruhen die Ansätze der
politischen Instabilitäts-Indikatoren auf quantitativen
statistisch erfaßbaren ökonomischen, politischen und sozialen Informationen. Eine genauere Analyse dieser Konzepte
zeigt, daß die Möglichkeiten quantitativer Daten zur Beurteilung der Zahlungsfähigkeit sowie der politischen Instabilität sehr begrenzt sind. Die Daten sind nur zum Teil zu-
verlässig und über die Länder vergleichbar. Sie unterliegen
langen Veröffentlichungszeiten und nachträglichen Korrekturen. Hinzu kommt, daß bestimmte relevante Einflußfaktoren, wie die Einstellung der Regierung gegenüber ausländischen Investoren oder die Fähigkeit der Regierung, wirtschaftliche, politische und soziale Probleme zu bewältigen,
statistisch nicht erfaßt sind. Dieses gravierende Informationsdefizit versuchen die globalen Indikatorenmodelle
dadurch zu lösen, daß sie sich nicht auf quantitative Daten
beschränken, sondern über weltweit verbreitete Experten-
Panels die notwendigen Informationen beschaffen. Diese qualitativen Daten haben gleichzeitig den Vorteil, daß sie
frühzeitig verfügbar sind.

(2) Methodische Defizite

Bedingt durch die Informationsvielfalt und Komplexität des
Untersuchungsgegenstandes, besteht ein hoher Bedarf an Analysetechniken. Aussagefähige Prognosen sind nur durch den
kombinierten Einsatz der verschiedenen methodischen Instru-
mente erreichbar. Flexible, keine starren Analysekonzepte,
die Veränderungen der Umwelt rechtzeitig aufzeigen, sind
erforderlich. Die bisherigen Konzepte weisen somit noch ein
hohes Defizit angewendeter Methoden auf.

Die umfassenden Indikatorenmodelle beruhen auf Scoring-
modellen. Die Möglichkeiten dieser Checklistsysteme, die
Vielfalt der Informationen zu bewältigen, sind sehr eng
gesteckt. Sie liegen dort, wo ein konzeptioneller Rahmen
fehlt, um die Auswahl der Kriterien zu treffen, und wo die
Allinterdependenz unter den Variablen es unmöglich macht,
eine auf die Beurteilung von Länderrisiken abgestimmte Gewichtung festzulegen. Checklistsysteme stellen kein ange-
messenes Instrumentarium dar, um Länderrisiken zu beurteilen. Die Auswertungsmethode entspricht bei weitem nicht den
Möglichkeiten, die heute computergestützte Rechenprogramme
besitzen. Deshalb müssen zukünftig verstärkt multivariate
Analysemethoden das Datenaggregationsproblem lösen helfen.

Die Frühwarnstudien verwenden zwar multivariate Analysetechniken, doch sind sie dem Vorwurf ausgesetzt, daß sie zu
schnell und ohne ausreichend Ursachenforschung betrieben zu
haben, zu statistischen Analysen übergegangen sind. Auch
wenden sie immer nur vereinzelt Methoden auf eine Problemstellung an, und versuchen kaum, durch Komination der Methoden zu besseren Ergebnissen zu gelangen.

Insgesamt bleibt festzuhalten, daß die bisherigen Ansätze
noch keine problemgerechten Analysekonzepte für die Beurteilung der Länderrisiken von Auslandsaktivitäten darstellen. Sie konzentrieren sich auf Querschnittsanalysen und
vernachlässigen für Prognosezwecke unbedingt erforderliche
Längsschnittsuntersuchungen.

Verfahren, die in der Lage sind, die heterogene Struktur
der Länder aufzudecken, wurden bisher völlig vernachläßigt.
Die Untersuchungsmethoden müssen somit in zukünftigen Ansätzen ausgedehnt und im Hinblick auf die Problemstellung
sinnvoll kombiniert werden. Sie müssen in der Lage sein,
Veränderungen der Länder über die Zeit aufzuzeigen, d.h.
frühzeitig die instabilen von den stabilen Ländern zu trennen. Ebenso müssen sie Veränderungen in der Beziehungsstruktur der Umweltfaktoren aufdecken können. Schließlich
ist auch der Einsatz von Methoden gefragt, die komplexe

Wirkungszusammenhänge mathematisch erfassen können. LISREL-Modelle versprechen hier eine wesentliche Verbesserung. Sie können die Kausalbeziehungen zwischen hypothetischen Konstrukten analysieren, sofern die einzelnen Konstrukte über entsprechende Meßvariable operationalisiert worden sind. Schließlich bestehen heute noch erhebliche Operationalisierungsprobleme zentraler hypothetischer Konstrukte, wie Zahlungsfähigkeit, internationale Wettbewerbsfähigkeit, Anpassungsfähigkeit an externe Schocks usw., die in Zukunft noch zu lösen sind.

(3) Theoriedefizit

Das größte Problem der Länderrisiko-Beurteilung besteht darin, daß kein allgemein akzeptierter theoretischer Rahmen existiert, der die relevanten wirtschaftlichen, politischen und sozialen Bestimmungsfaktoren und ihre Beziehungsstrukturen annähernd erfaßt.

Daraus resultiert u.a., daß sich einige Ansätze auf einfach zu messende Symptome von Entwicklungen konzentrieren und nicht auf die schwer erfaßbaren Ursachenfaktoren, daß sie häufig Ursache und Wirkung vertauschen und den zeitlichen Aspekt zwischen Ursache und Wirkung vernachlässigen. Schließlich werden Indikatoren, die über eine Kausalkette miteinander verbunden sind, einfach aufaddiert.

Eine wesentliche Aufgabe für zukünftige Analysen besteht somit darin, verstärkt einzelne Ursache-Wirkungs-Beziehungen in umfassende Erklärungsmodelle einzubinden, sowie Kausalketten aufzubauen, um auf diese Weise den Erklärungsgehalt und die Prognosefähigkeit der Konzepte zu erhöhen.

Ansatzpunkte für eine Verbesserung der Länderrisiko-Beurteilung bestehen vor allem darin, über eine problemadäquate Anwendung von Methoden und theoretischen Erkenntnissen, die Aussagefähigkeit der verfügbaren quantitativen und qualitativen Informationen zu erhöhen.

Für die Beurteilung der Länderrisiken von Auslandsgeschäften der internationalen Unternehmung bietet sich ein stufenweises Vorgehen an, indem zwischen verschiedenen Wirkungsebenen unterschieden wird:

1. Wirkungsebene: Sie umfaßt die Ursache-Wirkungs-Beziehungen zwischen den Umweltfaktoren. Die Analyse der Wirkungszusammenhänge in der Unternehmensumwelt versucht, risikorelevante Umweltstrukturen und -veränderungen aufzudecken.

2. Wirkungsebene: Sie umfaßt die Kausalbeziehungen zwischen Umweltfaktoren und Länderrisiken. Auf dieser Ebene liegen sowohl die Wirkungsbeziehungen zwischen Umwelt und Einzelrisiken, z.B. zwischen wirtschaftlichen Entwicklungen und Zahlungsfähigkeit, als auch die Verbundwirkungen unter den Risiken, z.B. zwischen Handelshemmnissen und Zahlungsfähigkeit.

3. Wirkungsebene: Sie erfaßt die Auswirkungen der einzelnen Länderrisiken auf die verschiedenen Auslandsgeschäfte der Unternehmung (vgl. Abschnitt 1.3.).

Auf diese Weise kann ausgehend von einer Totalanalyse der Umwelt auf der 1. Wirkungsebene schrittweise bestimmt werden, wie sich eine Umweltsituation und ihre Veränderung auf die einzelnen Risiken und schließlich auf die Auslandsgeschäfte auswirkt.

C. Eine vergleichende empirische Analyse ausgewählter Länderrisiko-Konzepte

1. Die Analyse von Global-Indikatoren und qualitativen Teilkonzepten

Um den Informationsgehalt der einzelnen Länderrisiko-Konzepte beurteilen zu können, wurden aus der Übersicht über diese Konzepte in Abbildung 22 (S. 86 f.) verschiedene globale Indikatoren und qualitative Teilkonzepte ausgewählt, um sowohl die Informationsbreite der Konzepte (Global-Indikatoren) als auch die Informationstiefe der Konzepte (qualitative Teilkonzepte) zu erfassen.

Für die Auswahl der Global-Indikatoren, also Indikatoren, die in einer einzigen Maßgröße das Länderrisiko ausdrücken, spielten 4 Kriterien eine Rolle:

(1) **Ein- und mehrdimensionale Global-Indikatoren** sollen analysiert werden.

(2) **Quantitative und qualitative Global-Indikatoren** sollen im Datensatz enthalten sein.

(3) Die Indikatoren sollen als Zeitreihen bzw. **Paneldaten seit 1980** vorliegen, also für die Zeit nach dem zweiten Ölpreis-Schock.

(4) Die Informationen sollen **jedermann zugänglich** sein. Deshalb wurden nur unternehmensexterne und keine unternehmensinternen Konzepte einbezogen.

Welche globalen Indikatoren schließlich in die Untersuchung eingehen, gibt Abbildung 39 an, die die Indikatoren anhand der Auswahlkriterien (1) und (2) beschreibt. Mit Hilfe dieses Indikatoren-Sets können mehrere Fragen gleichzeitig untersucht werden: Unterscheiden sich quantitative und qualitative Indikatoren in ihrem Informationsgehalt, d.h. kommen Experten zu anderen Beurteilungen als dies aufgrund statistischer Zahlen möglich ist. Unterscheiden sich die Konzepte in ihrem Aussagewert? Welche Auswirkungen haben methodische Probleme der Scoring-Modelle, insbesondere die interne und externe Gewichtung der Kriterien bei aggregierten Indikatoren, auf den Aussagewert der Konzepte? Die letzte Frage kann nur über die Analyse ausgewählter Teilkonzepte beantwortet werden. Hierfür wurden aus den Konzepten, auf denen die aggregierten qualitativen Global-Indikatoren beruhen (vgl. Abb. 39), der Operational Risk-Index und der Political Risk-Index ausgewählt und im Detail ausgewertet.

Indikatoren	Quantitative Indikatoren	Qualitative Indikatoren
Eindimensionale Indikatoren	Euromoney-Index bis 1982;	Institutional Investor-Index; Euromoney-Index seit 1982;
Mehrdimensionale Indikatoren	R-Factor; LRquant;	Operational Risk-Index Political Risk-Index; LRenvir; mm-polit. Stabilität mm-Binnenwirtschaft; mm-Außenwirtschaft;

Abb. 39: Ausgewählte globale Länderrisiko-Indikatoren

2. Explorative Analysen über ausgewählte Global-Indikatoren

2.1. Explorative Faktorenanalyse der Global-Indikatoren

Grundlage der vergleichenden Analyse bilden die in Abbildung 39 aufgeführten Indikatoren. Die Indikatoren von BERI und mm dienen der Einschätzung der Länderrisiken für Realgüterunternehmen, die Exporte, Lizenzen und Direktinvestitionen im Ausland tätigen. Auf die Erfordernisse der Geschäftsbanken, also auf Kreditgeschäfte, sind die FORELEND-Indikatoren, der Institutional Investor- und der Euromoney-Index zugeschnitten. Auch diese Indikatoren sind für Real-

güterunternehmen von Bedeutung, sofern sie im Rahmen ihrer
Exporte und Direktinvestitionen Kreditgeschäfte abschlies-
sen. Für die Indikatoren werden im folgenden die unten
angegebenen Abkürzungen verwendet.

```
 1: ORI    = Operation Risk Index
 2: PRI    = Political Risk Index ────── BERI-Geschäftsrisiko
 3: RF     = R-Factor

 4: Quant  = LRquant
 5: Qual   = LRqual ────────────── FORELEND-Kreditrisiko
 6: Envir  = LRenvir

 7: II     = Institutional Investor Index

 8: Euro   = Euromoney-Index

 9: mm-St  = Politische Stabilität
10: mm-B   = Binnenwirtschaft ──────── mm-Ländertest
11: mm-A   = Außenwirtschaft
```

Der Untersuchungszeitraum bezieht sich auf die 3 Jahre von
1980 bis 1982, in denen der mm-Ländertest noch existierte.
Für jedes Jahr wurden die Indikatoren einer Faktorenanalyse
unterzogen, um über die Zeit hinweg feststellen zu können,
auf wieviele und welche voneinander unabhängige Risiko-
Faktoren sich die Indikatoren verdichten lassen.

In die Berechnungen gingen die 45 Länder ein, die das BERI-
Konzept beurteilt. Von diesen Ländern erfaßt FORELEND 40,
mm 42, Institutional Investor 45 und Euromoney je nach
Zeitpunkt 33, 35 oder 40 Länder, so daß die Zahl der Mis-
sing Values bis auf Euromoney relativ gering bleibt. Bei
der Länderauswahl des BERI-Instituts handelt es sich um einige LDC- (Less Developed Countries) Länder, d.h. weniger
entwickelte Länder, viele Schwellenländer auch NIC- (Newly
Industrializing Countries) Länder genannt sowie Industrieländer. Ostblock-Staaten werden nicht von BERI beurteilt.

Mit Hilfe einer Faktorenanalyse kann der Anspruch der Indikatoren, das Länderrisiko insgesamt oder zumindest eine
seiner wesentlichen Teilkomponenten zu messen, überprüft
werden. Ausgehend von den unabhängig voneinander über unterschiedliche quantitative und qualitative sowie ein- und

mehrdimensionale Verfahren ermittelten Indikatoren können
konkret zwei Fragen untersucht werden:

1. Auf wieviele und **welche unabhängige Dimensionen** läßt
   sich das hypothetische Konstrukt Länderrisiko im wesentlichen zurückführen?

2. Stimmen die Meßergebnisse der Indikatoren überein und
   wie hoch ist das Vertrauen in die **Validität** bzw. Gültigkeit der Indikatoren einzuschätzen?

Die Faktorenanalyse beruht auf folgender Vorgehensweise:
Aus der Korrelationsmatrix der 11 Indikatoren werden über
die Hauptachsenanalyse mit Iteration die hypothetischen
Faktoren extrahiert. Die Anzahl der Faktoren wurde nach dem
Kaiserkriterium bestimmt, wonach nur soviele Faktoren extrahiert werden, wie sie Eigenwerte größer als eins besitzen. Die Begründung hierfür liegt darin, daß ein Faktor
wenigstens soviel Varianz in den Variablen erklären soll,
wie eine Variable selbst an Varianz besitzt: Bei standardisierten Variablen haben diese den Wert eins.[1] Um die so
gewonnenen hypothetischen Faktoren interpretieren zu können, wurde anschließend eine Varimax-Rotation der Faktoren
durchgeführt. Das Ergebnis gibt die Faktorladungsmatrix
bzw. Faktorenstruktur wieder.

Faktor	1980			1981			1982		
	Eigen-wert	in %	Kumu-liert	Eigen-wert	in %	Kumu-liert	Eigen-wert	in %	Kumu-liert
F1	7.66	69.7	69.7	7.55	68.7	68.7	8.00	72.7	72.7
F2	1.37	12.5	82.2	1.48	13.5	82.2	1.21	11.1	83.8
F3	0.68	6.2	88.4	0.62	5.7	87.8	0.59	5.4	89.2

Abb. 40: Eigenwerte der Faktoren der Global-Indikatoren

Nach dem Kaiserkriterium ergeben sich für jeden der Zeitpunkte 2 Faktoren, die stets über 80 % der gesamten Varianz
in den Variablen erklären können (vgl. Abb. 40).

---

1) vgl. Schuchard-Ficher (1985), S. 238.

Betrachtet man den Erklärungsgehalt der beiden Faktoren für jede Variable einzeln (vgl. Abb. 41), zeigt sich, daß die erklärte Varianz der Variablen durch die beiden Faktoren (Kommunalität) immer über 70 % liegt. Eine Ausnahme stellt der Euromoney-Index dar. Somit können die 11 Indikatorvariablen auf nur 2 Faktoren reduziert werden, ohne einen wesentlichen Informationsverlust hinnehmen zu müssen. Es bestehen hohe Interdependenzen zwischen den Indikatoren, die offensichtlich immer wieder dasselbe messen, so daß das Vertrauen in die Validität der Messungen bestätigt werden kann.

Variable	1980	1981	1981
ORI	0.87	0.89	0.90
PRI	0.86	0.82	0.84
RF	0.84	0.92	0.79
Quant	0.82	0.89	0.99
Qual	0.71	0.70	0.78
Envir	0.89	0.87	0.91
II	0.91	0.87	0.88
Euro	0.40	0.37	0.48
mm-St	0.83	0.80	0.93
mm-B	0.80	0.75	0.79
mm-A	0.70	0.70	0.61

Abb. 41: Kommunalitäten bei 2 extrahierten Faktoren

Für die Interpretation der Faktoren bzw. die inhaltliche Bestimmung der unabhängigen Komponenten des Länderrisikos anhand der Faktorladungen ist es hilfreich, den unterschiedlichen Aussagewert der Faktorladungen in Abhängigkeit von der jeweiligen Betrachtungsweise der Faktorladungsmatrix kurz aufzuzeigen (siehe hierzu auch Abb. 42):

Faktorladungen können ganz allgemein als **Korrelationskoeffizienten** zwischen Faktor und Variable betrachtet werden.

Zeilenweise gelesen, stellen sie **standardisierte Regressionskoeffizienten** dar, die den Einfluß der Faktoren auf die jeweilige Variable beschreiben. Wieviel der Varianz einer Variablen die beiden Faktoren erklären können, ergibt sich aus der Summe der quadrierten Faktorladungen, auch **Kommunalität** der Vari-

ablen genannt. Bei einer Kommunalität von eins können
die beiden Faktoren die Gesamtvarianz einer Variablen
erklären.

Spaltenweise gelesen sind Ladungen **Regressionsgewich-
te** der Variablen auf die Faktoren. Die Summe der quadrierten Faktorladungen einer Spalte ergibt den Eigenwert eines Faktors. Der **Eigenwert** besagt, wieviel
der gesamten Varianz in den Variablen ein Faktor erklären kann und gibt somit Auskunft über die Bedeutung, die einem Faktor für die Erklärung der Gesamtvarianz zukommt.[2]

Für die Interpretation der Faktoren werden nur Indikatoren
herangezogen, die mindestens eine Ladung von 0.5 auf den
jeweiligen Faktor besitzen. Das heißt, ein Faktor muß wenigstens 25 % (0.5^2 x 100) der Varianz einer Variablen erklären können. Abbildung 42 gibt die Faktorenstrukturen
wieder. Die hohen Ladungen sind hier unterstrichen. Sie
lassen ein stabiles Faktorenmuster über die Zeit erkennen
bis auf die Ausnahme der Variablen Euromoney.

Variable	1980 F1	1980 F2	1981 F1	1981 F2	1982 F1	1982 F2
ORI	0.87	0.32	0.84	0.43	0.80	0.49
PRI	<u>0.92</u>	0.07	<u>0.90</u>	0.08	<u>0.90</u>	0.15
RF	<u>0.46</u>	0.79	<u>0.47</u>	0.83	<u>0.45</u>	0.76
Quant	0.03	<u>0.90</u>	0.07	<u>0.94</u>	0.10	<u>0.99</u>
Qual	0.77	<u>0.33</u>	0.72	<u>0.42</u>	0.72	<u>0.51</u>
Envir	<u>0.93</u>	0.14	<u>0.88</u>	0.28	<u>0.89</u>	<u>0.33</u>
II	<u>0.86</u>	0.41	<u>0.79</u>	0.49	<u>0.80</u>	0.49
Euro	<u>-0.60</u>	-0.20	<u>-0.23</u>	-0.56	<u>0.50</u>	0.47
mm-St	<u>0.89</u>	0.18	0.88	<u>0.11</u>	<u>0.95</u>	0.13
mm-B	<u>0.76</u>	0.46	<u>0.78</u>	0.37	<u>0.76</u>	0.45
mm-A	<u>0.64</u>	0.53	<u>0.70</u>	0.45	<u>0.67</u>	0.39

Abb. 42: Varimax-Rotierte Faktorladungsmatrix der Global-
Indikatoren

Eine graphische Darstellung der Faktorladungsmatrizen führt
zu weiteren interessanten Aussagen (vgl. Abb. 43).

---

2) vgl. Nie/Hull (1975), S. 477 f.

Abb. 43: Graphische Repräsentation der Faktorenstruktur der Global-Indikatoren

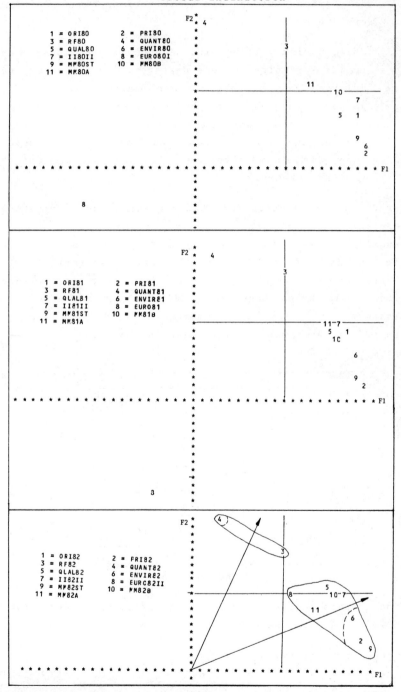

144

Dabei ist insbesondere auf folgende optisch leicht erkennbare Eigenschaften von Faktoren und Variablen zu achten:

— Die Distanzen eines Punktes zu den beiden Achsen entsprechen der Höhe der Faktorladungen einer Variablen auf die beiden Faktoren.

— Die Richtung in der eine Variable zu einem Faktor liegt, zeigt negative oder positive Faktorladungen an.

— Bei einer zweifaktoriellen Lösung entspricht die Distanz eines Punktes zum Ursprung der Wurzel aus der Kommunalität. Der Abstand läßt somit erkennen, wieviel der Varianz einer Variablen durch die beiden Faktoren erklärt wird.

— Aus der Gruppierung der Variablen und ihrer relativen Position zueinander können Informationen über das Ausmaß einer möglichen Korrelation zwischen den Faktoren abgeleitet werden.[3]

Die graphische Interpretation der Faktoren in Abbildung 43 führt somit konkret zu folgenden Aussagen:

— Alle Punkte der Variablen liegen relativ weit vom Ursprung entfernt. Die Variablen werden somit gut durch die Faktoren erklärt.

— Die Variable 8 (Euromoney-Index) lädt 1980 und 1981 negativ auf beide Faktoren, während sie 1982 - in diesem Jahr wurde das Konzept umgestellt - auf beide positiv lädt. Wie dieser Vorzeichenwechsel zu erklären ist, wird bei der anschließenden inhaltlichen Interpretation der Faktoren deutlich.

— Es kristallisieren sich zwei Variablengruppen heraus (siehe Graphik für 1982 in Abb. 43): Die Gruppe 1, 2, 5, 6, 7, 9, 10, 11 mit Variablen, die hoch auf den

---

3) vgl. Nie/Hull (1975), S. 486 f.

ersten Faktor laden, und die Gruppe 3, 4 mit Variablen, die hohe Ladungen auf den zweiten Faktor besitzen. Die Anordnung der beiden Variablengruppen, das heißt ihre relative Position zueinander, deutet daraufhin, daß zwischen den Faktoren ein gewisses Maß an Korrelation besteht. Zieht man eine Linie von der Mitte jeder Gruppe zum Ursprung, dann besteht zwischen ihnen ein Winkel von kleiner als 90 Grad.[4] Die beiden Komponenten sind somit voneinander abhängig und es stellt sich die Frage, wie dieses Phänomen erklärt werden kann.

— Innerhalb dieser beiden Variablengruppen lassen sich zwei Variablentypen unterscheiden. So laden die Variablen 2, 6, 9 mit über 0.88 besonders hoch auf den Faktor F1, während sie i.d.R sehr niedrige Ladungen von unter 0.18 auf den Faktor F2 besitzen. Die Variablen 1, 5, 7, 10, 11 korrelieren fast ohne Ausnahme mit über 0.7 mit dem ersten Faktor, aber sie besitzen auch verhältnismäßig hohe Korrelationen zwischen 0.32 und 0.53 mit dem zweiten Faktor. Die Indikatoren 3 und 4 unterscheiden sich ebenfalls dadurch, daß die Variable 4 allein hoch auf F2 lädt, während die Variable 3 hoch auf F2 lädt und zusätzlich relativ hohe Ladungen zwischen 0.45 und 0.47 auf F1 besitzt.

Mit Hilfe dieser Ergebnisse können die Faktoren inhaltlich interpretiert werden. In Abbildung 44 sind hierzu die Variablen, die mit über 0.5 auf einen Faktor laden, einzeln aufgeführt und kurz charakterisiert. Die unterstrichenen Variablen sind solche, die auf den einen Faktor sehr hoch und auf den anderen sehr niedrig laden und damit den jeweiligen Faktor besonders prägen.

Somit ist der Faktor F1 vor allem durch die Einschätzung der wirtschaftlichen, sozialen und politischen Stabilität eines Landes durch Experten geprägt (siehe Variable 2, 6, 9). Auch die Indikatoren Institutional Investor (7), eine

4) vgl. Nie/Hull (1975), S. 486 f.

globale Beurteilung der Kreditwürdigkeit durch Bankexperten, und LRqual (5), ein aggregiertes Expertenurteil zur
Zahlungsfähigkeit, laden hoch auf F1. Ebenso laden Variablen hoch auf diesen Faktor, die qualitativ das Geschäftsklima (1) und die Binnenwirtschaft (10) sowie die Außenwirtschaft (11) eines Landes einschätzen.

Faktor 1	1 = ORI	: Geschäftsklima:	qualitative Daten
	2 = PRI	: sozio-politische Stabilität:	qualitative Daten
	5 = Qual	: Zahlungsfähigkeit:	qualitative Daten
	6 = Envir	: wirtschaftliche, soziale, politische Stabilität:	qualitative Daten
	7 = II	: Kreditwürdigkeit:	qualitative Daten
	9 = mm-St	: politische Stabilität:	qualitative Daten
	10 = mm-B	: Binnenwirtschaft:	qualitative Daten
	11 = mm-A	: Außenwirtschaft:	qualitative Daten
Faktor 2	3 = RF	: Zahlungsfähigkeit:	quantitative Daten
	4 = Quant	: Zahlungsfähigkeit:	quantitative Daten

Abb. 44: Faktorinterpretation der Global-Indikatoren

Der Faktor F2 ist geprägt durch die quantitative Beurteilung der Zahlungsfähigkeit über die Indikatoren LRquant (4)
und R-Factor (3). Daraus leiten sich zwei Thesen ab:

1. These: Die Faktoren unterscheiden sich inhaltlich darin,
daß F1 die sozio-politische und wirtschaftliche Stabilität
eines Landes und F2 seine Zahlungsfähigkeit erfaßt.

2. These: Die beiden Faktoren unterscheiden sich allein
nach der Art der verwendeten quantitativen und qualitativen
Daten und stellen im Grunde Methodenfaktoren dar.

Gegen These 2 und damit für These 1 spricht, daß die Gruppe
der quantitativen und qualitativen Indikatoren offensichtlich voneinander abhängen, da die Faktoren korrelieren, was
sich eher inhaltlich als methodisch erklären läßt. So kann

der Institutional Investor-Index auch als ein Indikator angesehen werden, der sowohl die Zahlungsfähigkeit als auch
die Stabilität eines Landes zur Beurteilung der Kreditwürdigkeit heranzieht, und zwar mit einer Gewichtung, die den
Korrelationen zwischen Indikator und den beiden Faktoren
entspricht. Methodisch läßt sich das kaum erklären. Um allerdings die These 2 endgültig zu bestätigen, sind Untersuchungen über die Einzelkriterien der Expertenpanels (vgl.
Abschnitte 5 bis 8) notwendig.

Bemerkenswert ist darüber hinaus, daß die Indikatoren, obwohl sie auf unterschiedlichen quantitativen und qualitativen Daten und mehreren Expertenpanels beruhen, dennoch ohne
wesentlichen Informationsverlust auf 2 Risiko-Faktoren reduziert werden können.

Schließlich bleibt noch zu klären, wie der Vorzeichenwechsel des Euromoney-Index zu interpretieren ist. Vor 1982
repräsentierte der Euromoney-Index den "average weighted
spread", einen Risikoaufschlag auf den Libor, gewichtet mit
Laufzeit und Höhe der Kredite. Je geringer die Banken die
Kreditwürdigkeit eines Landes einschätzen, desto höher ist
der Spread. Diese Zinspolitik der Banken wird auch tatsächlich in der Faktorenanalyse wiedergespiegelt.[5] Die negative Korrelation dieses Indikators mit F1 und F2 besagt nämlich, daß der Spread umso höher steigt, je schlechter die
Stabilität und Zahlungsfähigkeit eines Landes einzuschätzen ist. Nach 1982 besteht der Euromoney-Index aus einem
qualitativen Bewertungssystem der Kreditwürdigkeit eines
Landes auf den verschiedensten Geldmärkten. Diese Länder-
wertung geht in dieselbe Richtung wie die beiden hypothetischen Risiko-Faktoren. Wegen dieser Veränderungen wurde
der Euromoney-Index auch nicht zur Interpretation der Faktoren herangezogen (vgl. Abb. 44). Hinzu kommt, daß die
Kommunalität dieser Variablen in Abbildung 41 relativ niedrig ist, d.h. die Varianz dieser Variablen läßt sich nur zu

---

5) vgl. Feder/Ross (1980), S. 5. Sie kommen über eine Kor-
relationsanalyse zwischen Euromoney- und Institutional Investor-Index zu denselben Schlußfolgerungen.

einem geringen Teil durch die beiden Faktoren erklären. Es müssen andere Einflüsse auf diese Variable bzw. die Zinspolitik auf den internationalen Finanzmärkten existieren, die das Zwei-Faktormodell nicht erfaßt.

Aus der bisherigen Analyse ergeben sich mehrere Konsequenzen für weitere Untersuchungen. Ein wesentliches Problem liegt in der Kontinuität der Indikatoren, die für dieses Indikatoren-Set nicht gesichert ist, da die mm-Indikatoren ab 1982 nicht mehr erscheinen und Euromoney sein Bewertungskonzept umgestellt hat. Ein anderes Problem ergibt sich aus der hohen Interdependenz einiger Indikatoren. LRenvir setzt sich fast ausschließlich aus den ORI- und PRI-Kriterien zusammen und bildet nahezu eine Linearkombination dieser Indikatoren, so daß Multikollinearität auftritt und dazu führt, daß nicht in jedem Jahr Faktorenwerte berechnet werden können. Faktorenwerte geben an, welche Bewertung ein Land durch einen Faktor erfährt. Aus diesen Gründen wurde für weitere Analysen ein reduziertes Indikatoren-Set bestimmt und erneut faktoranalysiert.

2.2. Explorative Analyse eines reduzierten Indikatoren-Sets

2.2.1. Explorative Faktorenanalyse des reduzierten Indikatoren-Sets

Die Zielsetzung der Analyse einer reduzierten Indikatoren-Liste geht über die Ziele der ersten Analyse hinaus, denn es sollen Faktoren extrahiert werden, die zeitstabil sind und für die Faktorenwerte berechnet werden können. Anhand der Faktorenwerte sollen die Positionen der Länder zueinander und ihre Entwicklung über die Zeit beobachtet werden.

Der Untersuchungszeitraum wurde um ein Jahr ausgedehnt und reicht von 1980 bis 1983. Die Anzahl der zu extrahierenden Faktoren wird nicht mehr nach dem Kaiserkriterium bestimmt,

weil dieses Kriterium zu einer unterschiedlichen Faktorenanzahl über die Zeit führt (vgl. Abb. 45). Statt dessen
werden soviele Faktoren extrahiert, daß sie wenigstens 90 %
der Varianz in den Variablen erklären können. Diese Entscheidungsregel liefert zu jedem Zeitpunkt zwei Faktoren.
Die Varianz von 89 % im Jahre 1980 wird dabei als eine ge-
nügende Annäherung an die 90%-Grenze angesehen. Auch ein
Scree Test führt ebenfalls stets zu zwei Faktoren.

Zeit	Faktor 1			Faktor 2			Faktor 3		
	Eigen-wert	in %	kumu-liert	Eigen-wert	in %	kumu-liert	Eigen-wert	in %	kumu-liert
1980	4.19	70.0	70.0	1.14	19.1	89.0	0.28	4.8	93.9
1981	4.37	72.8	72.8	1.03	17.2	90.0	0.32	5.5	95.5
1982	4.54	75.8	75.8	0.90	15.1	90.9	0.27	4.5	95.4
1983	4.72	78.8	78.8	0.76	12.8	91.5	0.30	5.1	96.7

Abb. 45: Festlegung der Faktorenzahl der reduzierten
Indikatoren

Eine Hauptachsenanalyse mit Varimax-Rotation ergibt die
Faktorladungsmatrizen in Abbildung 46.

Variable	1980		1981		1982		1983	
	F1	F2	F1	F2	F1	F2	F1	F2
ORI	0.92	0.28	0.91	0.36	0.89	0.41	0.86	0.48
PRI	0.93	0.02	0.89	0.03	0.90	0.08	0.92	0.14
RF	0.51	0.76	0.58	0.77	0.56	0.74	0.57	0.77
Quant	0.08	0.89	0.13	0.98	0.17	0.98	0.22	0.97
Qual	0.78	0.29	0.74	0.37	0.75	0.44	0.71	0.45
II	0.83	0.37	0.81	0.36	0.81	0.40	0.77	0.47

Abb. 46: Die Faktorenstruktur der reduzierten Indikatoren

Aus der Faktorenstruktur leiten sich mehrere Aussagen ab:

Da die beiden Faktoren immer annähernd 90 % der Varianz in den Variablen erklären, sind die Indikatoren
auch hier sehr interdependent.

Die Kommunalitäten der Variablen liegen immer über
0.8 außer für die Variable 5 (Qual), die Werte von
0.7 annimmt. Jede Variable wird somit gut durch die

150

beiden Faktoren erklärt. Das äußert sich in Abbildung
47 auch darin, daß die Abstände der Variablen-Punkte
zum Ursprung relativ groß sind.

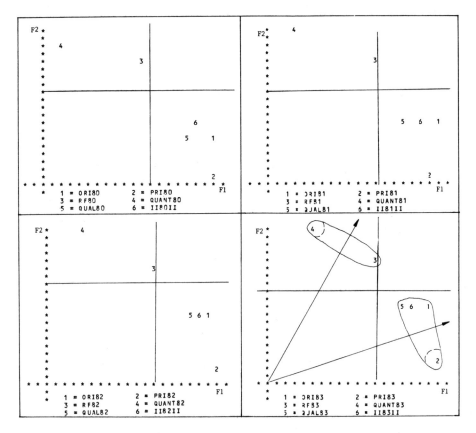

Abb. 47: Graphische Repräsentation der Faktorenstruktur der
reduzierten Indikatoren

Alle Variablen laden positiv auf die beiden Faktoren
und gehen somit in dieselbe Richtung.

Aus Abbildung 47 sind wieder zwei Variablen-Gruppen
zu erkennen. Die Variablen 3, 4 laden hoch auf F2 und
die Variablen 1, 2, 5, 6 korrelieren stark mit F1.
Die Position der so gruppierten Variablen läßt wieder
erkennen, daß die Faktoren miteinander korreliert
sein müssen. Unter den Variablen sind Indikatoren er-

kennbar, wie Quant und PRI, die sehr hoch auf einen
Faktor laden, während sie sehr niedrige Ladungen auf
den anderen Faktor besitzen. Die übrigen Variablen
sind durch sehr hohe Ladungen auf wenigstens einen
Faktor und verhältnismäßig hohe Ladungen auf den jeweils anderen Faktor gekennzeichnet.

Zur inhaltlichen Bestimmung der Faktoren werden in Abbildung 48 nur die Variablen herangezogen, die mindestens mit
einer Stärke von 0.6 mit einem Faktor korrelieren. Der Wert
liegt höher als in der ersten Analyse (0.5), um den Effekt
zu vermeiden, daß einige Variablen sowohl zur Interpretation des einen als auch des anderen Faktors herangezogen
werden müßten. Die Interpretation der Faktoren verändert
sich dadurch nicht, sie läßt sich nur einfacher darstellen.

Faktor 1	1 = ORI	: Geschäftsklima:	qualitative Daten
	2 = PRI	: sozio-politische Stabilität:	qualitative Daten
	5 = Qual	: Zahlungsfähigkeit:	qualitative Daten
	6 = II	: Kreditwürdigkeit:	qualitative Daten
Faktor 2	3 = RF	: Zahlungsfähigkeit:	quantitative Daten
	4 = Quant	: Zahlungsfähigkeit:	quantitative Daten

Abb. 48 Faktorinterpretation der reduzierten Indikatoren

Die unterstrichenen Variablen in Abbildung 48 zeichnen sich
dadurch aus, daß sie mit dem einen Faktor sehr hoch und mit
dem anderen kaum korrelieren. Aufgrund dieser Ergebnisse
lassen sich die gleichen Thesen wie aus dem erweiterten Indikatoren-Set ableiten:

These 1: Der Faktor 1 ist geprägt durch die wirtschaftliche, soziale und politische Stabilität eines Landes, während der Faktor 2 die Zahlungsfähigkeit repräsentiert.

These 2: Die Faktoren 1 und 2 unterscheiden sich methodisch. Der eine repräsentiert die qualitativen und der andere die quantitativen Indikatoren.

Für die These 1 spricht insbesondere, daß es Indikatoren gibt, die von beide Faktoren wesentlich beeinflußt werden, was sich inhaltlich aber nicht methodisch erklären läßt.

Da die Faktorenanalyse der reduzierten Indikatoren für jedes Jahr Faktorenwerte lieferte, sind einige besonders interessante Länder in Abbildung 49 anhand der Faktorwerte über die Zeit von 1980 bis 1983 beschrieben. Insgesamt konnten nur für 40 der ürsprünglich 45 Länder Faktorwerte berechnet werden, da keine Beurteilungen für die Indikatoren Quant und Qual vorliegen.

Die Faktorenwerte geben an, wie ein Land anhand der beiden hypothetischen Konstrukte Stabilität und Zahlungsfähigkeit einzuschätzen ist. Die Abbildung der Faktorenwerte im zweidimensionalen Feld ermöglicht eine übersichtliche Darstellung der Risikopositionen der Länder zueinander und deren Entwicklung über die Zeit (siehe Abb. 49). Z.B. besitzen Länder wie Mexiko und Brasilien 1980 eine ähnliche Risikoposition und eine ähnliche Risikoentwicklung, während Süd-Korea zwar eine ähnliche Startposition besitzt, aber sich in die entgegengesetzte Richtung wie Mexiko und Brasilien bewegt. Die Faktorenwerte zeigen 1980 für diese Länder eine ähnlich schlechte Zahlungsfähigkeit, die sich für Mexiko und Brasilien bis 1983 weiter verschlechtert und für Süd-Korea beachtlich verbessert.

Damit stellt sich die Frage, welche der insgesamt 40 Länder eine ähnliche Risikostruktur besitzen und zu einer Risikogruppe zusammengefaßt werden können und welche Länder bzw. Ländergruppen untereinander völlig unterschiedlich einzustufen sind. Eine Frage, die für die internationale Unternehmung von zentraler Bedeutung ist.

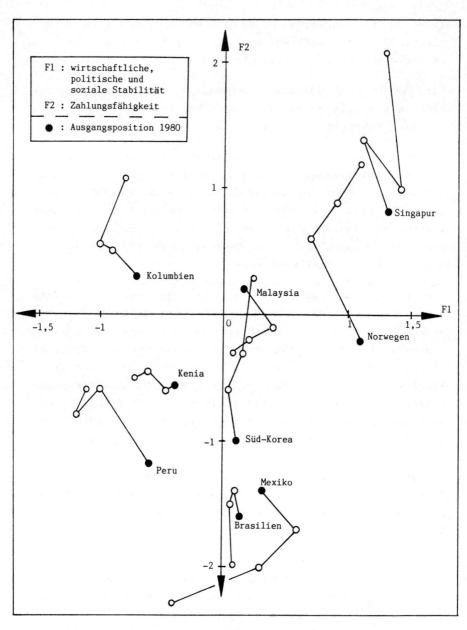

Abb. 49: Die Bewertung der Stabilität und Zahlungsfähigkeit
einzelner Länder von 1980-83

154

2.2.2. Länder mit ähnlichen und unähnlichen Risikomustern

Mit Hilfe von Verfahren der automatischen Mustererkennung bzw. der Clusteranalyse können die Länder mit ähnlichen Risikomustern zu homogenen Gruppen zusammengefaßt werden, und zwar so, daß die Risikogruppen untereinander möglichst heterogen sind. Das Ergebnis ist eine Weltmarktsegmentierung, auf deren Basis gezielt für einzelne Risikogruppen risikopolitische Maßnahmen diskutiert werden können, um so die Qualität der strategischen Entscheidungen zu verbessern.

In die Clusteranalyse gehen die Faktorenwerten der beiden Faktoren F1 und F2 für 40 Länder (vgl. Abb. 50) gleichzeitig für die Jahre 1980 bis 1983 ein, um auch die Risikoentwicklung über die Zeit für die Bildung der Risikogruppen heranzuziehen.

1 : ARGENTINIEN	11 : FRANKREICH	21 : SÜD-KOREA	31 : SAUDI-ARABIEN
2 : AUSTRALIEN	12 : GRIECHENLAND	22 : MALAYSIA	32 : SINGAPUR
3 : BELGIEN	13 : INDIEN	23 : MEXIKO	33 : SÜDAFRIKA
4 : BRASILIEN	14 : INDONESIEN	24 : MAROKKO	34 : SPANIEN
5 : KANADA	15 : IRAN	25 : NIGERIA	35 : SCHWEDEN
6 : CHILE	16 : IRELAND	26 : NORWEGEN	36 : TAIWAN
7 : KOLUMBIEN	17 : ISRAEL	27 : PAKISTAN	37 : THAILAND
8 : DÄNEMARK	18 : ITALIEN	28 : PERU	38 : TÜRKEI
9 : ECUADOR	19 : ELFENBEINKÜSTE	29 : PHILIPPINEN	39 : GROSSBRITANNIEN
10 : ÄGYPTEN	20 : KENIA	30 : PORTUGAL	40 : VENEZUELA

Abb. 50: Liste der clusteranalysierten Länder

Um Ländergruppen zu bilden, stellt das hier verwendete Programm Clustan die verschiedensten Methoden zur Verfügung.[6] So existiert eine Vielzahl möglicher Ähnlichkeits- und Distanzmaße, die die Ähnlichkeit bzw. Unähnlichkeit zwischen den Ländern messen, sowie Klassifikationsverfahren, die den Prozeß der darauf aufbauenden Gruppenbildung bestimmen.[7] Hier wurden zwei Alternativen ausgewählt, die Euklidische Distanz in Verbindung mit dem Ward Verfahren und der Korrelationskoeffizient mit dem Average Linkage Verfahren.

---

6) vgl. Wishart (1984).
7) vgl. Kern/Hagemeister (1986); Schuchard-Ficher (1985).

Die beiden Koeffizienten, die Euklidische Distanz und das Korrelationsmaß, können unterschiedliche Risikostrukturen erkennen. Angenommen die in Abbildung 77 (S. 212) dargestellten Gruppenprofile seien die Profile zweier Länder, dann kann anhand der beiden Profilverläufe über die Einzelkriterien der Unterschied zwischen den beiden Koeffizienten leicht deutlich gemacht werden, wobei allerdings vorausgesetzt wird, daß die Skalen normiert bzw. standardisiert sind. Der Korrelationskoeffizient betrachtet die Länder als ähnlich, deren Profile parallel verlaufen. Die Distanz zwischen den Profilverläufen bleibt unberücksichtigt. Das euklidische Distanzmaß beurteilt die Ähnlichkeiten der Länder unter einem völlig anderen Gesichtspunkt. Dieses Distanzmaß berechnet die Summe der quadrierten Abstände zwischen den Punkten der beiden Profile. Je geringer der euklidische Abstand ist, desto ähnlicher sind sich beide Länder. Die euklidische Distanz sieht demnach Länder, die sich auf einem gleichen Risikoniveau befinden, als ähnlich an. Um sowohl Ländergruppen zu erhalten, die sich durch ihr Risikoniveau und ihren Risikoverlauf unterscheiden, wurden beide Verfahren zugrunde gelegt und die Ergebnisse anschließend zusammengeführt.

Für die Gruppenfusion wurde aufbauend auf der Euklidischen Distanz das Ward-Verfahren gewählt. Ward vereinigt immer die Cluster, die die geringste Zunahme der Fehlerquadratsumme (= Summe der quadrierten Abstände jedes Objektes zum Schwerpunkt seines Clusters) verursachen und ermittelt so kugelförmige Gruppen mit einer minimalen Varianz.[8]

Das Average Linkage Verfahren in Verbindung mit dem Korrelationskoeffizienten tendiert ebenfalls dazu, kugelförmige Cluster zu finden und kann die häufig beim Fusionsprozeß auftretende Kettenbildung anderer Verfahren vermeiden.[9]

Ward und Average Linkage sind hierarchisch agglomerative Verfahren, die ausgehend von der kleinsten Zerlegung, bei

---

8) vgl. Wishart (1984), S. 36.
9) vgl. Wishart (1984), S. 36.

Abb. 51: Fusionsprozeß aufgrund der Euklidischen Distanz

```
      0.000    2.034    4.069    6.103    8.138   10.172   12.206   14.241   16.275   18.310   20.344
      +--------+--------+--------+--------+--------+--------+--------+--------+--------+--------+
   1  ------------------------------------------------------------------------------------------I
   4  _I                                   I                                                     I
  23  _I        I                          I                                                     I
  10  ------------I                        I                                                     I
  20  III  I                               I                                                     I
  17  _II  I                               I                                                     I
  24  _I   I                               I                                                     I
  28  _____I                               I                                                     I
  38  _I                                   I                                                     I
   2  -------------------------------------I                                                     I
   3  I  I  I                              I                                                      I
   8  _I II                                I                                                      I
  35  II                                   I                                                      I
  16  _I   I                               I                                                      I
   5       ----I                           I                                                      I
  19  _I I     I                           I                                                      I
  12  ___I     I                           I                                                      I
  22  II        I                          I                                                      I
  21  __I       I                          I                                                      I
  37  _I        I                          I                                                      I
   5  ----------I                          I                                                      I
  26  _I  I                                I                                                      I
  32  _____I                               I                                                      I
   7  ------------------------------------I                                                       I
  14  _II  I    I                          I                                                      I
   9  _II  I    I                          I                                                      I
  11  __I  I    I                          I                                                      I
  25  _I   I    I                          I                                                      I
  36  _____I    I                          I                                                      I
  40  _I        I                          I                                                      I
  13  _____I                          I                                                      I
  18  _II       I                          I                                                      I
  29  __I       I                          I                                                      I
  30  II        I                          I                                                      I
  34  _I        I                          I                                                      I
  15  ------------------------I            I                                                      I
  27  ___I                     I            I
  31  ----------------------------------I
  33  _____I
  30  __I
```

Abb. 52: Fusionsprozeß mit Korrelationskoeffizient

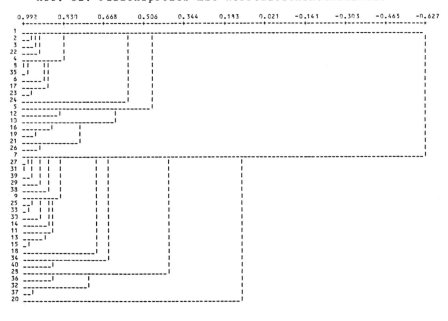

der jedes Objekt eine Gruppe bildet, die ähnlichsten Länder bzw. Ländergruppen zu einem Cluster fusioniert.

Dieser Prozeß läuft iterativ weiter bis alle Objekte in einem Cluster zusammengefaßt sind, wobei die Heterogenität der Gruppen mit fortschreitendem Fusionsprozeß zunimmt.[10]

Dieser Zusammenhang ist in den beiden Abbildungen 51 und 52 wiedergegeben. Die Querbalken zeigen an, welche Länder bzw. Gruppen auf welcher Ähnlichkeits- bzw. Unähnlichkeitsstufe fusioniert werden. Über die Clusteranzahl ist somit gleichzeitig die Homogenität der Cluster festgelegt. Um möglichst in sich homogene und untereinander heterogene Risikogruppen zu erhalten, ist es deshalb sinnvoll, die Anzahl der Cluster dort festzulegen, wo der erste sprunghafte Anstieg beim Homogenitätskoeffizienten auftritt. Auf diese Weise ergibt sich bei der Clusteranalyse mit der Euklidischen Distanz eine Vier-Gruppenlösung und beim Korrelationskoeffizienten eine Zwei-Gruppenlösung.

Die Gruppen mit ähnlichem Risikoniveau bestehen aus drei relativ großen und einer kleinen Ländergruppe (siehe Abb. 56). Diese Vier-Gruppenlösung kann insgesamt 46 % der Varianz in den Variablen erklären.[11] Die Gruppenmittelwerte für die beiden Faktoren in jedem Jahr lassen folgende Aussagen zu (siehe Abb. 53): Gruppe 1 ist gekennzeichnet durch eine schlechte Stabilität und sehr schlechte Zahlungsfähigkeit, Gruppe 2 durch eine gute Stabilität aber weniger gute bis durchschnittliche Zahlungsfähigkeit und Gruppe 3 durch eine sehr instabile Lage aber dafür relativ gute Zahlungsfähigkeit. Die Stabilität der Gruppe 4 hingegen liegt etwas unter dem Durchschnitt, während ihre Zahlungsfähigkeit gegenüber den anderen Gruppen überragend gut ist. Die Risiken in Gruppe 1 sind somit im Vergleich zu den anderen Gruppen deutlich am höchsten. In Gruppe 4 sind sie im Durchschnitt geringer als in Gruppe 3. Eine weitere Unterscheidung der

---

10) vgl. Kern/Hagemeister (1986).
11) $\dfrac{80 - (20.34 + 11.77 + 10.83)}{80} \times 100 = 46\ \%$

Risikogruppen nach ihrer Risikohöhe erscheint problematisch, weil hier die Risiken mit umgekehrten Vorzeichen
auftreten und damit eine Aussage darüber erforderlich ist,
um wieviel die Stabilität eines Landes schlechter sein
darf, um eine bessere Zahlungsfähigkeit risikomäßig zu kompensieren.

Gruppe Jahr	Gruppe 1		Gruppe 2		Gruppe 3		Gruppe 4	
	F1	F2	F1	F2	F1	F2	F1	F2
1980	−0.41	−1.05	0.52	−0.22	−0.80	0.39	−0.08	1.90
1981	−0.41	−1.02	0.50	−0.11	−0.86	0.32	−0.28	2.37
1982	−0.54	−1.09	0.54	−0.02	−0.85	0.31	−0.24	2.38
1983	−0.60	−1.14	0.59	0.10	−0.84	0.34	−0.15	2.59

Abb. 53: Mittelwerte der Risikogruppen mit ähnlichem
Risikoniveau

Gruppe Jahr	Gruppe 1		Gruppe 2	
	F1	F2	F1	F2
1980	0.27	−0.55	−0.58	0.38
1981	0.29	−0.59	−0.68	0.52
1982	0.26	−0.61	−0.67	0.56
1983	0.24	−0.61	−0.62	0.67

Abb. 54: Risiko-
gruppen mit ähn-
lichem Risikopro-
filverlauf

Die beiden Risikogruppen mit ähnlichem Profilverlauf sind
in Abbildung 52 und 54 beschrieben. Das Heterogenitätsmaß
im Dendrogramm (vgl. Abb. 52) nimmt erst im letzten Fusi-
onsakt beim Übergang von einer Zwei-Gruppenlösung zu einem
großen Cluster sprunghaft zu. Der Sprung von 0.11 auf −0.62
deutet dabei bereits an, daß sich im Mittel die Länder in
den beiden Gruppen durch einen genau umgekehrten Profilverlauf unterscheiden.

Das bestätigen auch die Gruppenmittelwerte der Faktoren.
Während Gruppe 1 im Durchschnitt stabil ist, aber eine
schlechte Zahlungsfähigkeit besitzt, sind die Länder in
Gruppe 2 zahlungsfähig, aber dafür eher instabil. Der Fusionsprozeß im Dendrogramm unterhalb dieser beiden Gruppen
zeigt außerdem kaum weitere Sprünge im Homogenitätsmaß, so

daß davon ausgegangen werden kann, daß die Risikoprofilver-
läufe einzelner Länder fließend ineinander übergehen. Ansonsten sind bis auf die Fusion von Land 20 (Kenia) keine
Sprünge im Homogenitätsmaß zu erkennen, so daß keine weiteren untereinander trennfähigen Gruppen zu unterscheiden
sind.

Korrelations-koeffizient Euklidische Distanz	Gruppe 1 1,2,3,4,5,6,8,10,12, 16,17,19,21,22,23,24 26,35	Gruppe 2 7,9,11,13,14,15,18,20,25, 27,28,29,30,31,32,33,34, 36,37,38,39,40
1,4,10,17,20,23,24, 28,38 Gruppe 1	1,4,10,17,23,24 Argentinien, Brasilien, Ägypten, Israel, Mexiko Marokko I	20,28 Kenia, Peru II
2,3,5,6,8,12,16,19, 21,22,26,32,35,37 Gruppe 2	2,3,5,6,8,12,16,19, 21,22,26,35 Australien, Belgien, Kanada, Chile, Dänemark, Griechenland, Irland, Elfenbeinküste, Süd-Korea, Malaysia, Norwegen, Schweden III	32,37 Singapur, Thailand IV
7,9,11,13,14,15,18, 25,27,29,30,34,36,40 Gruppe 3		7,9,11,13,14,15,18,25, 27,29,30,34,36,40 Kolumbien, Ecuador, Frankreich, Indien, Indonesien, Iran, Italien, Nigeria, Pakistan, Philippinen, Portugal, Spanien, Taiwan, Venezuela V
31,33,39 Gruppe 4		31,33,39 Saudi-Arabien, Süd-Afrika, Großbritannien VI

Abb. 55: Ländergruppen mit ähnlichem Risikoniveau und
Risikoprofil

Da das Ziel dieser Analyse darin besteht, Ländergruppen zu
bilden, die sowohl ein ähnliches Risikoniveau als auch einen ähnlichen Risikoprofilverlauf besitzen, werden in Abbildung 55 mit Hilfe einer Matrix die Schnittmengen der
beiden Gruppenlösungen ermittelt. In der Kopfspalte stehen
die Gruppen, die über die Euklidische Distanz gebildet wurden und in der Kopfzeile die Gruppen aufgrund des Korrela-

tionskoeffizienten. Innerhalb der Matrixfelder stehen die Länder, die bei beiden Clusterverfahren in eine Gruppe fallen. Dabei zeigt sich, daß im wesentlichen die Vier-Gruppenlösung auf Basis der Euklidischen Distanz erhalten bleibt und nur die Länder Kenia, Peru sowie Singapur und Thailand zu einer neuen 5. und 6. Gruppe herausgebildet werden. Offensichtlich sind Risikoniveau und Risikoprofil eng miteinander verknüpft.

2.3. Die Notwendigkeit für konfirmatorische Analysen

Die explorative Faktorenanalyse hat viele Fragen offen gelassen, die mit Hilfe konfirmatorischer Analysen weiter untersucht werden können.

Zunächst ist die Frage zu beantworten, ob die 6 ausgewählten Indikatoren tatsächlich über die Zeit vergleichbar bzw. stabil sind oder ob über die Zeit Diskontinuitäten in den Strukturen auftreten. Damit verknüpft ist die Frage, ob die Ergebnisse der explorativen Faktorenanalysen, insbesondere die Faktorenstrukturen zeitstabil sind. Nur wenn das gewährleistet ist, kann davon ausgegangen werden, daß sich die hypothetischen Faktoren nicht inhaltlich über die Zeit verändern und nur dann ist es legitim, die Entwicklung der Länder anhand der Faktorenwerte wie in Abbildung 3 zu verfolgen. Ein Test auf Gleichheit der Kovarianzmatrizen der Indikatoren von 1980 bis 1983 kann hierüber Auskunft geben.

Anschließend stellt sich die Frage, wie gut das orthogonale Zwei-Faktormodell die Zusammenhänge bzw. Korrelationen zwischen den 6 Indikatoren überhaupt erklären kann. Ein Test dieses orthogonalen Modells ist deshalb angebracht.

3. Multiple Stichprobenanalyse von Kovarianzstrukturen

Mit Hilfe einer multiplen Stichprobenanalyse des LISREL-Programms können Diskontinuitäten der Paneldaten aufgedeckt und analysiert werden. Es handelt sich dabei um einen Chi^2-Test, der die Gleichheit der Kovarianzmatrizen der einzelnen Panel-Erhebungen überprüft. Schließlich kann mit LISREL (Version VI)[1] beurteilt werden, wie gut das zweifaktorielle Modell die Interdependenzen unter den Indikatoren reproduzieren kann.

Die Methodik der multiplen Stichprobenanalyse in LISREL baut auf den sogenannten Kovarianzstrukturmodellen auf, deren Grundkonzeption ausgehend von einem einfachen Faktorenmodells im folgenden kurz dargestellt wird.

3.1. Der Grundgedanke von Kovarianzstrukturmodellen

Angenommen die Beziehung zwischen den beiden Variablen x_1 (Einfluß der Großmächte) und x_2 (regionale Konflikte) sei durch einen Faktor ξ (weltpolitisches Gleichgewicht) bestimmt, dann läßt sich dieses Modell in einem Kausaldiagramm (vgl. Abb. 56) graphisch darstellen:

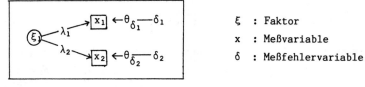

ξ : Faktor

x : Meßvariable

δ : Meßfehlervariable

Abb.56: Beispiel für ein Kausaldiagramm

In algebraischer Form werden die Beziehungen unter den Variablen durch ein faktoranalytisches Kovarianzstrukturmo-

---

[1] vgl. Jöreskog/Sörbom (1981).

dell bzw. das Basistheorem der Faktorenanalyse wiedergegeben:[2]

$$\boxed{\Sigma = \Lambda \, \Phi \, \Lambda' + \Theta_\delta}$$ mit

$$\Sigma = \begin{bmatrix} \sigma_{11} & \sigma_{21} \\ \sigma_{12} & \sigma_{22} \end{bmatrix} \quad \Lambda = \begin{bmatrix} \lambda_1 \\ \lambda_2 \end{bmatrix} \quad \Phi = \text{Cov}(\xi_1 \, \xi_1) \quad \Theta_\delta = \begin{bmatrix} \theta_{\delta_1} & 0 \\ 0 & \theta_{\delta_2} \end{bmatrix}$$

Die Matrix Σ enthält die Kovarianzen und Varianzen der beobachteten Variablen x_i:

$$\sigma_{ij} = \text{Cov}(x_i x_j)$$

Häufig liegen die Variablen auch in standardisierter Form vor, so daß Σ die Korrelationen unter den Variablen wiedergibt:

$$r_{ij} = \frac{\sigma_{ij}}{\sigma_i \, \sigma_j}$$

In einem Kovarianzstrukturmodell werden nun die Elemente σ_{ij} der Kovarianzmatrix Σ gemäß dem Basistheorem der Faktorenanalyse durch die übrigen Parametermatrizen ausgedrückt:

$$\begin{bmatrix} \sigma_{11} & \sigma_{21} \\ \sigma_{12} & \sigma_{22} \end{bmatrix} = \begin{bmatrix} \lambda_1 \, \phi_{11} \, \lambda_2 + \theta_{\delta_1} & \lambda_1 \, \phi_{11} \, \lambda_2 \\ \lambda_2 \, \phi_{11} \, \lambda_1 & \lambda_2 \, \phi_{11} \, \lambda_2 + \theta_{\delta_2} \end{bmatrix}$$

Durch das Auflösen dieses Theorems in ein Gleichungssystem wird deutlich, daß sich in einem Kovarianzstrukturmodell die Elemente σ_{ij} stets durch eine Funktion f_{ij} der Parameter reproduzieren lassen:[3]

$$\sigma_{ij} = f_{ij}(\lambda_1, \lambda_2, \phi_{11}, \theta_{\delta_1}, \theta_{\delta_2}) \quad \text{mit z.B.:}$$

$$\sigma_{11} = \lambda_1 \, \phi_{11} \, \lambda_1 + \theta_{\delta_1}$$

---

2) vgl. Jöreskog (1969).
3) vgl. Bentler/Bonett (1980), S. 588 ff.

Die spezielle Struktur des Faktorenmodells, das die Kovarianzstruktur erklärt, ist dann durch eine bestimmte funktionale Beziehung f_{ij} der Parameter gekennzeichnet.

Die bisherige Betrachtungsweise der Eigenschaften von Kovarianzstrukturmodellen geht davon aus, daß es sich bei den Daten um die Grundgesamtheit handelt und daß das faktoranalytische Modell dem wahren Modell entspricht. Wenn es aber nicht möglich ist, die Grundgesamtheit zu erheben, sondern nur eine Stichprobe, dann kann auch nur die Stichproben-Kovarianzmatrix S berechnet werden und nicht mehr die Kovarianzmatrix Σ. Die Stichproben-Kovarianzmatrix S, die die Kovarianzen und Varianzen s_{ij} der Variablen x_i in der Stichprobe wiedergibt, kann dann bis zu einem gewissen Grade von den Elementen σ_{ij} der wahren Kovarianzmatrix Σ abweichen. Je kleiner dabei die Stichprobe ausfällt, desto größer ist der Schwankungsbereich der Elemente s_{ij}, der durch das Ziehen einer Zufallsauswahl erklärt werden kann. Je größer aber die Stichprobe wird, desto geringer werden die Abweichungen der Elemente s_{ij} von den wahren Werten σ_{ij} in der Grundgesamtheit sein. In großen Stichproben konvergiert die Stichproben-Kovarianzmatrix S gegen Σ. Die Abweichungen Σ-S werden immer geringer und konvergieren gegen Null. Das bedeutet letztlich, daß die Differenz zwischen jedem Element σ_{ij} und s_{ij} ebenfalls gegen Null geht.

Die Forschungsrealität ist dadurch gekennzeichnet, daß in der Regel nicht nur Stichprobendaten vorliegen, sondern daß zusätzlich auch das wahre Modell nicht bekannt ist. Es besteht nur eine Hypothese über die mögliche Modellstruktur, wobei i.d.R. mehrere Modellparameter unbekannt sind. In diesem Falle kann aufgrund der oben aufgezeigten Zusammenhänge zunächst die Modellstruktur geschätzt werden ($\hat{\Sigma}$), um dann zu überprüfen, ob $\hat{\Sigma}$ tatsächlich dem wahren Modell entspricht.

3.2. Die Bestimmung der geschätzten Kovarianzmatrix

Angenommen das Ausgangsbeispiel sei nur eine Hypothese über die Beziehung zwischen den beiden Variablen x_1 und x_2 und dem Faktor ξ_1 und die Parameter λ_1, λ_2 und θ_{δ_1} seien unbekannt. Dann wird $\hat{\Sigma}$ bestimmt durch die Schätzung dieser unbekannten Parameter $\hat{\lambda}_1$, $\hat{\lambda}_2$ und $\hat{\theta}_{\delta_1}$.

Um die Schreibweise etwas zu vereinfachen, werden die geschätzten Parameter durch den Parametervektor $\hat{\theta}$ zusammengefaßt:

$$\hat{\theta} = (\lambda_1, \lambda_2, \theta_{\delta_1})$$

Aufgrund der hyposthasierten Modellstruktur gilt dann:

$$\hat{\sigma}_{ij} = f_{ij}(\hat{\theta})$$

Jedes Element $\hat{\sigma}_{ij}$ der Matrix $\hat{\Sigma}$ ist hier eine Funktion f_{ij} der unbekannten Parameter $\hat{\theta}$. Dabei wird die funktionale Form f_{ij} durch die unterstellte Modellstruktur bestimmt.

Die Aufgabe der Schätzverfahren besteht nun darin, die Parameter so festzulegen, daß S möglichst gut durch $\hat{\Sigma}$ wiedergegeben wird. Die Maximum-Likelihood-Methode besitzt gegenüber anderen Schätzverfahren den Vorteil, daß sie bestimmte wahrscheinlichkeitstheoretische Aussagen über die Schätzung ermöglicht und damit auch bestimmte Parametertests erlaubt. Die Schätzfunktion konkretisiert sich wie folgt:

$$L(\hat{\theta}) = \log|\hat{\Sigma}| + \text{Spur}(S\,\hat{\Sigma}^{-1}) - \log|S| - m$$

Der Aufbau dieser Schätzfunktion wird deutlich, wenn man sich den Fall vorstellt, daß die unterstellte Modellstruktur tatsächlich dem wahren Modell entspricht und eine unendlich große Stichprobe vorliegt. In diesem Fall ist es möglich, die unbekannten Parameter in dieser Funktion so zu bestimmen, daß $\hat{\Sigma}$ die Stichproben-Kovarianzmatrix S genau reproduziert. Wenn aber $\hat{\Sigma}$ und S identisch sind, heben sich die Terme $\log|\hat{\Sigma}|$ und $\log|S|$ gegenseitig auf. $(S\Sigma^{-1})$ wird zur Einheitsmatrix mit den diagonalen Elementen von 1. Da $(S\Sigma^{-1})$ soviele Diagonalelemente besitzt wie Variablen exi-

stieren, m die Anzahl der x-Variablen wiedergibt und die
Spur einer Matrix nichts anderes bedeutet als die Addition
der Diagonalelemente, heben sich die Spur$(S\Sigma^{-1})$ und m ebenfalls gegenseitig auf und die Funktion $L(\hat{\Theta})$ nimmt den Wert
Null an.

Liegt keine unendlich große, sondern nur eine Stichprobe
von z.B. n = 100 vor, dann können S und $\hat{\Sigma}$ zwar voneinander
abweichen und die Schätzfunktion $L(\hat{\Theta})$ kann nur einen Wert
nahe Null annehmen, aber der Unterschied zwischen S und $\hat{\Sigma}$
wird so gering sein, daß er noch durch zufällige Abweichungen erklärbar ist. Wurde aber eine falsche Modellstruktur angenommen, dann ist es auch nicht möglich, die unbekannten Parameter so zu bestimmen, daß die Schätzfunktion
in ihrem Minimum einen kleinen Wert annimmt. Wenn demnach $\hat{\Sigma}$
tatsächlich mit S übereinstimmt, dann folgt daraus, daß das
hypothetische Modell $f_{ij}(\hat{\Theta})$, die den Daten tatsächlich un-
terliegenden Struktur gut reproduzieren kann. Wenn aber
selbst die Schätzer, die die Funktion $L(\hat{\Theta})$ minimieren,
nicht in der Lage sind, ein $\hat{\Sigma}$ zu erzeugen, das sich gut an
S anpaßt, dann ist es unwahrscheinlich, daß das unterstellte Modell die Struktur in den Daten wiedergibt.

3.3. Der Chi^2-Test

Die Anpassung der modellgestützten Matrix $\hat{\Sigma}$ an S dient
nicht nur dazu, die Schätzung zu optimieren, sondern liefert auch eine Teststatistik für die Validität des Modells,[4] denn es läßt sich nachweisen, daß die Statistik v
eine asymptotische Chi^2-Verteilung besitzt:

$v = n\ L(\hat{\Theta})$ mit

d.f.: Freiheitsgraden = $(m(m+1)/2)-q$,
  m : Anzahl der Variablen xi,
  q : Anzahl der unbekannten Parameter.

---

4) vgl. Lawley/Maxwell (1963), S. 34 ff.

Der Chi^2-Anpassungstest überprüft mit Hilfe dieser Statistik v dann die Hypothese

H_o: S = $\hat{\Sigma}$ und H_1: S $\neq$ $\hat{\Sigma}$

Die Nullhypothese wird angenommen, wenn der berechnete Chi^2-Wert v kleiner ist als der in der Tabelle der Chi^2-Verteilung zu findende Wert bei einem gegebenen Signifikanzniveau von p (Probability Level bzw. Vertrauensniveau). Das Vertrauensniveau wird i.d.R. bei p = 0.01 oder 0.05 festgesetzt.

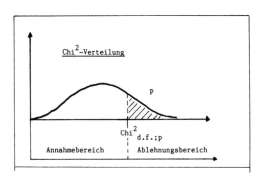

Abb. 57: Der Chi^2-Test

Die Nullhypothese wird angenommen, wenn der berechnete Chi^2-Wert v kleiner ist als der Chi^2-Tabellenwert bei p = 0.01. Das Vertrauensniveau p gibt dabei die Wahrscheinlichkeit an, einen höheren Chi^2-Wert zu erhalten als den tatsächlich berechneten, wenn das Modell dem wahren Modell entspricht.

Da die Chi^2-Verteilung von den Freiheitsgraden abhängt, hat sich folgende Faustregel eingebürgert: Um von einer guten Modellanpassung sprechen zu können, sollte der berechnete Chi^2-Wert im Verhältnis zu den Freiheitsgraden niedrig ausfallen, d.h. er sollte niedriger sein als die Anzahl der Freiheitsgrade.[5]

Gegen eine schematische Anwendung des Chi^2-Tests sind allerdings verschiedene Kritikpunkte einzuwenden.

---

5) vgl. Jöreskog/Sörbom (1981), S. I.36.

1. Kritikpunkt: Die Testgröße v ist asymptotisch Chi^2-verteilt, d.h. wenn n unendlich groß wird, nähert sich die Verteilung von v einer Chi^2-Verteilung an. Auf die Frage nach der Anwendbarkeit der Theorie großer Stichproben auf kleine Stichproben in Kovarianzstrukturmodellen gibt es bisher keine hinreichende Antwort.[6] Eine Faustregel besagt, daß v sich genügend an eine Chi^2-Verteilung anpaßt, wenn der Stichprobenumfang n minus die Anzahl der beobachteten Variablen m größer als 50 ist (n-m >50).[7]

2. Kritikpunkt: Der Chi^2-Test soll im allgemeinen feststellen, ob das Modell $\hat{\Sigma}$ die Beziehungen unter den Variablen gut reproduziert. Um die Hypothese, daß keine wesentliche Differenz zwischen Modell und Daten besteht, zu bestätigen, ist ein nicht-signifikanter Chi^2-Wert notwendig. Diese Vorgehensweise aber ist äußerst problematisch, weil die Teststatistik sowohl vom Stichprobenumfang n als auch von der Differenz S- $\hat{\Sigma}$ abhängt. Daraus ergibt sich, daß die Chancen eines Modells, akzeptiert zu werden, steigen, wenn n kleiner wird. Umgekehrt verringern sich die Chancen für ein Modell, wenn n sehr groß wird. Für die praktische Handhabung dieses Tests hat das erhebliche Konsequenzen:

> In kleinen Stichproben kann nicht ohne weiteres die Nullhypothese als bestätigt angesehen werden und davon ausgegangen werden, daß keine Differenzen zwischen der Stichproben-Kovarianzmatrix und der geschätzten Kovarianzmatrix bestehen. Zwar sind bei einer kleinen Stichprobe auch größere Abweichungen zwischen s_{ij} und $\hat{\sigma}_{ij}$ wahrscheinlich und können als Zufallsabweichungen interpretiert werden, aber diese Schwankungen können ebensogut durch eine nicht exakte Wiedergabe der wahren Modellstruktur durch $\hat{\Sigma}$ entstanden sein. Deshalb ist es auch häufig möglich, mehrere Modelle zu finden, die eine gute Anpassung erzeugen.

---

6) vgl. Bentler/Bonett (1980), S. 588 ff.
7) vgl. Lawley/Maxwell (1963), S. 36.

Genau umgekehrt liegt das Problem in großen Stichproben. Obwohl das getestete Modell die Beziehungen unter den Variablen gut reproduziert, fällt hier der Chi^2-Wert hoch aus. Die Wahrscheinlichkeit, daß ein Modell abgelehnt wird, ist sehr hoch, auch wenn das Modell $\hat{\Sigma}$ nur minimale Fehler enthält. Selbst wenn die Diskrepanzen zwischen S und $\hat{\Sigma}$ trivial sind, kann rein statistisch gesehen das Modell nicht akzeptiert werden. Damit aber werden Modelle, die einen hohen praktischen Erklärungsgehalt besitzen, abgelehnt. Es ist kaum möglich, ein Modell zu finden, das einen guten Fit erzeugt.

Aus den bisherigen Ausführungen folgt unmittelbar, daß Modelle, die in kleinen Stichproben als eine gute Reproduktion der wahren Modellstruktur gelten, in großen Stichproben als falsch abgelehnt werden. Dabei bedeutet eine Ablehnung in großen Stichproben nicht, daß das hypothetische Modell der wahren Struktur nicht schon sehr nahe kommt. Aufgrund dieser Argumente verwendet man die Chi^2-Statistik auch nicht als einen validen Test für eine Theorie, sondern als ein Maß der Anpassungsgüte.

In der praktischen Forschung liegt außerdem das eigentliche Ziel nicht darin, die Struktur der Daten und damit die Realität vollständig zu erklären, sondern die grundlegenden Strukturen bzw. Zusammenhänge in den Daten zu erkennen. Ein Modell stellt insofern nur eine Annäherung bzw. Approximation an die Realität dar.

Das Ziel eines LISREL-Programms besteht somit auch nicht darin, eine gegebene These im strengen statistischen Sinne zu testen, sondern ein Modell zu bestimmen, das in der Lage ist, die Struktur in den Daten gut zu reproduzieren. Ob die Anpassung in der gegebenen Situation angemessen ist, kann erst hinterher entschieden werden. Die Chi^2-Statistik ist dann keine Teststatistik mehr, sondern ein Maß dafür, wie gut oder schlecht ein Modell die Datenstruktur erklärt. Die Anzahl der Freiheitsgrade dient dabei als Maßstab dafür, ob der Chi^2-Wert als hoch oder niedrig einzustufen ist bzw. ob die Modellanpassung gut oder schlecht ist.[8]

Neben dem Aussagewert der Chi^2-Statistik ist auch das Verhalten des Chi^2-Wertes bei Verletzung bestimmter Annahmen für die praktische Handhabung interessant. Der Chi^2-Anpassungstest baut auf bestimmten Voraussetzungen auf:[9]

(1) Die beobachteten Variablen sind normalverteilt.
(2) Die Stichprobe ist groß genug (Faustregel: n-m ⩾ 50).
(3) Die Berechnung basiert auf der Stichprobenkovarianzmatrix S und die Variablen sind nicht standardisiert.

Darüber, wie sich Verletzungen der Annahmen auf den Chi^2-Wert auswirken, ist nur wenig bekannt. Fest steht, daß Abweichungen der beobachteten Variablen von der Normalverteilung dazu neigen, den Chi^2-Wert zu erhöhen. Eine Simulationsstudie über die Auswirkungen der Stichprobengröße deutet daraufhin, daß hier nur Aussagen in Verbindung mit der Komplexität der Modelle getroffen werden können. So scheint die Chi^2-Statistik in einfachen Modellen mit nur 2 hypothetischen Konstrukten über einen weiten Bereich der Stichprobengröße, d.h. auch für kleine Stichproben, Chi^2-verteilt zu sein. Für komplexe Modelle gilt das nicht. Hier tritt zusätzlich der Effekt auf, daß die Modelle häufiger abgelehnt werden, als dies durch Zufall geschehen würde.[10] Große Stichproben neigen dazu, den Chi^2-Wert zu erhöhen, und zwar über das Maß hinaus, das durch einen wesentlichen Spezifikationsfehler hervorgerufen wird. Modelle mit trivialen Abweichungen werden abgelehnt.

Insbesondere das Problem der kleinen Stichprobe trifft auf die Panelanalysen dieser Arbeit zu. Aus den obigen Ausführungen folgt aber, daß solange keine komplizierte Modellstruktur unterstellt wird, insgesamt davon ausgegangen werden kann, daß die Teststatistik v trotz der kleinen Stich-

---

8) vgl. Jöreskog/Sörbom (1981), S. I.39
9) vgl. Jöreskog/Sörbom (1981), S. I.39
10) vgl. Bearden/Sharma/Teel (1982).

probe (n=45) und Nicht-Einhalten der Faustregel n-m⩾50, [11]
dennoch einer Chi^2-Verteilung folgt. Schließlich gilt für
die Panel-Analysen, daß die 45 Länder insgesamt gesehen einen repräsentativen Durchschnitt der Welt bis auf die Ost-
block-Länder darstellen. Industrie-, Schwellen- und Entwicklungsländer, europäische, asiatische, afrikanische und
amerikanische Länder sind gleichermaßen vertreten. Die Daten stellen nicht das Ergebnis eine Zufallsstichprobe dar,
die extrem von der Grundgesamtheit abweichen kann.

3.4. Weitere Beurteilungsgrößen für die Anpassungsgüte

Neben der bereits ausführlich diskutierten Chi^2-Statistik
berechnet das LISREL-Programm weitere Kriterien zur Beurteilung der Anpassungsgüte wie den Goodness of Fit Index
(GFI), den Adjusted Goodness of Fit Index (AGFI) und die
Root Mean Square Residuals (RMSR). GFI gibt die relative
Menge an Varianz und Kovarianz an, die durch die geschätzte
Kovarianzmatrix erfaßt wird. Der AGFI-Wert berücksichtigt
zusätzlich zum GFI die Anzahl der Freiheitsgrade und die
Root Mean Square Residuals (RMSR) geben den Durchschnittswert der Varianzen und Kovarianzen der Residuen $s_{ij} - \hat{\sigma}_{ij}$
wieder. Je näher die GFI- und AGFI-Werte bei 1 liegen und
die RMSR bei 0, desto besser ist die Anpassung des Modells
an die Datenstruktur. Diese Statistiken, die eine Aussage
über die Gleichheit der Kovarianzmatrizen insgesamt treffen, werden ergänzt durch zusätzliche Analysen der normalisierten Residuen über den Q-Plot.

Q-Plots beruhen auf einer Analyse der einzelnen Elemente
der Residualmatrix (S-$\hat{\Sigma}$), wobei die Residuen $s_{ij} - \hat{\sigma}_{ij}$ zusätzlich normiert werden:

$$\text{normalisierte Residuen} = \frac{s_{ij} - \hat{\sigma}_{ij}}{1/N \, (s_{ii} \, s_{jj} + s_{ij}{}^2)}$$

---

11) Für die vorliegende Untersuchungén gilt: n-m=45-25=20.

Normalisierte Residuen, die einen Betrag über zwei annehmen deuten auf eine Fehlspezifikation des Modells hin. Das Modell kann das entsprechende Element s_{ij} nicht genügend gut reproduzieren. Der Q-Plot gibt eine anschauliche Zusammenfassung dieser Informationen über die Anpassung des Modells (vgl. Abb. 62). Beim Q-Plot werden in einem Koordinatensystem die normalisierten Residuen gegen die Quantile der Normalverteilung abgetragen. Stellt man sich optisch eine Gerade vor, die durch die geplotteten Punkte verläuft, dann können anhand der Steigung dieser Geraden Aussagen über die Modellanpassung getroffen werden:

- Wenn die Steigung der Geraden über 1 liegt, so daß die Gerade steiler verläuft als die 45-Gradlinie, dann handelt es sich um eine gute Modellanpassung.

- Eine Steigung der Geraden nahe bei 1 deutet auf eine mäßige Modellanpassung hin.

- Eine Steigung der Geraden kleiner als 1 zeigt eine schlechte Modellanpassung an.

- Abweichungen einzelner Punkte von der Geraden bzw. Nicht-Linearitäten der geplotteten Punkte sind ein Anzeichen für Spezifikationsfehler im Modell oder für Abweichungen von der Normalverteilung.

3.5. Simultane Analyse der Faktorenstruktur über die Zeit

Ausgehend von den Grundlagen über Kovarianzstrukturmodelle ist es möglich, die Vorgehensweise einer multiplen Stichprobenanalyse im LISREL-Programm aufzuzeigen. LISREL kann die Ähnlichkeiten und Unterschiede der Struktur der Paneldaten simultan über die Zeit untersuchen.[12] Das Programm betrachtet jede Panelbefragung als eine Stichprobe. Dabei

---

12) vgl. Jöreskog/Sörbom (1981), V.1 ff.; Jöreskog (1971).

wird davon ausgegangen, daß in jeder Stichprobe bzw. Gruppe
ein Faktorenmodell der Form existiert:

$$\Sigma_t = \Lambda_t \, \Phi \, \Lambda'_t + \theta_\delta$$

Auf diese Weise untersucht die multiple Stichprobenanalyse
die Ähnlichkeiten und Unterschiede in der Faktorenstruktur
der Gruppen.

Um die unbekannten Parameter simultan zu schätzen, minimiert LISREL die Schätzfunktion F:

$$F = \sum_{t=1}^{12} (N_t/N) \; F_t(\hat{\Sigma}_t; S_t) \qquad \text{mit}$$

N_t : Anzahl der Länder in Gruppe t,
N^t : $N_1 + N_2 + \ldots + N_{12}$.

F_t beinhaltet die Maximum-Likelihood-Schätzfunktion für die
Gruppe t:

$$F_t = \log|\hat{\Sigma}_t| + \text{Spur}(S_t \, \Sigma_t^{-1}) - \log|S_t| - m$$

Über die Schätzfunktion F lassen sich verschieden eng ge-
faßte Annahmen über die Ähnlichkeiten bzw. Gemeinsamkeiten
in den Gruppen untersuchen. Der Chi^2-Test ist definiert wie
zuvor. F ist in großen Stichproben approximativ chi^2-ver-
teilt und mißt die Anpassung aller 12 Modelle in allen 12
Gruppen. Die Zahl der Freiheitsgrade (d.f.) ergibt sich aus
der Anzahl aller geschätzten Parameter über alle Gruppen
(q) und der Anzahl der Variablen in einer Gruppe (m) anhand
der Gleichung

d.f. = 12 (m(m + 1)1/2) - q.

Für die Analyse der Ähnlichkeiten und Unterschiede in den
Paneldaten über die Zeit bzw. in den Gruppen empfiehlt sich
eine bestimmte Strategie, denn die multiple Stichprobenanalyse läßt die Untersuchung verschieden eng und weit gefaß-
ter Annahmen über die Ähnlichkeiten in den Gruppen zu. Im
allgemeinen besteht zwar das Ziel einer Untersuchung darin
nachzuweisen, daß sich das Faktorenmuster bzw. die Faktorladungsmatrizen nicht über die Gruppen hinweg verändern,
doch ist es auch hierbei sinnvoll, schrittweise vorzugehen.

1. Test auf Gleichheit der Stichproben-Kovarianzmatrizen:
Die Hypothese über die Gleichheit der Kovarianzmatrizen
stellt eine sehr strenge Annahme dar:

$$H_\Sigma : \Sigma_1 = \Sigma_2 = \ldots = \Sigma_{12}$$

Diese Hypothese untersucht, ob die Stichproben-Kovarianzmatrizen S_t der beobachteten Variablen als sehr ähnlich angesehen werden können oder ob davon ausgegangen werden muß,
daß wesentliche Unterschiede bestehen. Das LISREL-Programm
kann über die Verwendung eines Faktorenmodells die Gleichheit der Kovarianzmatrizen testen, indem man Λ_t als Ein-
heitsmatrix und $\theta_{\delta t}$ als Nullmatrix in allen Gruppen fest-
setzt und Φ als invariant über alle Gruppen annimmt. Aus
dem Modell

$$\Sigma_t = \Lambda_t \, \Phi_t \Lambda_t' + \theta_\delta$$

wird dann das Modell

$$\Sigma_t = I \, \Phi \, I' + 0 \qquad \text{mit} \quad \Sigma_t = \Phi$$

Die Schätzfunktion ergibt sich dann zu

$$F = N \log|\hat{\Phi}| - \sum_{t=1}^{12} N_t \log|S_t|$$

$\hat{\Phi}$ enthält die Maximum-Likelihood-Schätzer der über alle
Gruppen als invariant festgesetzten $\hat{\Phi}$-Matrix, wobei $\hat{\Phi}$ der
bisher geschätzten Kovarianzmatrix $\hat{\Sigma}$ entspricht.

Falls diese Analyse bestätigt, daß letzlich alle Stichproben aus derselben Grundgesamtheit stammen, dann kann jede
charakteristische Eigenschaft, über die die Gruppen verfügen, allein aus der Analyse der geschätzten Kovarianzmatrix
$\hat{\Sigma}$ ermittelt werden und es ist nicht mehr notwendig, jede
Gruppe allein oder alle Gruppen simultan zu analysieren.
Das bedeutet ebenfalls, daß in jeder Gruppe das gleiche
faktoranalytische Modell existieren muß und somit auch das
Faktorenmuster über die Zeit unverändert bleibt.

Wenn allerdings der Vergleich der Stichproben-Kovarianzmatrizen zu dem Ergebnis führt, daß wesentliche Unterschiede
zwischen den Panel-Befragungen über die Zeit bestehen, dann

ist es möglich, in mehreren aufeinander aufbauenden Schritten die Unterschiede und Ähnlichkeiten in den Faktorenstrukturen zu untersuchen.

Während der 1. Test die strengste Annahme über die Ähnlichkeiten in den Daten beinhaltet, weil sie in jeder Stichprobe genau das gleiche Faktorenmodell unterstellt, werden in weiteren Tests weniger strenge Annahmen über die Ähnlichkeiten der Faktorenmodelle überprüft.

2. Test auf gleiche Anzahl der Faktoren: Dieser Test überprüft die Hypothese, ob in allen 12 Gruppen die gleiche Anzahl an Faktoren existiert.

3. Test auf gleiche Faktorladungsmatrizen: Angenommen die 2. These wird bestätigt, dann kann anschließend die Hypothese getestet werden, ob das Faktorenmuster über die Gruppen invariant ist.

4. Test auf gleiche Kovarianzmatrizen der Meßfehlervariablen: Wenn sich die 3. Hypothese bestätigt, kann zusätzlich getestet werden, ob die Meßfehlerkorrelationen über die Zeit invariant sind.

5. Test auf gleiche Faktorkorrelationen: Angenommen die 4. Hypothese gilt ebenfalls, dann kann abschließend noch überprüft werden, ob sich die Korrelationen zwischen den Faktoren über die Zeit als stabil erweisen.

Die 5. Hypothese besagt, daß sich die Paneldaten über die Zeit durch ein bestimmtes Faktorenmodell reproduzieren lassen. Diese Hypothese ist im 1. Test bereits eingeschlossen. Allerdings ist die 1. Hypothese viel weiter gefaßt als die 5. Hypothese, weil sie auch noch die Möglichkeit enthält, daß die Struktur der Daten nicht durch ein Faktorenmodell erzeugt wird, sondern z.B. durch ein Regressionsmodell. Wenn die 1. Hypothese allerdings gilt, kann die 5. Hypothese auch direkt über die im 1. Test geschätzte Kovarianzmatrix $\hat{\Sigma}$ überprüft werden.

4. Konfirmatorische Analysen über die Global-Indikatoren

Zunächst ist die Frage zu beantworten, ob die 6 ausgewählten Indikatoren tatsächlich über die Zeit vergleichbar bzw. stabil sind oder ob Diskontinuitäten über die Zeit auftreten. Ein Test auf Gleichheit der Kovarianzmatrizen der Indikatoren von 1980 bis 1983 gibt hierüber Auskunft. Anschließend bleibt die Frage zu beantworten, wie gut das orthogonale Zwei-Faktorenmodell die Struktur der Indikatoren erklären kann, da ein Kovarianztest über die Zeit nur besagt, ob sich die Kovarianzstrukturen wesentlich verändern und nicht inwieweit ein bestimmtes Modell geeignet ist, diese Strukturen zu erklären. Aus der Gleichheit der Kovarianzmatrizen kann nur der Schluß gezogen werden, daß auch die daraus berechneten Faktorenmodelle gleich sein müssen.

4.1. Test der Kontinuität der Global-Indikatoren

Der Test auf Gleichheit der Kovarianzmatrizen ist auf die hier gegebene Problemstellung auf die folgende Weise anwendbar. Die Kovarianzmatrizen der Indikatoren können als einzelne Stichproben angesehen werden. Über eine multiple Stichprobenanalyse, wie sie das LISREL-Programm anbietet, kann somit eine simultane Analyse der Indikatorenstruktur über die Zeit vorgenommen werden. Die multiple Stichprobenanalyse führt einen Chi^2-Test für die Hypothesen durch:

$$H_o: S_{1980} = \cdots = S_{1983} \quad \text{und} \quad H_1: S_{1980} \neq \cdots \neq S_{1983}$$

Da es sich bei den Panelerhebungen nicht um Zufallsstichproben handelt, sondern sozusagen immer um dieselbe Stichprobe über die Zeit, dürfen bei den Kovarianzmatrizen auch keine zufälligen Abweichungen auftreten, so daß nur dann, wenn der Chi^2-Wert bei einem Vertrauensniveau von $p = 1$ liegt und die Abweichungen geringer sind, als dies durch

Zufall zu erwarten wäre, in dem hier gegebenen Falle die Nullhypothese angenommen wird.

In Abbildung 58 sind die Ergebnisse der multiplen Stichprobenanalyse wiedergegeben. Die GFI-Werte liegen nahe bei 1 und der Chi^2-Wert ist nur halb so hoch wie die Freiheitsgrade. Beide Ergebnisse zeigen an, daß die Stichproben-Kovarianzmatrizen über die Zeit nahezu identisch sein müssen. Allerdings liegt das Vertrauensniveau p mit 0.99 nur nahe bei 1.0, so daß die vorher aufgestellten strengen Anforderungen an den Kontinuitätstest nur annähernd erfüllt sind. Die Werte der RMSR sind schwer zu beurteilen, weil sich der Test auf Kovarianzen und nicht auf Korrelationen bezieht.

Zeit	1980	1981	1982	1983
GFI	0.901	0.966	0.946	0.932
RMSR	11.716	10.036	8.362	18.501
$\text{Chi}^2_{\text{d.f.}=63} = 33.60; \; p = 0.999$				

Abb. 58: Test auf Gleichheit der Kovarianzmatrizen der Indikatoren

Die Q-Plots in Abbildung 59, die eine anschauliche Zusammenfassung der Ergebnisse im Detail wiedergeben (siehe Kapitel 3.4), sprechen ebenfalls für die Annahme der Nullhypothese.

Da sich offensichtlich die Kovarianzmatrizen der Indikatoren nicht wesentlich über die Zeit ändern, kann daraus für die explorative Faktorenanalyse abgeleitet werden, daß die Faktorladungsmatrizen über die Zeit gleich bleiben und die hypothetischen Konstrukte Zahlungsfähigkeit und Stabilität sich ebenfalls nicht inhaltlich verändern, so daß schließlich auch die Entwicklung der Länder anhand der Faktorenwerte verfolgt werden kann.

Der Test auf Gleichheit der Kovarianzmatrizen berechnet auch eine über alle Stichproben geschätzte Kovarianzmatrix $\hat{S}$. Da der niedrige Chi^2-Wert besagt, daß die Stichproben-

Kovarianzmatrizen S_g so gut wie nicht von dieser geschätzten Matrix $\hat{S}$ abweichen, kann jede charakteristische Eigenschaft der Stichprobenmatrizen auch über diese geschätzte
Matrix abgetestet werden. Der Vorteil dieser Vorgehensweise
besteht darin, daß in den weiteren Analysen nicht mehr simultan alle Sg zu analysieren sind, sondern allein eine Untersuchung von $\hat{S}$ ausreicht, was den Rechenaufwand erheblich
verringert und zu denselben Ergebnissen führt.[1]

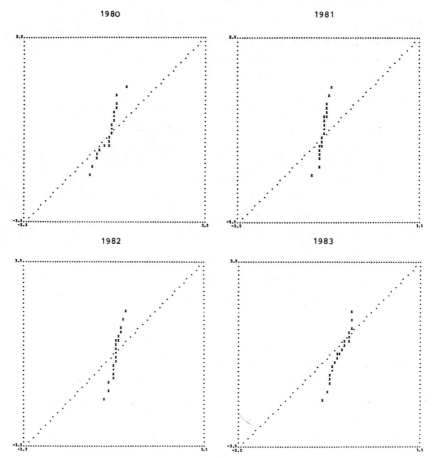

Abb 59: Q-Plots für den Gleichheitstest der Indikatorenstruktur von 1980 bis 1983

---

1) vgl. Jöreskog/Sörbom (1981), S. V.1 ff.

178

Die bisherige konfirmatorische Analyse hat zwar bestätigt, daß die Indikatorenstruktur sich so gut wie nicht verändert, aber diese Ergebnisse sagen noch nichts darüber aus, wie gut das orthogonale Zwei-Faktorenmodell die Struktur der Indikatoren erklären kann, oder ob es sogar andere Modelle gibt, die einen höheren Erklärungsgehalt besitzen.

4.2. Test der Mischstruktur der Faktoren

Bis auf die Eigenwerte der Faktoren und die Kommunalitäten der Variablen liefert die explorative Faktorenanalyse kaum Anhaltspunkte dafür, wie gut oder schlecht das orthogonale Zwei-Faktormodell die Struktur der Indikatoren erklären kann. Um geeignete Beurteilungsgrößen zu erhalten, werden deshalb die Indikatoren einer konfirmatorischen Faktorenanalyse unterzogen. Mit Hilfe des LISREL VI-Programms kann die vorliegende orthogonale Mischstruktur der Faktoren abgetestet werden.

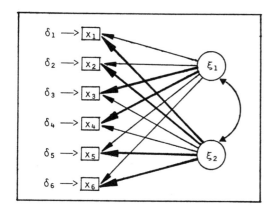

Abb. 60: Kausaldiagramm der Mischstruktur

➤ freie Parameter
➤ feste Parameter

Um das orthogonale Faktorenmodell auch in LISREL reproduzieren zu können, muß das Modell so spezifiziert werden, das es in der Lage ist, die Mischstruktur zwischen Faktoren und Variablen in der Faktorladungsmatrix wiederzugeben. Das

Kausaldiagramm in Abbildung 60 zeigt graphisch das Faktorenmodell auf.

Nur die Parameter bzw. Faktorladungen sind im Modell freigesetzt, die hohe Werte über 0.6 in der explorativen Analyse besitzen. Die übrigen Faktorladungen sind festgesetzt, und zwar mit den arithmetischen Mittelwerten der Faktorladungen in den vier explorativen Faktorenanalysen (siehe Abb. 46). Auf diese Weise ist das Modell identifizierbar. Zusätzlich muß, damit das Modell nicht in zwei unabhängige Faktorenmodelle zerfällt, die nur getrennt getestet werden können, der Parameter für die Korrelation zwischen den Faktoren freigesetzt werden. Damit ist aber noch nicht ausgeschlossen, daß dieser Parameter auf Null geschätzt wird und das orthogonale Modell erhalten bleibt.

Das graphisch dargestellte Faktorenmodell drückt sich mathematisch durch ein System von Gleichungen aus:

$$X = \Lambda_x \, \xi + \delta$$

Das Modell besteht aus drei Parametermatrizen:

$$\Lambda_x = \begin{bmatrix} \lambda_{11} & 0.38 \\ \lambda_{21} & 0.07 \\ 0.56 & \lambda_{32} \\ 0.15 & \lambda_{42} \\ \lambda_{51} & 0.39 \\ \lambda_{61} & 0.40 \end{bmatrix} \quad \Phi = \begin{bmatrix} \phi_{11} & \phi_{12} \\ \phi_{21} & \phi_{22} \end{bmatrix} \quad \Theta_\delta = \begin{bmatrix} \theta_{\delta 11} & & & & & 0 \\ & \theta_{\delta 22} & & & & \\ & & \theta_{\delta 33} & & & \\ & & & \theta_{\delta 44} & & \\ & & & & \theta_{\delta 55} & \\ 0 & & & & & \theta_{\delta 66} \end{bmatrix}$$

Die Faktorladungsmatrix Λ_x enthält die frei- und festgesetzten Parameter für die Faktorladungen. Die Kovarianzmatrix der Faktoren Φ enthält die Varianzen und Kovarianzen der hypothetischen Faktoren und nicht die Korrelationen, da in dem so spezifizierten Modell die Skalen der Faktoren nicht standardisiert sind. Die symmetrische Kovarianzmatrix der Meßfehlervariablen θ_δ enthält nur freie Parameter auf der Diagonalen. Alle nicht diagonalen Elemente sind Null gesetzt. Der Grund dafür liegt darin, daß die Meßfehlervariablen frei von jedem systematischen Einfluß sein sollen und somit auch nicht miteinander korrelieren dürfen.

Mit Hilfe des Fundamentaltheorems der Faktorenanalyse, das besagt, daß die Elemente der Kovarianzmatrix sich aus den Elementen der drei Parametermatrizen eines Faktorenmodells wie folgt zusammensetzen:

$$\Sigma = \Lambda_x \, \Phi \, \Lambda_x' + \Theta_\delta$$

kann LISREL die freien Parameter schätzen, und zwar so, daß die geschätzte Kovarianzmatrix $\hat{\Sigma}$ die geschätzte Stichproben-Kovarianzmatrix $\hat{S}$ möglichst gut wiedergibt.

Das so spezifizierte Modell enthält 15 zu schätzende Parameter und besteht aus 21 Gleichungen. Somit ist die notwendige Bedingung für die Identifizierbarkeit des Gleichungssystems erfüllt. Als Schätzverfahren kommt die Maximum Likelihood (ML)-Methode zur Anwendung, die über den Chi^2-Test entsprechende Beurteilungskriterien für die Güte der Anpassung des Modells an die Indikatorenstruktur liefert.

geschätzte Parameter		ML-Schätzer	t-Werte	standardisierte Werte
Λ	λ_{11}	1.54	2.24	0.83
	λ_{21}	1.58	1.97	0.85
	λ_{32}	0.79	4.36	0.87
	λ_{42}	0.80	3.85	0.88
	λ_{51}	1.38	2.24	0.74
	λ_{61}	1.31	2.25	0.71
Φ	ϕ_{11}	0.293	0.96	1.00
	ϕ_{21}	0.053	0.42	0.08
	ϕ_{22}	1.206	1.85	1.00
Θ_δ	$\theta_{\delta_{11}}$	0.07	2.03	
	$\theta_{\delta_{22}}$	0.25	3.03	
	$\theta_{\delta_{33}}$	0.10	1.16	
	$\theta_{\delta_{44}}$	0.20	1.61	
	$\theta_{\delta_{55}}$	0.18	3.59	
	$\theta_{\delta_{66}}$	0.24	3.86	

Abb 61: Geschätzte Parameter der Mischstruktur

In Abbildung 61 sind die ML-Schätzer mit den t-Werten und
der zugehörigen standardisierten Lösung wiedergegeben. Die
geschätzten Faktorladungen liegen immer über 0.7 und weichen signifikant von Null ab (t-Wert > 2.64). Die Korrelation zwischen den Faktoren von 0.08 liegt sehr nahe bei
Null und weicht nicht signifikant von Null ab. Die orthogonale Faktorenstruktur ist erhalten geblieben.

Die Beurteilungsgrößen für den Overall Fit des Modells nehmen überraschend gute Werte an:
GFI = 0.94; AGFI = 0.80; RMSR = 0.01;
$\text{Chi}^2_{d.f.=6}$ = 7.45 mit p = 0.281.

Daraus kann gefolgert werden, daß das konfirmatorische Faktorenmodell die orthogonale Mischstruktur der Faktoren gut
reproduziert. Auch der fast senkrechte Q-Plot bestätigt
diese Ergebnisse.

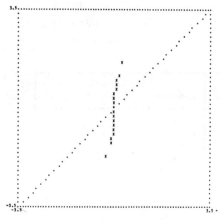

Abb. 62: Q-Plot der
Mischstruktur

Bereits die explorative Faktorenanalyse zeigte, daß die
insgesamt durch die beiden Faktoren erklärte Varianz in den
Indikatoren sehr hoch ist, aber daraus konnte noch nicht
gefolgert werden, wie gut das orthogonale Faktorenmodell
sämtliche beobachteten Korrelationen zwischen den Indikatoren wiedergibt. Der Chi^2-Test zeigt schließlich, daß die
Abweichungen zwischen $\hat{S}$ und $\hat{\Sigma}$ so gering sind, daß sie durch
zufällige Abweichungen erklärt werden können und sogar ein
Vertrauensniveau von p = 0.28 erreicht wird.

182

Trotz der guten Ergebnisse für die globale Anpassungsgüte des Modells zeigte der Modifikationsindex noch Verbesserungsmöglichkeiten an. Der Modifikationsindex gibt an, welche der bisher festgesetzten Parameter freigesetzt werden können, um die Anpassungsgüte des Modells, sprich den Chi^2-Wert, zu verbessern. Im allgemeinen wird ein Modifikationsindex von über 5 als hoch genug angesehen, um eine Modellmodifikation vorzunehmen. Für fünf nicht-diagonale Parameter der Kovarianzmatrix der Meßfehlervariablen zeigte sich ein relativ hoher Wert zwischen 3.0 und 5.0. Daraus läßt sich schließen, daß das Modell die systematischen Einflüsse unter den Indikatoren noch nicht restlos erklärt. Somit stellt sich die Frage nach den Ursachen und Erklärungsmöglichkeiten für diese systematische Komponente, die in den offensichtlich noch vorhandenen Meßfehlerkorrelationen zum Ausdruck kommt.

Mögliche Alternativen könnten sein, daß ein dritter Faktor im Modell vergessen wurde, der die Indikatoren, wenn auch gering, aber doch merklich beeinflußt. Allerdings zeigen die explorativen Faktorenanalysen, daß der Eigenwert eines dritten unabhängigen Faktors um etwa 0.3 liegt und deshalb wohl kaum einen wesentlichen zusätzlichen Erklärungsbeitrag leisten kann. Außerdem treten Interpretationsprobleme auf, wenn, wie auf Grund der niedrigen Eigenwerte zu erwarten ist, keine Variable hoch auf diesen Faktor lädt.

Eine andere mögliche Erklärung geht von dem Gedanken aus, daß die Faktoren miteinander korrelieren. Schon die Ergebnisse der explorativen Analysen haben auf dieses Phänomen hingewiesen (vgl. Abb. 47). Beispielsweise könnte diese Korrelation dadurch hervorgerufen werden, daß sich die Faktoren über die Zeit beeinflussen und sich eine schlechte Zahlungsfähigkeit in der nächsten Periode negativ auf die Stabilität eines Landes auswirkt. Ein solches "longitudinal Model" über mehrere Jahre wird allerdings sehr komplex[2)] und der damit verbundene Rechenaufwand ist immens. Ein Test

2) vgl. Backhaus/Meyer/Weiber (1985), S. 440 f.

dieses Modells erscheint schließlich nicht erfolgverspre-
chend. Die graphische Darstellung der Länderpositionen über
vier Beobachtungszeitpunkte in Abbildung 49 läßt keine solche Entwicklung über die Zeit erkennen. Es erscheint vielmehr sinnvoll, eine neue Variante des Faktorenmodells zu
testen, die zunächst das Ausmaß der Faktorkorrelation bestimmen kann. Das ist möglich, wenn man in dem Faktorenmodell anstelle der Mischstruktur eine Einfachstruktur annimmt.

4.3. Test der Einfachstruktur der Faktoren

Die explorative wie die konfirmatorische Analyse haben zu
dem Schluß geführt, daß die beiden gefundenen Faktoren offensichtlich korrelieren bzw. miteinander verbunden sind.
Deshalb wird hier ein Faktorenmodell mit einer Einfachstruktur getestet, in dem alle Pfade zwischen Faktoren und
Variablen, die durch relativ niedrige Ladungen in der explorativen Analyse gekennzeichnet sind, Null gesetzt werden
und nur die Pfade mit hohen Ladungen zur Schätzung freige-
geben sind (vgl. Abb. 63).

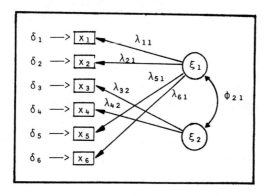

Abb. 63: Kausal-
diagramm der Ein-
fachstruktur

Das Faktorenmodell in der mathematischen Form

$$X = \Lambda_x \, \xi + \delta$$

184

enthält wieder 3 Parametermatrizen:

$$
\Lambda_x =
\begin{bmatrix}
\lambda_{11} & 0 \\
\lambda_{21} & 0 \\
0 & \lambda_{32} \\
0 & \lambda_{42} \\
\lambda_{51} & 0 \\
\lambda_{61} & 0
\end{bmatrix}
\qquad
\Phi =
\begin{bmatrix}
1 & \\
\phi_{21} & 1
\end{bmatrix}
\qquad
\Theta_\delta =
\begin{bmatrix}
\theta_{11} & & & & & \\
0 & \theta_{22} & & & & \\
0 & 0 & \theta_{33} & & & \\
0 & 0 & 0 & \theta_{44} & & \\
0 & 0 & 0 & 0 & \theta_{55} & \\
0 & 0 & 0 & 0 & 0 & \theta_{66}
\end{bmatrix}
$$

Die Faktorladungsmatrix besteht aus Null gesetzten und freigegebenen Parametern. Die Diagonale der Korrelationsmatrix ist mit Einsen besetzt. Nur die Korrelation zwischen den beiden Faktoren muß geschätzt werden. In dem so spezifizierten Modell sind die Faktoren standardisierte Größen. Die Kovarianzmatrix der Meßfehlervariablen bleibt wie im Modell der Mischstruktur spezifiziert.

Um die freigesetzten Parameter zu schätzen und die Einfachstruktur zu testen, verwendet LISREL wieder das Fundamentaltheorem der Faktorenanalyse:

$$\Sigma = \Lambda_x \, \Phi \, \Lambda_x' + \Theta_\delta$$

Das Modell besteht aus 21 Gleichungen und 13 unbekannten Parametern, die über die ML-Methode geschätzt werden.

geschätzte Parameter		ML-Schätzer	t-Werte
Λ_x	λ_{11}	0.972	8.25
	λ_{21}	0.803	6.46
	λ_{32}	0.898	6.66
	λ_{42}	0.865	6.55
	λ_{51}	0.897	7.17
	λ_{61}	0.862	6.71
Φ	ϕ_{21}	0.687	6.71
Θ_δ	$\theta_{\delta_{11}}$	0.056	1.52
	$\theta_{\delta_{22}}$	0.267	5.93
	$\theta_{\delta_{33}}$	0.267	5.93
	$\theta_{\delta_{44}}$	0.267	5.93
	$\theta_{\delta_{55}}$	0.195	3.56
	$\theta_{\delta_{66}}$	0.258	3.86

Abb. 64: Geschätzte Parameter der Einfachstruktur

Abbildung 64 gibt die ML-Schätzer der Parameter und ihre zugehörigen t-Werte wieder. Die geschätzten Faktorladungen liegen über 0.8 und weichen signifikant von Null ab. Die Korrelation zwischen den Faktoren nimmt mit 0.6 einen relativ hohen von Null signifikant verschiedenen Wert an. Es besteht tatsächlich ein hohes Maß an Korrelation zwischen den Faktoren.

Die Beurteilungsgrößen für den Overall Fit des Modells zeigen jedoch mit
GFI = 0.827, AGFI = 0.636, RMSR = 0.086 und
$Chi^2_{d.f.=10}$ = 29.13 und p = 0.001,

daß die Einfachstruktur zwar geeignet ist, die Struktur der Indikatoren annähernd zu reproduzieren, daß aber der Unterschied zwischen $\hat{S}$ und $\hat{\Sigma}$ noch zu groß ist, um ihn allein durch Zufallsschwankungen zu erklären. Eine Verschlechterung des Modellfits kann zum Teil auch dadurch bedingt sein, daß die Kovarianzen der 2., 3. und 4. Meßfehlervariablen gleichgesetzt werden mußten, um das Modell identifizierbar zu machen.

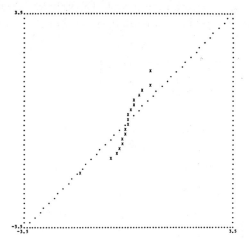

Abb. 65: Q-Plot der Einfachstruktur

Auch der Q-Plot läßt erkennen, daß die Einfachstruktur die Struktur in den Daten nicht so gut reproduziert wie die Mischstruktur. Die Linie der geplotteten Punkte verläuft weniger steil. Die Steigung der Geraden nahe bei eins zeigt eine mäßige Modellanpassung an.

Schließlich zeigt der Modifikationsindex an, daß durch das Öffnen der Null gesetzten Parameter in der Faktorladungsmatrix die Einfachstruktur wesentlich verbessert werden kann. Den höchsten Modifikationsindex nimmt der Parameter λ_{22} mit 10.31 an. Auch bei den nicht-diagonalen Elementen der Meßfehlerkorrelationsmatrix treten hohe Werte für den Modifikationsindex auf. Eine Abänderung des Modells, gemäß dem Modifikationsindex führt somit wieder zu einer Mischstruktur.

Ein Vergleich der Testergebnisse für die Misch- und Einfachstruktur zeigt folglich, daß die Mischstruktur die bessere Modellalternative darstellt. Die Einfachstruktur kann die Beziehungen der Indikatoren zu den Faktoren in der orthogonalen Mischstruktur nicht auf eine einfache Korrelation der Faktoren zurückführen. Das kann darin begründet liegen, daß die Indikatoren recht unterschiedliche, individuelle Beziehungen zu den hypothetischen Faktoren besitzen, die etwa auf eine unterschiedliche Gewichtung zurückzuführen sind, mit der die Faktoren Zahlungsfähigkeit und Stabilität in die Global-Indikatoren einfließen. Die Beziehungen der Indikatoren zu den Faktoren sind somit einzeln zu betrachten und nicht durch einen allen gemeinsamen Effekt zu erklären.

Weitere Untersuchungen der Einzelkriterien mehrdimensionaler Indikatoren müssen Aufschluß darüber geben, inwieweit die Korrelation zwischen Zahlungsfähigkeit und Stabilität durch eine explizite Gewichtung der Einzelkriterien in den Scoring-Modellen entsteht oder durch die Interdependenzen der Umweltdeterminanten hervorgerufen wird.

5. Explorative Analysen über ausgewählte qualitative
Teilkonzepte

Die Analyse von Teilkonzepten verfolgt primär das Ziel aufzudecken, inwieweit die hohe Korrelation zwischen den Faktoren Zahlungsfähigkeit und Stabilität inhaltliche Gründe
hat, d.h. auf die hohen Interdependenzen unter den wirtschaftlichen, politischen und sozialen Umweltdeterminanten
zurückgeht, und um welche Interdependenzen es sich dabei
handelt.

Eine solche Analyse verlangt eine umfassende, d.h. eine Totalanalyse der Umwelt. Für die folgenden Untersuchungen
kommen deshalb nur qualitative Teilkonzepte in Frage. Sie
erfassen über Einzelkriterien neben wirtschaftlichen auch
soziale und politische Umweltdeterminanten. Die Kriterienkataloge quantitativer Teilkonzepte sind auf Informationen
aus dem wirtschaftlichen Bereich beschränkt. Die gemeinsame
Verwendung sowohl qualitativer als auch quantitativer Einzelkriterien wurde vermieden, um die damit verbundenen möglichen methodischen Einflüsse auf die Untersuchungsergebnisse auszuschalten und bei der Interpretation der Ergebnisse nicht wieder vor dem Problem zu stehen, daß sie sowohl methodisch als auch inhaltlich bedingt sein könnten.

Von den in Abbildung 39 aufgeführten mehrdimensionalen qualitativen Indikatoren verbleiben die Teilkonzepte ORI und
PRI für eine weitergehende Analyse. Die Teilkonzepte des
mm-Ländertests kommen nicht in die engere Wahl, weil das
Expertenpanel 1982 aufgelöst wurde. Das Teilkonzept Envir
setzt sich im wesentlichen aus den Einzelkriterien von ORI
und PRI zusammen und bringt keine zusätzlichen Umweltinfor-
mationen. Schließlich erfassen die Einzelkriterien der ORI-
und PRI-Teilkonzepte zusammen (vgl. Abb. 66 und 67) die wesentlichen politischen, sozialen und wirtschaftlichen Umweltdeterminanten und ermöglichen somit eine Toatalanalyse
der Umwelt. Die in den folgenden Untersuchungen verwendeten

Kennzeichnungen der Einzelkriterien sind in Abbildung 66
und 67 wiedergegeben.

G1 : Politische Stabilität
G2 : Einstellung der Bevölkerung gegenüber Investoren und Gewinnen
G3 : Verstaatlichung
G4 : Inflation
G5 : Zahlungsbilanz
G6 : Bürokratische Hemmnisse
G7 : Wirtschaftswachstum
G8 : Währungskonvertibiltät
G10 : Lohnkosten/Produktivität
G11 : Verfügbarkeit örtlicher Fachleute und Lieferanten
G12 : Nachrichten- und Transportwesen
G13 : Ortsansässiges Management und Partner
G14 : Kurzfristige Kredite
G15 : Langfristige Kredite und Eigenkapital

Abb. 66: Die ORI-Einzelkriterien und ihre Kennzeichnung

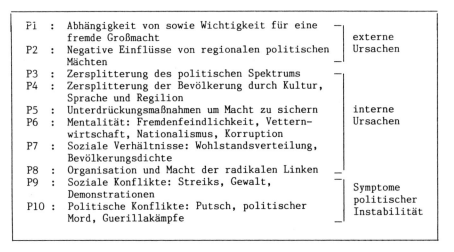

Abb. 67: Die PRI-Einzelkriterien und ihre Kennzeichnung

189

5.1. Ziele und Untersuchungskonzeption der Panelanalysen

Im einzelnen verfolgt die Totalanalyse der Umwelt auf Basis der ORI- und PRI-Expertenpanels mehrere Untersuchungsziele gleichzeitig:

1. Ziel: Im allgemeinen verwenden die Konzepte zur Beurteilung von Länderrisiken Punktbewertungsmodelle, um die Informationen zu aggregierten Aussagen zu verdichten und die Risikosituation der Länder untereinander beurteilen und vergleichen zu können. Bei diesen Punktbewertungsmodellen treten allerdings zwei zentrale Probleme auf, die mit Hilfe multivariater Analysetechniken gelöst werden können:

> Die Aggregation der Einzelkriterien zu einem Gesamturteil ist immer auch mit einer Gewichtung der Kriterien verbunden. Dabei ist zwischen der vorher festgelegten **expliziten** Gewichtung der Kriterien und der **impliziten** Gewichtung, die durch Korrelationen unter den Variablen entsteht, zu unterscheiden. Während die explizite Gewichtung gewollt ist, ist die implizite Gewichtung i.d.R. ein ungewolltes Phänomen. Eine Faktorenanalyse der Kriterien kann die implizite Gewichtung offenlegen.

> Um Länder mit ähnlichen Risikosituationen zu bestimmen, bildet das BERI-Institut 4 Risikoklassen anhand der Gesamtpunktwerte. Dabei stellt sich die Frage, wie die Grenzwerte festgelegt werden. Ein objektives Verfahren zur Abgrenzung klar voneinander trennbarer **Risikogruppen** liefert die Clusteranalyse.

2. Ziel: Vor allem die Vergleichbarkeit der Panel-Informationen über die Zeit ist eine wesentliche Voraussetzung, um die Entwicklung der Länder über die Zeit anhand der qualitativen Kriterien aufzeigen und beurteilen zu können. Deshalb wird auch die **Kontinuität** der Paneldaten untersucht.

3. Ziel: Mit Hilfe explorativer Analysen der qualitativen Umweltkriterien können auf empirischem Wege **Hypothesen** generiert werden und mit den in der Literatur bestehenden Theorie-Ansätzen verglichen werden. Das LISREL-Programm kann schließlich die neu aufgestellten Hypothesen überprüfen.

Ausgehend von diesen Untersuchungszielen wurde folgende Untersuchungskonzeption aufgestellt (vgl. Abb. 68). Die Datenbasis besteht aus den vom BERI-Institut veröffentlichten arithmetischen Mitteln der Expertenurteile je Land und Merkmal x_{ijt}. Da diese Informationen dreimal im Jahr ermittelt werden, sind in dem hier gewählten Untersuchungszeitraum von 1980 bis einschließlich 1983 insgesamt 12 Datenmatrizen zu analysieren, gekennzeichnet mit t = 1980I, 1980II, 1980III, ... , 1983III. Die Anzahl der Merkmale beträgt m = 25 und und die Zahl der Länder bzw. Fälle n = 45. Diese 12 Datenmatrizen werden zunächst einzeln einer Faktorenanalyse unterzogen, die die implizite Gewichtung zwischen den Umweltdeterminanten offenlegt und die miteinander korrelierten Merkmale auf einige wenige Faktoren zurückführt, ohne dabei einen wesentlichen Informationsverlust hinnehmen zu müssen. Die Analyse der Faktorenmuster dient der Gewinnung von Hypothesen über die Beziehungsstruktur der Umweltkriterien und ein Vergleich der Faktorenmuster über die Zeit gibt erste Anhaltspunkte über die Kontinuität der Informationen. Unabhängig von dieser Analyse wird eine intern gewichtete Clusteranalyse über die Einzelkriterien gerechnet, um scharf voneinander abgrenzbare Risikogruppen zu bilden und deren Entwicklung über die Zeit zu beobachten. An die Bildung der Länderrisikogruppen schließt sich die Beschreibung der Gruppen an. Die Betrachtung der arithmetischen Mittelwerte der Risikogruppen für alle Einzelkriterien gibt Aufschluß über die Merkmale durch die sich die Gruppen unterscheiden. Inwieweit die Gruppen tatsächlich klar voneinander abgrenzbar sind bzw. wie trennfähig sie sind, kann mit Hilfe einer Diskriminanzanalyse unter Verwendung der Faktorwerte aus der Faktorenanalyse beurteilt werden. Die Diskriminanzanalyse verknüpft demnach die Ergebnisse von Cluster- und Faktorenanalyse miteinander.

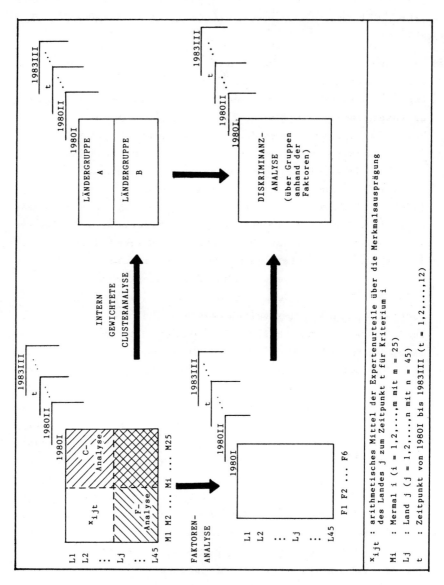

Abb.68: Untersuchungskonzept für eine Globalanalyse von Länderrisiken

5.2. Die Faktorenstruktur der ORI- und PRI-Einzelkriterien

5.2.1. Die Bildung unabhängiger Risikofaktoren

Jede Faktorenanalyse über die insgesamt 12 Datenmatrizen von 1980I bis 1983III beruht auf folgender Vorgehensweise:

1. Bestimmung der Faktorladungsmatrix: Ausgehend von der Korrelationsmatrix der Kriterien ermittelt eine Hauptachsenanalyse mit Kommunalitätenschätzung die Faktorladungsmatrix.

2. Bestimmung der Faktorenanzahl: Das Kaiserkriterium bestimmt die Anzahl der zu extrahierenden Faktoren. Es werden nur Faktoren extrahiert, die einen Eigenwert von größer als 1 besitzen bzw. die wenigstens soviel Varianz erklären wie eine einzige Variable für sich alleine besitzt.

FAKTORZAHL	4 FAKTOREN		5 FAKTOREN		6 FAKTOREN	
ZEIT-PUNKT	EIGEN-WERT	ER-KLÄRTE VARIANZ	EIGEN-WERT	ER-KLÄRTE VARIANZ	EIGEN-WERT	ER-KLÄRTE VARIANZ
1980I	1.56	72.7	1.16	77.4	<u>1.05</u>	81.6
1980II	1.68	72.8	<u>1.12</u>	77.3	0.98	81.2
1980III	1.72	75.0	<u>1.07</u>	79.3	0.95	83.1
1981I	1.72	74.5	<u>1.03</u>	78.6	0.92	82.3
1981II	1.77	75.4	<u>1.06</u>	79.7	0.82	83.0
1981III	1.71	75.6	<u>1.04</u>	79.8	0.89	83.4
1982I	1.61	75.6	<u>1.03</u>	79.7	0.89	83.3
1982II	1.45	77.9	<u>1.07</u>	82.2	0.88	85.8
1982III	<u>1.36</u>	78.3	0.97	82.2	0.89	85.8
1983I	<u>1.34</u>	77.7	0.96	81.5	0.81	84.8
1983II	1.29	77.7	<u>1.01</u>	81.8	0.81	85.0
1983III	1.28	78.6	<u>1.00</u>	82.6	0.81	85.9

Abb. 69: Eigenwerte und erklärte Varianz in Prozent

Das Kaiserkriterium führt nicht zu einer gleichen Anzahl an Faktoren für jeden Zeitpunkt (vgl. Abb. 69). 1980I ergeben sich sechs Faktoren, 1982III und 1983I vier Faktoren und für die übrigen Zeitpunkte fünf Faktoren. Daraus läßt sich der Schluß ziehen, daß sich die Beziehungsstrukturen unter den Variablen wahrscheinlich verändern. Um anhand der Faktorenmuster diese Veränderungen zu erkennen und dennoch die Vergleichbarkeit der Faktorenmuster zu gewährleisten, wurden schließlich generell sechs Faktoren extrahiert. Die sechs Faktoren können in jedem Zeitpunkt mindestens 80 % der Varianz in den Variablen erklären. Dabei nimmt die erklärte Varianz von 1980I bis 1983III um mehr als 5 % zu.

3. Faktorrotation: Um die extrahierten Faktoren interpretieren zu können, wird die Faktorladungsmatrix einer Varimax-Rotation unterzogen. Nur die Variablen werden zur Interpretation eines Faktors herangezogen, die einen Wert über 0,5 annehmen. D.h. 25 % der Varianz einer Variablen muß durch den Faktor erklärt werden.

Für die anschließende Interpretation der Faktoren ist es sinnvoll, zunächst die Kommunalitäten der Kriterien zu betrachten. Die Kommunalitäten der Kriterien, d.h. die Varianz jeder einzelnen Variable, die durch die Faktoren erklärt werden kann, liegen für die ORI-Kriterien i.d.R. über 0.8. Eine Ausnahme bildet die Variable Wirtschaftswachstum (G7), die permanent Werte unter 0.7 annimmt. Im Gegensatz zu den Kommunalitäten der ORI-Kriterien liegen die Kommunalitäten der PRI-Variablen im wesentlichen unter 0.8. Extrem niedrige Werte zwischen 0.2 und 0.4 weist die Variable P4 (Zersplitterung der Bevölkerung) auf. Sie besitzt offensichtlich einen eigenständigen Charakter und hat kaum etwas mit den übrigen Umweltvariablen gemeinsam.

5.2.2. Die Interpretation der Risikofaktoren

Die vermuteten Veränderungen in der Faktorenstruktur über die Zeit gehen aus Abbildung 70 deutlich hervor. Die Abbildung gibt nur die Variablen wieder, die mit über 0.5 auf einen Faktor laden.

1980			1981			1982			1983			FAK-TOREN
I	II	III	I	II	III	I	II	III	I	II	III	
	G1		G1	G1	G1	G1	G1			G1	G1	
G2	G2	G2	G2	G2	G2	G2	G2	G2	G2	G2	G2	
G3	G3	G3	G3	G3	G3	G3	G3	G3	G3	G3	G3	
G6	G6	G6	G6	G6	G6	G6	G6	G6	G6	G6	G6	
G9	G8	G9	G9	G9	G9	G8	G8	G7	G9	G8	G8	
G10	G9	G10	G10	G10	G10	G9	G9	G8	G10	G9	G9	F1
G11	G10	G11	G11	G11	G11	G10	G10	G9	G11	G10	G10	
G12	G11	G12	G12	G12	G12	G11	G11	G10	G12	G11	G11	
G15	G12	G13	G13	G13	G13	G12	G12	G11	G13	G12	G12	
-P6	G13	G14	G14	G14	G14	G13	G13	G12	G14	G13	G13	
	G14	G15	G15	G15	G15	G14	G14	G13	G15	G14	G14	
	G15	-P6	-P6	-P6	-P7	G15	G15	G14	P6	G15	G15	
	-P6	-P7	-P7	-P7		-P6	015	P5	P7	P5	P5	
	-P7					-P7	P5	P6		P6	P6	
						-P10	P6			P7	P7	
							P7					
			G1	G1	G1	G1					G1	
G4	G4	G4	G4	G4	G4	G4	G4	G4	G4	G4	G4	
G5	G5	G5	G5	G5	G5	G5	G5	G5	G5	G5	G5	
G7	G7	G7	G7	G7	G7	G7	G7	G7	G8	G8	G7	F2
G8	G8	G8	G8	G8	G8	G8	G8	G8	G14	G14	G8	
G14	G14	G14	G14	G14	G14	G14	G14	G14	G15	G15	G14	
G15	G15	G15	G15	G15	G15	G15	G15	G15			G15	
G1	G1	G1	-P3	P3	P3	P3	P1	G2	G7	G7	G2	
-P9	-P10	-P9	P5	-P5	-P5	-P5	P2	G3	P3	P3	G3	F3
-P10		-P10	-P8	P8	P8	P8		G7	P8	P8		
								P8				
P3	P3	P3	-P5	-P2	G2	G2	P4	P1	P10	P4	P3	
-P5	-P5	-P5	-P10		-P6	G3		P2		P10	P8	F4
-P7	P8	P8										
P8												
-P2	-P1	-P1	-P1	P1	P1	P1	G2	P4	P1	P1	P1	F5
-P8		-P2	-P2	P2	P2	P2	P8	P10	P2	P2	P2	
G7			G7	G2	P4	P4	P3	P3	G2		P4	F6
P4	P4	P4	P4	P4	P9	P9	P9	P9	P4	P9	P10	nicht-ladende Variable
	P2		P9	P9	P10		P10		P5		P9	
				P10								

Abb. 70: Struktur der Risikofaktoren von 1980I bis 1983III

Während die beiden ersten Faktoren durch hohe Ladungen der 15 ORI-Variablen gekennzeichnet sind, enthalten die übrigen vier Faktoren im wesentlichen hohe Ladungen der 10 PRI-Variablen. Daraus läßt sich schließen, daß die Interdependenzen unter den ORI-Variablen höher sein müssen als unter den PRI-Kriterien. Die hohe Eigenständigkeit der PRI-Variablen drückt sich schließlich auch darin aus, daß der 6. Faktor überwiegend durch eine einzige PRI-Variable entweder P3 oder P4 geprägt ist und für jede Faktorenanalyse PRI-Kriterien (i.d.R. P10, P9 und P4) existieren, die auf keinen Faktor hoch laden.

195

Zwischen den Einzelkriterien beider Teilkonzepte besteht nur eine regelmäßig auftretende Schnittstelle. Die PRI-Variablen P6 (Mentalität) und P7 (soziale Verhältnisse) laden auf den Faktor F1, der im wesentlichen von ORI-Kriterien bestimmt wird. Die Interdependenzen zwischen den Teilkonzepten konzentrieren sich somit auf Umweltdeterminanten aus dem sozialen Bereich.

Schließlich zeigen die ersten beiden Faktoren, die von ORI-Kriterien geprägt sind, ein weitgehend konstantes Faktorenmuster über die Zeit, während es kaum möglich ist, für die übrigen vier mit PRI-Variablen hoch korrelierenden Faktoren, ein charakteristisches Muster zu erkennen. Offensichtlich sind die Beziehungen unter den PRI-Variablen über die Zeit nicht stabil. Mögliche Gründe für die Diskontinuitäten im PRI-Panel könnten sein:

1. Formale Gründe wie die Umkehrung der Bewertungsskala im Jahre 1982II: Vor 1982II bedeuteten 0 Punkte eine "problemlose" Ausprägung und 7 Punkte eine "außerordentlich problematische" Ausprägung eines Merkmals. Ab 1982II allerdings bedeutet ein hoher Wert "Problemlosigkeit" und ein niedriger Wert eine "außerordentlich problematische" Situation. Ebenso kann der Wechsel von Panel-Mitgliedern einen Einfluß haben oder die Tatsache, daß die Panel-Mitglieder erst noch einen bestimmten Anpassungsprozeß vollziehen.

2. Inhaltliche Gründe wie Änderung der Expertenmeinung: Inhaltliche Gründe können eine Rolle spielen, und zwar derart, daß die Experten ihr Beurteilungskonzept verändern, weil sie der Meinung sind, daß sich in der Realität die Beziehungen unter den Umweltbedingungen verändert haben.

3. Zufallskorrelationen: Die Beziehungen unter den PRI-Kriterien sind häufig durch schwache Korrelationen mit den Faktoren gekennzeichnet. Z.B. deutet 1983II die gemeinsame hohe Ladung der Variablen P4, Zerplitterung der Bevölkerung, und P10, politische Konflikte, auf einen Zusammenhalt unter den Variablen hin. P4 und P10 besitzen aber in den übrigen Faktorenanalysen einen hohen eigenständigen Charakter. Auch aus theoretischer Sicht besteht kein Wirkungszusammenhang zwischen den Variablen. Somit liegt 1983II keine kausale Verbindung vor, sondern vielmehr eine Zufallskorrelation. An diesem Beispiel wird vor allem deutlich, daß eine Faktorenanalyse ohne Begründung der gefundenen Beziehungen im Faktorenmuster nicht auskommt. Die extrahierten Faktoren müssen sich sinnvoll interpretieren lassen, um auf diese Weise zufällige Beziehungen zu erkennen.

Diesen Fragen geht ein Test auf Kontinuität der Struktur im PRI-Panel in Abschnitt 6.2 auf den Grund.

Um die Faktoren dennoch soweit wie möglich inhaltlich erfassen zu können, sind in Abbildung 71 nur die Variablen aufgeführt, die in allen Faktorenanalysen hoch mit einem Faktor korrelieren. Mit Hilfe dieser Vorgehensweise lassen sich die folgenden Faktoren inhaltlich bestimmen:

Faktor A: Infrastruktur: Um den Aussagegehalt von Faktor A, der mit F1 in Abbildung 70 über die Zeit identisch ist, erfassen zu können, sind in Abbildung 71 die insgesamt 13 relevanten Variablen[1] zunächst zu sinnvollen Oberbegriffen zusammengefaßt. Ein Teil der Umweltdeterminanten repräsentiert die Einstellung in einem Land gegenüber ausländischen Unternehmen und die damit verbundenen Risiken der Enteignung und Behinderung der Geschäftsaktivitäten. Es handelt sich um die soziale und politische Infrastruktur eines Landes. Demgegenüber erfaßt ein anderer Teil der Variablen die wirtschaftliche Infrastruktur. Die Variable P7 ist ein Ausdruck für das allgemeine Wohlstandsniveau. Insgesamt repräsentiert der Faktor A somit die wirtschaftliche, politische und soziale Infrastruktur eines Landes.

---

1) Die Variablen G14, P6 und P7 fehlen jeweils nur einmal über den gesamten Betrachtungszeitraum in Abbildung 70 und sind deshalb in Abbildung 71 mitaufgeführt. Die Variable G1 fehlt insgesamt dreimal und G8 fünfmal. Sie wurden deshalb nicht zur Interpretation herangezogen.

197

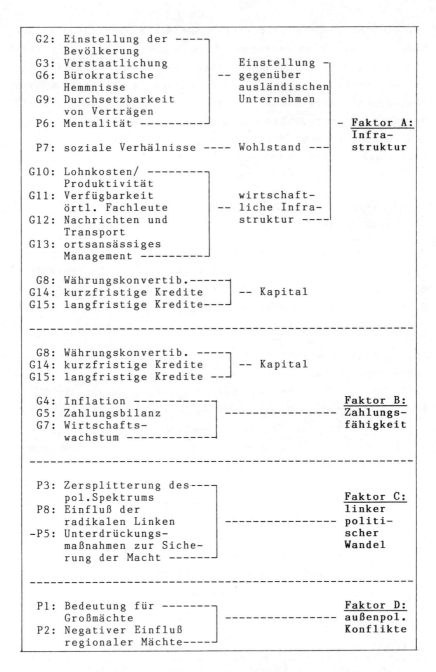

```
G2: Einstellung der ----┐
    Bevölkerung
G3: Verstaatlichung      Einstellung ─┐
G6: Bürokratische     -- gegenüber    │
    Hemmnisse            ausländischen│
G9: Durchsetzbarkeit     Unternehmen  │
    von Verträgen                     │
P6: Mentalität ---------┘           - Faktor A:
                                      Infra-
P7: soziale Verhälnisse ---- Wohlstand ---  struktur

G10: Lohnkosten/ --------┐
     Produktivität
G11: Verfügbarkeit          wirtschaft-
     örtl. Fachleute     -- liche Infra-
G12: Nachrichten und       struktur ----┘
     Transport
G13: ortsansässiges
     Management ---------┘

 G8: Währungskonvertib.------┐
 G14: kurzfristige Kredite   │ -- Kapital
 G15: langfristige Kredite---┘

---------------------------------------------

 G8: Währungskonvertib. -----┐
 G14: kurzfristige Kredite   │ -- Kapital
 G15: langfristige Kredite --┘

 G4: Inflation -----------┐            Faktor B:
 G5: Zahlungsbilanz       │----------------- Zahlungs-
 G7: Wirtschafts-         │            fähigkeit
     wachstum ------------┘

---------------------------------------------

 P3: Zersplitterung des---┐
     pol.Spektrums                    Faktor C:
 P8: Einfluß der          │           linker
     radikalen Linken     │----------------- politi-
-P5: Unterdrückungs-       │           scher
     maßnahmen zur Siche-  │           Wandel
     rung der Macht ------┘

---------------------------------------------

 P1: Bedeutung für -------┐            Faktor D:
     Großmächte           │----------------- außenpol.
 P2: Negativer Einfluß    │            Konflikte
     regionaler Mächte----┘
```

Abb. 71: Interpretation der Risikofaktoren qualitativer
         Umweltdeterminanten

Einen völlig anderen Bereich kennzeichnen die Variablen G8, G14 und G15. Sie beurteilen die finanziellen Ressourcen eines Landes bzw. die Verfügbarkeit von Kapital. Da diese Variablenkombination sowohl auf den Faktor A als auch auf den Faktor B lädt und die Unterschiede zwischen den beiden Faktoren verwischt, kann sie keine Hilfestellung bei der Interpretation der Faktoren leisten. Erst in nachfolgenden Untersuchungen wird dieses Phänomen genauer analysiert (vgl. Kapitel 7.2.). Dabei wird sich zeigen, daß diese gemeinsame Komponente einen eigenen Faktor, das Kapital, darstellt, der hinter den beiden Faktoren A und B steht und die Korrelationen zwischen den Faktoren verursacht.

Faktor B: Zahlungsfähigkeit: Dieser Faktor, der mit F2 über die Zeit identisch ist, ist gekennzeichnet durch die Variablen Inflation, Zahlungsbilanz und Wirtschaftswachstum.[2] Charakteristisch für diese Variablen ist, daß sie in einer engen Beziehung zur Zahlungsfähigkeit stehen. Ein niedriges oder sogar negatives Wirtschaftswachstum verringert die Fähigkeit eines Landes, seinen Schuldendienst zu leisten, eine hohe Inflation im Vergleich zum Ausland, führt zu Zahlungsbilanzdefiziten, und Zahlungsbilanzprobleme führen unmittelbar zu Zahlungsschwierigkeiten. Somit ist der Faktor B ein Ausdruck für die Zahlungsfähigkeit eines Landes.

Während das Muster der Faktoren A und B in allen Analysen fast unverändert bleibt, weisen die übrigen Faktoren, die im wesentlichen von PRI-Kriterien bestimmt sind, unterschiedliche Strukturen über die Zeit auf. Die Veränderungen sind so gravierend, daß sich von den vier verbleibenden Faktoren insgesamt nur zwei Faktoren sinnvoll interpretieren lassen.

Faktor C: Linker politischer Wandel: Der Faktor C ist im wesentlichen durch die Variablen P3 und P8 gekennzeichnet, die regelmäßig mit Ausnahme der Zeitpunkte 1982II und III

---

2) Die Variable G7 fehlt insgesamt zweimal in Abbildung 70 und wurde mit zur Interpretation herangezogen. Die Variable G1 fehlt siebenmal und wurde aus der Interpretation ausgeschlossen.

auf den Faktor 3 oder 4 in Abbildung 70 laden. Bis 1982I
lädt die Variable P5 regelmäßig auf diesen Faktor. Offensichtlich ist die Gefahr für einen linken politischen Wandel besonders hoch, wenn die Parteien zersplittert und
nicht mehr in der Lage sind, durch Unterdrückungsmaßnahmen
ihre Macht aufrecht zu erhalten. Insgesamt erfaßt diese Variablenkombination somit die Gefahr eines linksgerichteten
politischen Wandels. Die Instabilität dieses Faktors drückt
sich auch darin aus, daß immer wieder andere Variablen zusätzlich mit diesem Faktor korrelieren.

Faktor D: **Außenpolitische Konflikte**: Die Variablen-Kombina-
tion P1 und P2 tritt fast regelmäßig entweder auf Faktor 4
oder 5 in Erscheinung. Diese Variablen repräsentieren die
Spannungen eines Landes mit Nachbarstaaten und mit Großmächten und stellen das außenpolitische Konfliktpotential
dar.

Über die Faktoren A, B, C und D hinaus ist kein annähernd
stabiler, interpretierbarer Zusammenhang unter den Variablen zu erkennen.

Insgesamt zeigen die Ergebnisse der Faktorenanalysen, daß
die Interdependenzen der Umweltdeterminanten so hoch sind,
daß die implizite, ungewollte Gewichtung in den Punktbewertungsmodellen von ORI und PRI die gewünschte explizite Gewichtung stark verzerren wird. Deshalb empfiehlt es sich,
die Einzelkriterien nicht direkt zu aggregieren, sondern
erst zu unabhängigen Faktoren zusammenzufassen. Neben dieser Gewichtungsproblematik stehen die Punktbewertungsmodelle auch vor dem Problem, anhand der aggregierten Indikatoren sinnvoll voneinander abgrenzbare Risikogruppen zu bilden. Inwieweit die ORI und PRI-Teilkonzepte tatsächlich in
der Lage sind Länderrisikogruppen zu unterscheiden, kann
eine Clusteranalyse aufdecken.

5.3. Unterschiede und Ähnlichkeiten der Länder aufgrund der qualitativen Einzelkriterien von ORI und PRI

5..3.1. Die Bildung trennfähiger Risikogruppen

Um zu ermitteln, inwieweit die qualitativen Teilkonzepte tatsächlich Ländergruppen mit unterschiedlichen Risikostrukturen unterscheiden können, werden die Länder mit Hilfe der Einzelkriterien von ORI und PRI clusteranalysiert. Die Aufgabe der Clusteranalyse besteht konkret darin, Länder zu Risikogruppen zusammenzufassen, die sich hinsichtlich der Merkmalsausprägungen sehr ähnlich sind, und dabei gleichzeitig zu gewährleisten, daß die Unterschiede zwischen den Gruppen möglichst groß werden. Die Risikogruppen sollen in sich möglichst homogen und untereinander möglichst heterogen sein. Auf diese Weise ist es möglich, die Länder einer Gruppe eindeutig zu beschreiben und klare Aussagen über ihre Risikostruktur zu treffen.

5.3.1.1. Die methodische Vorgehensweise der Clusteranalyse

Die Clusteranalyse schließt in sich die verschiedensten Methoden zur Bildung von Gruppen ein, die zu unterschiedlichen Ergebnissen führen. Deshalb ist es notwendig, anhand der vorgegebenen Untersuchungsziele eine adäquate Vorgehensweise zu bestimmen. Dabei sind zwei wichtige Entscheidungen zu treffen: die Wahl der Maßgröße für die Ähnlichkeit zwischen zwei Ländern und die Bestimmung des Verfahrens zur Gruppenbildung. Schließlich ist zu klären, ob eine implizite, interne Gewichtung der Kriterien zugelassen wird oder ob eine gleichgewichtete Clusteranalyse gerechnet werden soll.

1. Maßgrößen der Ähnlichkeit: Für metrisch skalierte Daten stehen die verschiedensten Maßgrößen zur Verfügung.[3] Ein zentraler für diese Arbeit relevanter Unterschied besteht zwischen dem euklidischen Distanzmaß und dem Korrelationskoeffizienten. Beide Koeffizienten liefern unterschiedliche Informationen über die Ähnlichkeiten unter den Ländern. Die Euklidische Distanz betrachtet Länder als ähnlich, deren Profile geringe Distanzen zueinander aufweisen, und zwar unabhängig davon, wie die Profilverläufe aussehen. Der Korrelationskoeffizient hingegen betrachtet Länder als ähnlich, die einen etwa gleichen Profilverlauf aufweisen, wobei der Distanz zwischen den Profilen, d.h. dem Risikoniveau, keine Beachtung geschenkt wird. Um sowohl Ländergruppen zu erhalten, die sich durch ihr Risikoniveau und ihren Risikoverlauf unterscheiden, wurden beide Verfahren zugrunde gelegt.

2. Verfahren der Gruppenbildung: Auch die Art und Weise, wie die Länder aufgrund der Ähnlichkeitskoeffizienten zu Gruppen zusammengefaßt werden, kann unterschiedlich sein, wobei allerdings zum Teil die Wahl der Ähnlichkeitskoeffizienten die Wahl des Agglomerationsverfahrens mitbestimmt. In Verbindung mit der euklidischen Distanz wurde hier das Ward-Verfahren gewählt, weil es homogene Gruppen mit minimaler Varianz bildet. Beim Korrelationskoeffizienten wurde das Single Linkage-Verfahren zur Gruppenfusion ausgewählt. Dieses Verfahren führt nicht wie das Average Linkage Verfahren in jedem Falle zu kugelförmigen Clustern, sondern tendiert zur Kettenbildung, wenn keine klar voneinander abgrenzbaren Länderpositionen vorliegen.[4] Über die Anwendung des Single Linkage Verfahren kann somit eine Entscheidung getroffen werden, inwieweit der Korrelationskoeffizient für die Bildung trennfähiger Ländergruppen mit unterschiedlichem Risikoprofilverlauf geeignet ist.

---

3) Auf die Problematik bei qualitativen Daten von einem metrischen Skalenniveau auszugehen, wurde bereits auf Seite 124-125 eingegangen.
4) vgl. Wishart (1984), S. 36.

3. Intern gewichtete oder gleichgewichtete Clusteranalyse:
Die Faktorenanalyse hat offengelegt, daß die Einzelkriterien von ORI und PRI zum Teil hoch korrelieren. Da die Ergebnisse der Clusteranalyse maßgeblich von diesen Korrelationen beeinflußt werden, stellt sich die Frage, ob diese Korrelationen mit in die Clusteranalyse einfließen sollen oder nicht. Hierzu ist es sinnvoll, zunächst die Auswirkungen der Korrelationen unter den Variablen auf die Clusteranalyse aufzuzeigen:

Das euklidische Distanzmaß behandelt die Merkmale wie unabhängige Variable, auch wenn sie in Wirklichkeit hoch interdependent sind. Dadurch tritt der Effekt auf, daß die Komponenten, die mehrfach in den Variablen enthalten sind, auch mit einem höheren Gewicht in die Distanzberechnung eingehen. Damit stellt sich die Frage, wie der Umfang dieser internen Gewichtung einzuschätzen ist. Die interne Gewichtung der Komponenten kommt einer Gewichtung der Faktoren mit ihren Eigenwerten gleich, und zwar bei einer Hauptkomponentenanalyse.[5]

Unter bestimmten Umständen kann diese interne Gewichtung durchaus sinnvoll sein. Wenn sie allerdings unerwünscht ist, kann sie durch Vorschaltung einer Faktorenanalyse herausgerechnet werden. Die Faktoren werden dann als gleichgewichtete Merkmalskomponenten behandelt.[6] Eine andere Möglichkeit, die interne Gewichtung auszugleichen, bietet die Verwendung der Mahalanobis-Distanz an Stelle des euklidischen Distanzmaßes. Sie führt zu denselben Ergebnissen wie eine vorgeschaltete Hauptkomponentenanalyse.[7]

Mit einer intern gewichteten Clusteranalyse über die Einzelkriterien sind sowohl Vor- als auch Nachteile verbunden, die in Abhängigkeit von der jeweiligen Untersuchungskonzeption gegeneinander abzuwägen sind.[8]

---

5) vgl. Vogel (1975), S. 84.
6) vgl. Vogel (1975), S. 84; Bergs (1981), S. 53 ff.
7) vgl. Vogel (1975), S. 84.
8) vgl. Vogel (1975).

Ein Vorteil der internen Gewichtung besteht darin, daß die Korrelationen unter den Merkmalen die Möglichkeit bieten, zu scharf voneinander getrennten Ländergruppen zu gelangen. Würde z.B. der Faktor Infrastruktur in Abbildung 71 eine wichtige Trenninformation enthalten, dann kann diese Information verstärkt werden, indem mehrere Kriterien, die hoch mit dem Merkmal Infrastruktur korrelieren, in die Clusteranalyse einbezogen werden. Durch die Korrelationen wird die Trenninformation, die sich immer wieder in den interdependenten Daten niederschlägt, verstärkt.

Die Nachteile einer internen Gewichtung ergeben sich aus folgendem Effekt: Wenn mehrere Faktoren hinter den Variablen stehen, die jeweils unterschiedlich viele und unterschiedlich hoch ladende Variable auf sich vereinigen (vgl. Abb. 71), dann kommt es zu einer völlig ungleichen Gewichtung dieser Faktoren. Damit verbunden ist der Nachteil, daß die Trenninformationen eines Faktors, der allein durch ein Merkmal repräsentiert wird, wegen seines geringen Gewichts unterdrückt wird und verloren geht.

Im Rahmen der Länderrisiko-Analyse spricht vor allem das letzte Argument für eine ungewichtete Clusteranalyse über die zuvor extrahierten 6 Faktoren. Dabei zeigt sich allerdings, daß von einem Untersuchungszeitpunkt zum nächsten völlig unterschiedliche Gruppenlösungen entstehen. Die Ländergruppen sind nicht über die Zeit vergleichbar. Eine plausible Erklärung hierfür ist, daß die Faktoren zum Teil zeitinstabile Faktorenmuster besitzen, so daß die Faktorenwerte großen Veränderungen über die Zeit unterliegen. Durch die Gleichgewichtung tritt dann der Effekt ein, daß die zeitinstabilen Faktoren des PRI-Panels, die nur wenige Variablen auf sich vereinigen - ein extremes Beispiel stellt der Faktor F6 dar, der i.d.R. nur eine, aber über die Zeit immer wieder andere Variable auf sich zieht - genau soviel Gewicht erhalten, wie die zeitstabilen Faktoren, die einen wesentlichen Teil aller Merkmale repräsentieren.

Angesichts dieser Situation ist es sinnvoll, die Clusteranalyse über die Einzelmerkmale zu rechnen und die Vorteile
einer intern gewichteten Clusteranalyse auszunutzen. Sie
verfolgt das Ziel, die Störeinflüsse in den Daten über die
Zeit durch die starke interne Gewichtung der zeitstabilen
Faktoren zu unterdrücken und auf diese Weise zu über die
Zeit vergleichbaren Gruppenbildungen zu gelangen sowie die
zentralen, im wesentlichen immer wieder in den Merkmalen
enthaltenen Trenninformation zur Bildung der Risikogruppen
heranzuziehen und damit gleichzeitig trennstarke Gruppenlösungen zu erzeugen.

5.3.1.2. Die Polarisierung der Risikogruppen

Die intern gewichtete Clusteranalyse über die euklidische
Distanz und das Agglomerationsverfahren von Ward ergibt ei-
ne eindeutige Zwei-Clusterlösung für alle 12 Zeitpunkte. In
Abbildung 72 sind jeweils die zu den Gruppen gehörenden
Länder für sämtliche 12 Analysen aufgezeigt. Im folgenden
werden die beiden Gruppen als A- und als B-Gruppe bezeich-
net. Gleichzeitig sind in Abbildung 73 die hier verwendeten
Länderkennzahlen wiedergegeben. Die Zusammensetzung der
Gruppen bleibt über die Zeit weitgehend stabil. Während die
B-Länder hochindustrialisierte Länder darstellen, wie Aus-
tralien, Belgien, Kanada, Dänemark, Bundesrepublik, Japan,
Niederlande, Norwegen Singapur, Schweiz, Großbritannien und
USA,[9] umfaßt die Gruppe der A-Länder sozusagen die übrige
Welt, insbesondere aber Entwicklungs- und Schwellenländer.

---

9) Diese Länder sind in allen 12 Analysen in der Gruppe der
B-Länder enthalten.

205

Zeit	1980			1981			1982			1983		
Gruppe	I	II	III	I	II	III	I	II	III	I	II	III
A Länder	1	1	1	1	1	1	1	1	1	1	1	1
	4	4	4	4	4	4	4	4	4	4	4	4
	6	6	6	6	6	6	6	6	6	6	6	6
	7	7	7	7	7	7	7	7	7	7	7	7
	9	9	9	9	9	9	9	9	9	9	9	9
	10	10		10		10	10	10	10	10	10	10	10	10
	13	13		11		11		11		11	11	11	11	11	11	11
	14	14		13		14		13		13	13	13	13	13	13	13
	15	15	14	15		14		14	14	14	14	14	14	14
	16	16	15	16	15	15	15	15	15	15	15	15
	18	18	16	18	16	16	16	16	16	16	16	16
	19	19		17		19	19	19	19	19	19	19	19	19
	20	20	18	20	20	20	20	20	20	20	20	20
	22	22	19	22	22	22	22	22	22	22	22	22
	23	23	20	23	23		23		23	23	23	24	25	25
	24	24	22	25	25		24		24	24	24	25	26	26
	25	25	23	26	26		25		25	25	25	26	28	28
	26	26	24	28	28	26	26	26	26	28	30	30
	28	28	25	30	30	28	28	28	28	30	31	31
	30	30	26	31	31	30	30	30	30	31	32	32
	31	31	28	32	32	31	31	31	31	32	33	33
	32	32	30	33	33	32	32	32	32	33	37	37
	33	33	31	37	37	33	33	33	33	37	41	41
	36		34		32	41	41	37	37	37	37	41	42	42
	37		36		33	42	42	41	41	41	41	42	45	45
	41	37	34	45	45	42	42	42	42	45		
	42		40		36			45	45	45	45		2	2
	45		41		37	2	2					2	3	3
B Länder		42	40	3	3	2	2	2	2	3	5	5
	2		41	5	5	3	3	3	3	5	8	8
	3	2	42	8	8	5	5	5	5	8	12	12
	5	3		45		12	12	8	8	8	8	12	17	17
	8	5			13		17	12	12	12	12	17	18	18
	11	8	2		17			18		17	17	17	17	18	21	21
	12	11	3		21			21		18	18	18	18		21			23		21
	17	12	5		24		24	21	21	21	21		23			24		24
	21	17	8		27		27	27	27	27	27	27	27	27
	27	21	12		29		29	29	29	29	29	29	29	29
	29	27	21		34		34	34	34	34	34	34	34	34
	34	29	27		35		35	35	35	35	35	35	35	35
	35	35	29		36		36	36	36	36	36	36	36	36
	38	38	35		38		38	38	38	38	38	38	38	38
	39	39	38		39		39	39	39	39	39	39	39	39
	40	43	39		40		40	40	40	40	40	40	40	40
	43	44	43		43		43	43	43	43	43	43	43	43
	44		45		44	44	44	44	44	44	44	44	44	44

Abb. 72: Die Trennung der Weltländer in zwei Risikogruppen

NR. 1 : ARGENTINIEN	NR. 20 : ELFENBEINKÜSTE	NR. 39 : SCHWEIZ
NR. 2 : AUSTRALIEN	NR. 21 : JAPAN	NR. 40 : TAIWAN
NR: 3 : BELGIEN	NR. 22 : KENIA	NR. 41 : THAILAND
NR. 4 : BRASILIEN	NR. 23 : SÜD-KOREA	NR. 42 : TÜRKEI
NR. 5 : KANADA	NR. 24 : MALAYSIA	NR. 43 : GROSSBRITANNIEN
NR. 6 : CHILE	NR. 25 : MEXIKO	NR. 44 : USA
NR. 7 : KOLUMBIEN	NR. 26 : MAROKKO	NR. 45 : VENEZUELA
NR. 8 : DÄNEMARK	NR. 27 : NIEDERLANDE	
NR. 9 : ECUADOR	NR. 28 : NIGERIA	
NR. 10 . ÄGYPTEN	NR. 29 : NORWEGEN	
NR. 11 : FRANKREICH	NR. 30 : PAKISTAN	
NR. 12 : BUNDESREPUBLIK	NR. 31 : PERU	
NR. 13 : GRIECHENLAND	NR. 32 : PHILIPPINEN	
NR. 14 : INDIEN	NR. 33 : PORTUGAL	
NR. 15 : INDONESIEN	NR. 34 : SAUDI-ARABIEN	
NR. 16 : IRAN	NR. 35 : SINGAPUR	
NR. 17 : IRLAND	NR. 36 : SÜDAFRIKA	
NR. 18 : ISRAEL	NR. 37 : SPANIEN	
NR. 19 : ITALIEN	NR. 38 : SCHWEDEN	

Abb. 73: Die verwendeten Länderkennzahlen

206

Diese Ergebnisse zwingen nahezu den Gedanken auf, daß sich zwischen den beiden Gruppen das Nord-Süd-Gefälle ausbreitet. Wobei die geographische Gegenüberstellung "Nord-Süd" als Groborientierung dient und im Grunde genommen die Kluft zwischen Industrie- und Entwicklungsländern im sozialen, politischen und wirtschaftlichen Bereich bezeichnet.

Die schrittweise Zusammenfassung der Länder zu Ländergruppen mit Hilfe des Ward-Verfahrens findet im einzelnen auf folgende Weise statt. Als Entscheidungsmaßstab dafür, welche Länder oder Ländergruppen als nächstes fusioniert werden, dient die Zunahme der Fehlerquadratsumme. Die Fehlerquadratsumme ergibt sich aus der Summe der quadrierten Abstände (euklidische Distanz) der Objekte einer Gruppe zum Schwerpunkt dieser Gruppe. Es werden immer die beiden Gruppen vereinigt, deren Fusion die geringste Zunahme in der Summe der Fehlerquadrate bewirkt.[10] Der in Abbildung 74 wiedergegebene Koeffizient entspricht genau der doppelten Zunahme der Fehlerquadratsumme für die jeweils angegebene Gruppenfusion.

Zeit-punkt	Doppelte Zunahme der Fehlerquadratsumme bei					erklärte Varianz in % *
	5 Gruppen	4 Gruppen	3 Gruppen	2 Gruppen	1 Gruppe	
1980I	3.70	3.83	5.31	8.72	26.55	30%
1980II	4.17	4.50	4.74	9.63	24.98	28%
1980III	4.30	4.40	5.64	7.95	26.65	30%
1981I	3.79	4.53	4.74	6.48	29.81	33%
1981II	3.24	4.32	5.13	6.72	31.35	34%
1981III	3.67	4.00	5.11	6.99	33.16	36%
1982I	3.55	4.37	5.64	6.00	33.03	36%
1982II	3.59	4.03	4.77	6.78	34.62	38%
1982III	3.42	3.50	6.20	6.58	34.75	38%
1983I	3.55	3.82	6.07	7.40	33.70	37%
1983II	2.93	5.34	5.37	6.01	35.84	39%
1983III	2.77	4.16	4.26	6.69	37.44	41%

* Die erklärte Varianz in % durch eine 2 Gruppenlösung ergibt sich aus

$$\frac{\text{Doppelte Zunahme der Fehlerquadratsumme bei 1 Gruppe}}{2 \text{ x gesamte Fehlerquadratsumme}} \times 100$$

Abb. 74: Die Zunahme der doppelten Fehlerquadratsumme während der Gruppenfusion

---

10) vgl. Schuchard-Ficher u.a. (1985), S. 134; Wishart (1984), S. 36.

Dieses Kriterium dient zugleich als Entscheidungskriterium für die Wahl der Gruppenzahl. Immer dann, wenn die Fusion zu einer im Vergleich zu den vorhergehenden Fusionen hohen Zunahme der Fehlerquadratsumme führt, ist es sinnvoll, keine weitere Gruppenfusion vorzunehmen, weil die Heterogenität innerhalb der Gruppen sonst unverhältnismäßig zunimmt.

Neben den Ergebnissen in Abbildung 74 zeigt beispielhaft das Dendrogramm für die Clusteranalyse von 1983III in Abbildung 75, wie eindeutig aufgrund dieser Entscheidungsregel die Zwei-Gruppenlösung ist. Das Dendrogramm gibt einen guten Überblick über die Zunahme der Fehlerquadratsumme während des Fusionsprozesses. Erst die letzte Fusion führt zu einer extremen Steigerung des Koeffizienten.

Anhand dieses Koeffizienten kann schließlich eine Aussage darüber getroffen werden, wieviel der gesamten Fehlerquadratsumme bzw. der Heterogenität unter den Ländern durch die Bildung von zwei Gruppen erklärt werden kann. Z.B. beträgt 1980I der Koeffizient 26,55. Er gibt die doppelte Zunahme der Fehlerquadratsumme an, wenn die letzten beiden Ländergruppen zu einer einzigen Ländergruppe fusionieren.

Umgekehrt kann daraus gefolgert werden, daß durch die Bildung von zwei Ländergruppen bereits 13,23 (26,55 : 2) Einheiten der Heterogenität der Länder erklärt wird. Da die Fehlerquadratsumme genau 45 Einheiten beträgt (die Daten sind standardisiert), wenn alle Länder sich in einer Gruppe befinden, kann somit insgesamt 30 % (13,23 : 45 x 100) der Heterogenität der Länder durch die Bildung von zwei Risikogruppen erklärt werden.

Ein Vergleich der Ergebnisse über die Zeit zeigt, daß die erklärte Fehlerquadratsumme von 1980I bis 1983III fast kontinuierlich von 30 % auf 41 % also um 10 % ansteigt (vgl. Abb. 74). Das aber bedeutet, daß die Diskrepanz zwischen den beiden Ländergruppen immer größer geworden ist und eine stärkere Polarisierung der Gruppen stattgefunden hat. Das Nord-Süd-Gefälle hat von 1980I bis 1983III zugenommen und

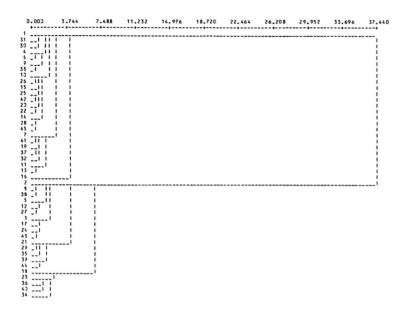

Abb. 75: Dendrogramm für die Clusteranalyse 1983III über
die euklidische Distanz und das Ward-Verfahren

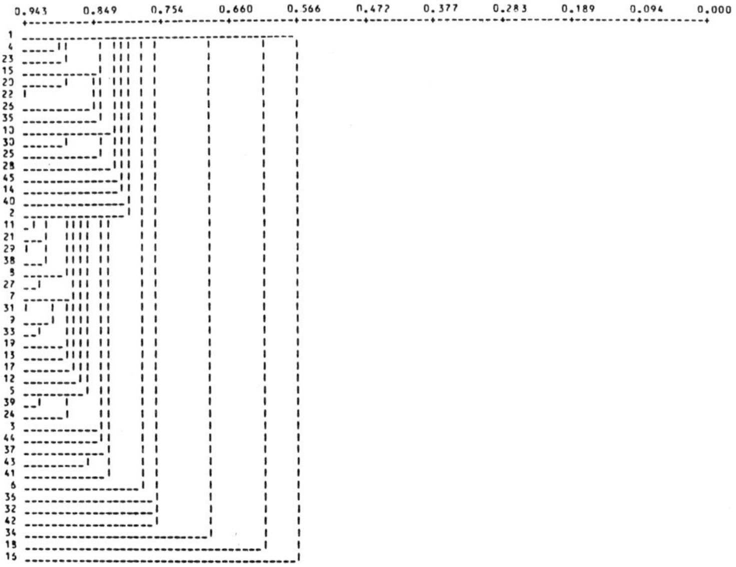

Abb.76: Dendrogramm der Clusteranalyse über Korrelationskoeffizient und Single Linkage-Verfahren für 1983III

ist allen entwicklungspolitischen Anstrengungen zum Trotz nicht geringer geworden.

Wie zu Beginn dieses Abschnitts aufgezeigt, eignet sich die euklidische Distanz zur Bestimmung der Länder mit einem ähnlichen Risikoniveau, während der Korrelationskoeffizient Länder mit ähnlichen Risikoprofilen erkennen kann. Deshalb wurden ebenfalls 12 Clusteranalysen über den Korrelations-koeffizienten in Verbindung mit dem Single Linkage-Verfahren gerechnet. Die Analysen ergaben allerdings, daß es nicht möglich ist, Ländergruppen mit charakteristischen Profilverläufen voneinander zu trennen. Stellvertretend für die übrigen Analysen zeigt Abbildung 76 das Ergebnis der Clusteranalyse von 1983III anhand eines Dendrogramms. Der Korrelationskoeffizient wird im Fusionsprozeß insgesamt nicht kleiner als 0,56. Folglich müssen sich die Profilver-läufe der Länder sehr ähnlich sein. Es kommt zu einer deut-lichen Kettenreaktion während des Fusionsprozesses. Die Clusteranalyse führt nicht zu einer Gruppenbildung im ei-gentlichen Sinne, sondern nimmt Schritt für Schritt ein weiteres Land zu den anderen Ländern hinzu. Die nachfol-genden Untersuchungen bauen deshalb allein auf der Zwei-Gruppenlösung der vorhergehenden Clusteranalyse auf.

5.3.2. Charakteristische Eigenschaften der Risikogruppen

5.3.2.1. Vergleich der Gruppenprofile

Um sich einen Überblick über die charakteristischen Unter-schiede zwischen den Gruppen zu verschaffen, sind in Abbil-dung 77 die Gruppenprofile von 1980I bis 1983III darge-stellt. Hierzu sind auf der Ratingskala die Gruppenmittel-werte der Einzelkriterien des ORI- und PRI-Panels einge-zeichnet.

Für die ORI-Kriterien zeigt sich dabei über alle 12 Analysen ein eindeutiges Bild. Die B-Länder besitzen im Durchschnitt eine wesentlich höhere Kriterienausprägung. Sie werden wesentlich positiver beurteilt als die A-Länder. Insgesamt ergibt sich daraus, daß die A-Länder im Durchschnitt eine weniger entwickelte soziale, politische und wirtschaftliche Infrastruktur besitzen und über geringere finanzielle Ressourcen verfügen als die Länder der B-Gruppe. Eine Ausnahme bilden die Variablen Wirtschaftswachstum (G7) und Lohnkosten/Produktivität (G10). Zwischen den Gruppenmittelwerten dieser Kriterien, die ein Maß für den Entwicklungsfortschritt sind, bestehen keine Unterschiede. Damit aber im wirtschaftlichen Bereich die Kluft zwischen den beiden Ländergruppen geringer werden kann, müßten diese Variablen in der Gruppe der A-Länder wesentlich höhere Ausprägungen besitzen.

Für die PRI-Variablen gilt i.d.R. zwar auch, daß die Kriterien für die Gruppe der A-Länder im Durchschnitt eine schlechtere Bewertung erhalten, allerdings sind hier über die Zeit Unterschiede zu beachten. Vor allem die Umstellung der Skala 1982II ist zu berücksichtigen. Bei den Ursachenvariablen P1 bis P8 kann die Skala auch über 7 Punkte hinausgehen. Das liegt daran, daß die Experten zusätzlich Punkte für ein Kriterium und ein Land vergeben dürfen, mit dem Effekt, daß die Skala nach oben ausgedehnt werden kann und somit die Kriterien unterschiedliche Gewichte erhalten.

Ein Vergleich der PRI-Gruppenprofile zeigt, daß die Variablen P2, P5, P6, P9, und P10 über alle Zeitpunkte hinweg im Durchschnitt der Expertenurteile für die A-Länder schlechter bewertet werden als die B-Länder. In der Gruppe der A-Länder treten somit verstärkt regionale politische Konflikte auf, die Regierungen greifen eher zu Unterdrückungsmaßnahmen, um ihre Macht zu sichern, die Einstellung gegenüber ausländischen Unternehmen ist negativer und die sozialen Verhältnisse sind schlechter. Schließlich muß die Unternehmung in diesen Ländern verstärkt mit sozialen und politischen Konflikten rechnen. Die übrigen Variablen verhalten

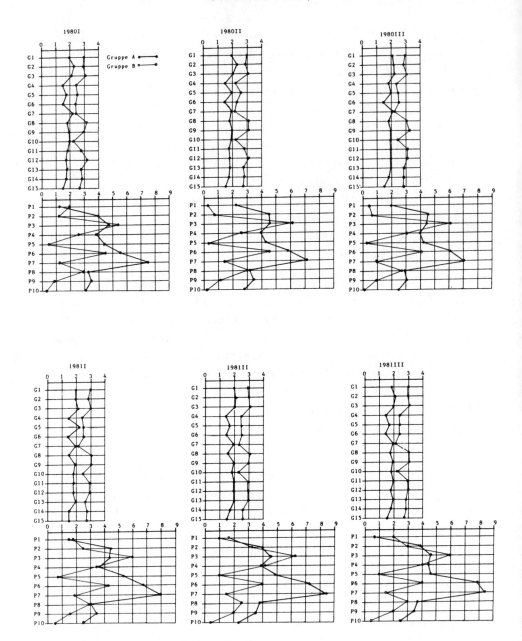

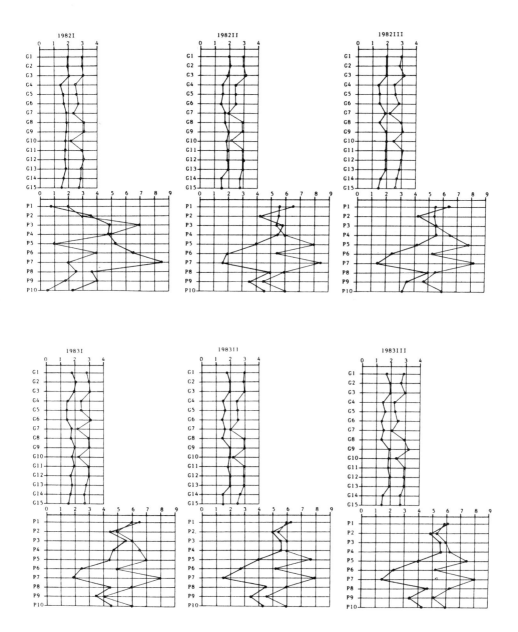

sich unterschiedlich. P1, die Bedeutung für eine Großmacht, liefert keine eindeutige Trenninformation. Die Mittelwerte unterliegen deutlichen Schwankungen. Das gilt gleichermaßen für die Variable P4, Zersplitterung der Bevölkerung. Hier ist über die Zeit keine eindeutige Aussage möglich. Das Kriterium P3 (Zersplitterung des politischen Spektrums) weist bis 1982II auf wesentliche Unterschiede in den beiden Gruppen hin. A-Länder werden hier sogar besser beurteilt als B-Länder. Allerdings verliert die Variable dann ihre Trennfähigkeit und die Beziehung scheint sich sogar derart umzukehren, daß A-Länder im Durchschnitt schlechter eingestuft werden als B-Länder. Eine weitere Ausnahme bildet die Variable P8, der Einfluß der radikalen Linken. Sie liefert bis 1981I keine unterschiedlichen Mittelwerte, während ab 1981II die A-Länder offensichtlich auch hier schlechter beurteilt werden.

Kennzeichnend für die beiden Gruppen und das Nord-Süd-Gefälle ist somit, daß sich die Diskrepanz zwischen den Ländern in allen Umweltbereichen äußert. Die wirtschaftlich hochentwickelten Länder gelten sowohl politisch als auch sozial als stabile Länder und die wirtschaftlich weniger entwickelten Länder sind durch politische und soziale Instabilitäten gekennzeichnet.

5.3.2.2. Beurteilung der Trennfähigkeit der Risikogruppen

Wie stark die Unterschiede zwischen den beiden Ländergruppen sind, kann eine einfache Diskriminanzanalyse beurteilen. Die Faktorwerte der insgesamt 6 extrahierten Faktoren für jeden Datensatz von 1980I bis 1983III wurden deshalb einer Diskriminanzanalyse unterzogen. Die für jeden Zeitpunkt neu vorgegebene Aufteilung der 45 Länder auf die beiden Gruppen entspricht exakt den Ergebnissen der jeweiligen Clusteranalyse, wie sie in Abbildung 72 und 73 festgehalten sind. Auf diese Weise verbindet die Diskriminanzanalyse die Ergebnisse der unabhängig voneinander durchgeführten Faktoren- und Clusteranalysen für jede einzelne der 12 Datenmatrizen.

Da im vorhinein nicht klar war, welche Faktoren überhaupt zwischen den beiden Gruppen diskriminieren können, wurde eine schrittweise Diskriminanzanalyse vorgenommen:

In einem ersten Schritt wird aus den vorgegebenen 6 Faktoren derjenige ausgewählt, der für sich alleingenommen die höchste Diskriminierungsfähigkeit besitzt. Als Auswahlkriterium dient hier Wilks' Lambda. Die 2. Stufe kombiniert diesen Faktor mit den übrigen Faktoren, um die Zweier-Kombination zu bestimmen, die den kleinsten Wert für Wilks' Lambda aufweist. Auf der nächsten Stufe wird diese Zweier-Kombination wieder mit jedem einzelnen der noch übrig gebliebenen Faktoren kombiniert. Es wird wieder die Kombination ausgewählt, die den kleinsten Wert für Wilks' Lambda erzeugt usw. Auf diese Weise nimmt die Diskriminanzfunktion immer die Variable bzw. den Faktor neu hinzu, der die höchste zusätzliche Trenninformation liefert. Die Prozedur endet, wenn keine der verbleibenden Variablen eine ausreichende Verbesserung bringt.

Der Grundgedanke, der hinter der stufenweisen Diskriminanzanalyse besteht, beruht somit darauf, sowohl die schwachen Variablen, die keine Unterschiede der Gruppenmittelwerte aufweisen und über keine Trenninformation verfügen, als auch die überflüssigen Variablen, die aufgrund ihrer Korrelationen mit anderen diskriminierenden Variablen keine zusätzliche Trenninformation liefern können, aus der Diskriminanzfunktion auszuschließen.

Diese Vorgehensweise führt allerdings nicht zwingend zu der optimalen Kombination der Variablen mit dem kleinsten Wert für Wilks' Lambda überhaupt, sondern liefert nur eine gute Lösung. Um tatsächlich die beste Lösung zu ermitteln, müs-

215

sen alle möglichen Kombinationen der Faktoren durchgerech-
net und miteinander verglichen werden.[11)

Bestehen hohe Korrelationen unter den Variablen, entstehen
erhebliche Interpretationsprobleme hinsichtlich der ausgeschlossenen Variablen, weil nicht ohne weiteres feststeht, ob die ausgeschlossenen Variablen tatsächlich keine
Trenninformation besitzen oder ob sie nicht sogar eine hohe, lediglich überflüssige Trenninformation enthalten.

Der letzte Kritikpunkt liefert den wesentlichen Grund dafür, warum die Diskriminanzanalysen hier über die Faktorwerte der jeweiligen 6 Faktoren gerechnet werden und nicht
über die Einzelkriterien. Aus den Faktorenanalysen selbst
geht die hohe Interdependenz insbesondere der ORI-Variablen
hervor, so daß erhebliche Interpretationsprobleme der Diskriminanzanalyse über die Einzelkriterien entstehen müßten.
Außerdem hat bereits die Analyse der Profile der Gruppenmittelwerte ergeben, daß die überwiegende Zahl der Einzelkriterien für sich allein betrachtet trennfähige Variablen
darstellt. Um diese insgesamt in den Variablen vorhandene
Trenninformation auch insgesamt in der Diskriminanzfunktion
zu erfassen, empfiehlt sich die Analyse über die Faktoren.
Hinzu kommt der Effekt, daß die gewichtete Clusteranalyse
vor allem die Trenninformation enthält, die den interdependenten Kriterien gemeinsam ist und daß diese Trenninformation sich in den Faktoren wiederspiegeln muß.

Die Diskriminanzanalyse will vor allem die Trennschärfe der
Gruppen beurteilen, wobei allerdings auch die relative Bedeutung der unabhängigen Risikofaktoren für die Trennung
der beiden Risikogruppen einschätzbar sein soll.

In Abbildung 78 sind die standardisierten Koeffizienten der
kanonischen Diskriminanzfunktion wiedergegeben mit dem pro-
zentualen Anteil an der Gesamtstreuung der Diskriminanz-
funktionswerte, die auf den jeweiligen Faktor in der Dis-

---

11) vgl. Schuchard-Ficher u.a. (1985), S. 179; Klecka
(1982), S. 52 ff.

	1980I			1980II			1980III	
	(a)	(b)		(a)	(b)		(a)	(b)
F1 :	0.90	30 %	F1 :	0.93	30 %	F1 :	0.98	35 %
F2 :	0.79	27 %	F2 :	0.47	15 %	F2 :	0.68	25 %
F3 :	0.64	22 %	F3 :	0.84	27 %	F3 :	0.57	20 %
F4 :	0.60	21 %	F4 :	0.67	21 %	F4 :	0.57	20 %
			F6 :	0.24	7 %			

	1981I			1981II			1981III	
	(a)	(b)		(a)	(b)		(a)	(b)
F1 :	1,15	36 %	F1 :	1.31	35 %	F1 :	1.34	34 %
F2 :	1.01	32 %	F2 :	1.13	30 %	F2 :	1.03	30 %
F3 :	-0.49	16 %	F3 :	0.37	10 %	F3 :	0.40	10 %
F4 :	0.50	16 %	F5 :	0.45	12 %	F4 :	0.83	21 %
			F6 :	0.52	14 %	F5 :	0.37	9 %

	1982I			1982II			1982III	
	(a)	(b)		(a)	(b)		(a)	(b)
F1 :	1.32	36 %	F1 :	1.30	35 %	F1 :	1.30	34 %
F2 :	0.87	23 %	F2 :	0.94	26 %	F2 :	1.02	27 %
F3 :	0.25	7 %	F3 :	-0.43	12 %	F3 :	0.50	13 %
F4 :	0.69	19 %	F4 :	0.28	8 %	F4 :	-0.30	8 %
F5 :	0.40	11 %	F5 :	0.47	13 %	F5 :	0.40	11 %
F6 :	0.18	5 %	F6 :	-0.23	6 %	F6 :	-0.25	7 %

	1983I			1983II			1983III	
	(a)	(b)		(a)	(b)		(a)	(b)
F1 :	1.34	33 %	F1 :	1.32	32 %	F1 :	1.43	33 %
F2 :	1.05	26 %	F2 :	0.95	23 %	F2 :	1.22	28 %
F3 :	0.30	7 %	F3 :	0.35	9 %	F3 :	0.87	20 %
F4 :	0.41	10 %	F4 :	0.67	16 %	F5 :	-0.41	10 %
F5 :	-0.35	9 %	F5 :	-0.49	19 %	F6 :	0.36	9 %
F6 :	0.63	15 %	F6 :	0.26	6 %			

(a) : Standardisierte kanonische Koeffizienten der Diskriminanzfunktion
(b) : Prozentualer Anteil der Streuung in den Werten der Diskriminanzfunktion, der durch den jeweiligen Faktor verursacht
wird.

Abb. 78: Die relative Bedeutung der Faktoren in der
Diskriminanzfunktion

kriminanzfunktion zurückzuführen ist. So erklären die beiden Faktoren F1 und F2, die im wesentlichen die ORI-Kriterien repräsentieren, zwischen 50 % und 68 % der Varianz der
Diskriminanzwerte. Hier besteht nur eine Ausnahme mit 45 %
im Zeitpunkt 1980II. Der andere nicht geringe Teil der
Streuung geht auf die restlichen Faktoren zurück, die wei-

testgehend durch die PRI-Kriterien geprägt sind. Insofern kann bereits an dieser Stelle gefolgert werden, daß sowohl die ORI- als auch die PRI-Kriterien gleichermaßen wichtige und unterschiedliche (die Faktoren sind unabhängig voneinander) Trenninformationen für die beiden Ländergruppen enthalten.

Auch die nachträgliche Klassifikation der Länder anhand der Werte der Diskriminanzfunktion kann eine bedeutende Information für die Trennschärfe liefern. Die Anzahl bzw. der prozentale Anteil der richtig zugeordneten Länder beträgt zwischen 93 % und 100 %. Es wurden nie mehr als 3 von 45 Ländern fehlklassifiziert (siehe Abb. 79).

Zeit-punkt	Anzahl falsch zugeordneter Länder	richtig klassifizierte Länder in %
1980I	3	93.33
1980II	3	93,33
1980III	1	97.78
1981I	1	97.78
1981II	0	100.00
1981III	0	100.00
1982I	0	100.00
1982II	0	100.00
1982III	0	100.00
1983I	1	97.78
1983II	1	97.78
1983III	2	95.56

Abb. 79: Die Klassifikation der Länder über die Diskriminanzfunktion

Die Beurteilung der Trennstärke der Diskriminanzfunktion anhand einzelner Statistiken (siehe Abb. 80) führt zu den folgenden Ergebnissen:

1. **Wilks' Lambda:** Wilks' Lambda gibt das Verhältnis zwischen den Abweichungen in den Gruppen zu der Gesamtabweichung an, bzw. wie hoch der Anteil der nicht erklärten Abweichung an der Gesamtabweichung ist. Je geringer Wilks' Lambda ist, desto homogener sind die Gruppen und desto größer ist der Unterschied zwischen den Gruppen. Aus Abbildung 80 geht hervor, daß der unerklärte Anteil der Abweichungen zwischen 0,16 und 0,35 liegt. Die beiden Länder-

gruppen sind somit als homogene Gruppen anzusehen, zwischen denen große Unterschiede bestehen. Für die Zeit von 1981I bis 1983III liegen die Werte sogar nur zwischen 0.16 und 0.23, während sie für das Jahr 1980 offensichtlich etwas höher liegen (0.35 und 0.32).

Zeit-punkt	(a)	(b)	(c)	(d)
1980I	0.34	44.20	0.81	65 %
1980II	0.32	44.96	0.81	65 %
1980III	0.35	42.94	0.80	64 %
1981I	0.23	59.18	0.87	75 %
1981II	0.19	66.64	0.89	79 %
1981III	0.16	71.76	0.91	82 %
1982I	0.17	69.14	0.90	81 %
1982II	0.16	71.51	0.91	82 %
1982III	0.17	69.50	0.90	81 %
1983I	0.22	59.23	0.87	75 %
1983II	0.16	71.62	0.91	82 %
1983III	0.17	70.82	0.90	81 %

(a) : Wilks' Lambda

(b) : Chi^2-Wert

(c) : Kanonische Korrelation (CR)

(d) : CR^2 in %

Abb. 80: Beurteilung der Trennstärke der Diskriminanz-funktion über verschiedene Statistiken

2. Chi^2-Wert: Die Chi^2-Statistik liefert einen Test über alle Mittelwertunterschiede der unabhängigen Faktoren und damit eine Aussage über die Gesamtheit der Variablen. Der Chi^2-Wert für eine Irrtumswahrscheinlichkeit von 0.1 bei 6 Freiheitsgraden beträgt 10.64. Da die berechneten Chi^2-Werte in Abbildung 80 wesentlich über 10.64 liegen, sind die Gruppen signifikant voneinander verschieden und die Gegen-hypothese, daß die beiden Gruppen identisch sind, kann mit 100%iger Sicherheit abgelehnt werden.

3. Kanonischer Korrelationskoeffizient: Der Kanonische Kor-relationskoeffizient (CR) besagt, wie eng der Zusammenhang zwischen den Diskriminanzwerten der einzelnen Länder und ihrer Gruppenzugehörigkeit ist. Der quadrierte kanonische Korrelationskoeffizient ist dem Bestimmtheitsmaß R^2 der

Regression vergleichbar. CR^2 ist somit ein Ausdruck für den Anteil der Streuung der Diskriminanzwerte, der durch die zwei Ländergruppen erklärt werden kann. Für die Paneldaten von 1981I bis 1983III beträgt die erklärte Varianz der Diskriminanzwerte zwischen 75 % und 83 %. Für 1980 liegen die Werte generell etwas schlechter bei 64 % bzw. 65 %.

Die zentralen Beurteilungskriterien belegen, daß die Bildung der beiden Ländergruppen mit Hilfe der Clusteranalyse zu in sich homogenen und untereinander sehr heterogenen Risikogruppen geführt hat. Die Trennschärfe zwischen den Gruppen ist so gut, daß es eigentlich keinen Überschneidungsbereich, sondern allenfalls einen Berührungspunkt zwischen den Gruppen gibt.

5.3.2.3. Die Wanderungsanalyse

Angesichts der starken Unterschiede zwischen den beiden Gruppen und der Tatsache, daß sie weitgehend überschneidungsfrei sind, erscheint es sinnvoll, eine Wanderungsanalyse der Länder zwischen den Gruppen durchzuführen. Die in Abbildung 72 umrahmten Länderkennzahlen geben die Länder an, die gegenüber der unmittelbar vorherliegenden Panel-Befragung in eine andere Gruppe übergewechselt sind. Eine solche Analyse der Wanderungen der Länder über den gesamten Betrachtungszeitpunkt führt zu folgenden Ergebnissen:

a) Bestimmte Länder wandern nur einmal von der einen Gruppe in die andere und verbleiben dann in der jeweiligen Gruppe. So wechseln Süd-Afrika (36) 1981I, Israel (18) 1981I und Süd-Korea (23) 1983I aus der Gruppe der A-Länder über in die Gruppe der B-Länder. Ein einziges Land, Frankreich (11), geht 1980III den umgekehrten Weg und wandert zu den A-Ländern hinüber.

b) Bestimmte Länder springen zwischen den Gruppen einmal hin und her. Die Länder Saudi-Arabien (34),

Taiwan (40), Venezuela (45) und Irland (17) springen
von der Gruppe B nach A und wieder zurück nach B.
Griechenland (13) hingegen wandert in umgekehrter
Richtung von Gruppe A nach B und wieder nach A.

c) Das Land Malaysia (24) wandert insgesamt dreimal
zwischen den Gruppen, erst von Gruppe A nach B, dann
wieder nach A und wieder nach B.

Die unter Punkt (b) und (c) genannten Länder besitzen typi-
sche Eigenschaften von Schwellenländern, für die noch nicht
eindeutig feststeht, ob sie den Sprung zum Industrieland
endgültig schaffen. Während die unter Punkt (a) aufgezeigten Länder offensichtlich den Übergang von einer zur anderen Gruppe konsequent vollzogen haben. Entweder sie haben
den Anschluß an die hochindustrialisierten Staaten gefunden
oder sie bleiben in ihrer Entwicklung hinter diesen Staaten
zurück wie das Land Frankreich.

5.4. Zusammenfassung der Ergebnisse der gemeinsamen Analyse
von ORI und PRI

Sowohl die Ergebnisse der Diskriminanzanalyse als auch der
Vergleich der Gruppenmittelwerte für sämtliche Einzelkriterien führen zu dem Schluß, daß die Experten nur zwischen
zwei Ländergruppen bedeutsame Unterschiede sehen. Inwieweit
dieses Ergebnis darauf zurückzuführen ist, daß die Experten
nicht in der Lage sind, stärker zwischen den Ländern zu
differenzieren oder ob die Risikopositionen der Länder innerhalb dieser beiden großen Ländergruppen tatsächlich kontinuierlich ineinander übergehen, kann nur ein Vergleich
mit den Ergebnissen quantitativer Daten aufdecken. Solange
aber keine quantitativen Daten für alle Umweltbereiche vorliegen, ist ein solcher Vergleich nicht möglich und die
Länderrisikoanalyse muß auf die Fähigkeiten und das Differenzierungsvermögen der Experten vertrauen.

Bedeutsam für die Risikopolitik der internationalen Unternehmung ist dennoch, daß nach Ansicht der Experten eine extreme und zunehmende Polarisierung unter den Ländern zu erkennen ist. Vor allem der Vergleich der Gruppenprofile legt offen, daß sich die Gegensätze in fast allen Umweltdeterminanten niederschlagen und offensichtlich tiefgreifende Unterschiede im politischen, sozialen und wirtschaftlichen Bereich existieren. Das Nord-Süd-Gefälle, das in diesen Diskrepanzen zum Ausdruck kommt, zeigt ein ernstzunehmendes Ausmaß. Viel ernster und geradezu bedenklich für die Entwicklung der Länderrisiken der internationalen Unternehmung erscheint allerdings, daß seit Anfang 1980 bis Ende 1983 das Gefälle nicht geringer geworden ist, sondern beträchtlich zugenommen hat. Die Heterogenität bzw. der Unterschied zwischen den beiden Gruppen steigt um 10 % an. Das Nord-Süd-Gefälle und damit das Risikogefälle auf den Auslandsmärkten nimmt nach Meinung der Experten zu und nicht ab.

Eine allgemeine Betrachtung der Entwicklung der Nord-Süd-Beziehungen, kann das Ergebnis der Expertenbefragungen nur unterstützen. Sowohl im politischen als auch im wirtschaftlichen Bereich sind seit Anfang der 80er Jahre zunehmende Probleme aufgetreten. Die politischen Beziehungen waren durch starke Spannungen im Ost-West-Verhältnis und zahlreiche regionale Konflikte in Asien, im Nahen Osten, in Afrika und Lateinamerika gekennzeichnet. Die weltwirtschaftlichen Beziehungen wurden durch die Auswirkungen der beiden Ölpreisschocks geprägt. Die Krisenerscheinungen in den Industriestaaten und die Rezession der Weltwirtschaft hatten katastrophale Folgen für die Länder der Dritten Welt und bedeutete für viele Entwicklungsländer eine Zuspitzung der Verschuldungssituation.[12]

Für die internationale Unternehmung folgt daraus, daß sie am Weltmarkt mit zwei völlig verschiedenen Länderrisiko-Situationen konfrontiert wird. Entweder befindet sie sich

---

12) vgl. Link/Tücks (1985), S. 7.

in einem risikoarmen oder risikoreichen Land. Eine Wahl zwischen Ländern mit mehr oder weniger ausgeprägten Risikostrukturen hat die ausländische Unternehmung offenbar nicht. Beschränkt sie ihre Unternehmensaktivitäten auf Industrieländer der Gruppe B, bleibt ihr Risikopotential niedrig. Dehnt Sie ihre Auslandsaktivitäten auf Länder der Gruppe A aus, dann steigt ihr Risikopotential sprunghaft an. Sie wird mit einer völlig anderen und in jeder Hinsicht risikoreicheren Umwelt konfrontiert. Strategien, die der Bewältigung dieser hohen Länderrisiken dienen, erhalten dadurch eine immense Bedeutung. Darüberhinaus kann sich die Unternehmung dem Nord-Süd-Konflikt nicht entziehen. Sie übernimmt vielmehr eine aktive Rolle bei der Handhabung dieses Konfliktes. Wie sich dieses Beziehungsgefüge "Nord-Süd" entwickelt, hängt u.a. auch von den Verhaltensweisen und Auslandsmarktstrategien der internationalen Unternehmen ab.

Mit diesen Ergebnissen sind die anfangs formulierten Ziele der Analyse qualitativer Teilkonzepte noch nicht vollständig erreicht. Die Probleme im Rahmen der Faktorenanalyse machen es vielmehr erforderlich, die Zeitstabilität bzw. die Kontinuität der beiden Panels getrennt zu analysieren. Eine anschließende getrennte Faktorenanalyse für beide Panels soll die Beziehungsstrukturen unter den Variablen und ihre Veränderungen deutlicher machen und zu besser interpretierbaren Faktoren führen. Auf diese Weise kann eine ausreichende Grundlage für das Aufstellen und Testen von Hypothesen geschaffen werden. Eine Clusteranalyse über die Faktoren, die für beide Panels ebenfalls getrennt durchgeführt wird, soll darüberhinaus eine weitergehende Differenzierung von Ländgruppen erreichen. Diese Vorgehensweise erscheint insgesamt gerechtfertigt, weil die Überschneidungen zwischen den Kriterien beider Panels bekannt und relativ gering sind und sich auf einen Faktor konzentrieren.

6. Die Kontinuität der Risikostruktur im ORI- und PRI-Panel

Da die explorativen Faktorenanalysen der ORI- und PRI-Kriterien in Abschnitt 5 bereits anzeigten, daß die Faktorenmuster der ORI-Kriterien über die Zeit invariant sind, während sich die Faktorenmuster der PRI-Kriterien erheblich verändern, werden die Kovarianzmatrizen der beiden Panels im folgenden getrennt untersucht.

6.1. Test der Kontinuität der Risikostruktur im ORI-Panel

Der Test auf Gleichheit der Kovarianzmatrizen von 1980I bis 1985III im ORI-Panel überprüft die Hypothese:

$$H_o: S_1 = S_2 = \ldots = S_g = \ldots = S_t \quad \text{mit}$$

S_g: Stichprobenkovarianzmatrix und
g: Anzahl der untersuchten Zeitpunkte von 1 bis t.

Wie bereits in Abschnitt 4.1. beschrieben, wird der Chi^2-Test hier nicht im üblichen Sinne angewendet, um zu beurteilen, ob die Abweichungen zwischen den Stichproben noch auf Zufallsschwankungen zurückgeführt werden können, sondern um zu beurteilen, ob die Abweichungen geringer sind, als dies selbst durch Zufallsschwankungen zu erwarten wäre. Zwar können die Expertenbefragungen von Zeitpunkt zu Zeitpunkt als Stichprobe aufgefaßt werden, doch handelt es sich dabei nicht um unabhängig voneinander gezogene Zufallsstichproben, sondern immer wieder um dieselbe Stichprobe. Die Nullhypothese wird deshalb erst angenommen, wenn die Abweichungen so gering sind, daß der Chi^2-Wert bei einem Vertrauensniveau von p = 1.0 liegt. Nimmt p einen niedrigeren Wert an, dann bedeutet das, daß die Abweichungen bereits ein Ausmaß besitzen, wie es aufgrund von Zufallsstichproben zu erwarten wäre. Da aber keine Zufallsstichproben vorliegen, müssen die Abweichungen eine andere Ursache haben.

Da der Rechenaufwand für diesen Test über die von 1980 bis
1985 vorliegenden 18 Kovarianzmatrizen mit jeweils 15 Variablen die Rechenkapazität des Programms übersteigt, konnten
die Datenmatrizen nicht alle gleichzeitig getestet werden.
Es mußten 3 getrennte Rechenläufe durchgeführt werden. Da
das Programm maximal 9 Matrizen verarbeiten konnte, wurden
zunächst die Kovarianzmatrizen von 1980I bis 1982III, dann
von 1981I bis 1983III und schließlich von 1984I bis 1985III
auf Gleichheit hin untersucht.[1]

Die Tests auf Gleichheit der Kovarianzmatrizen des ORI-Panels führen zu den folgenden Ergebnissen:

Zeit-punkt	GFI	RMSR	GFI	RMSR	GFI	RMSR
1980I	0.76	0.03				
1980II	0.75	0.03				
1980III	0.86	0.02				
1981I	0.83	0.02	0.77	0.03		
1981II	0.83	0.02	0.83	0.02		
1981III	0.80	0.02	0.84	0.02		
1982I	0.77	0.02	0.80	0.01		
1982II	0.79	0.02	0.84	0.01		
1982III	0.82	0.03	0.87	0.02		
1983I			0.72	0.02		
1983II			0.75	0.03		
1983III			0.77	0.04		
1984I					0.92	0.01
1984II					0.96	0.00
1984III					0.97	0.00
1985I					0.97	0.00
1985II					0.97	0.00
1985III					0.91	0.01
	$\text{Chi}^2_{d.f.=960} =$ 814.22 (p = 1.0)		$\text{Chi}^2_{d.f.=960} =$ 820.13 (p = 1.0)		$\text{Chi}^2_{d.f.=600} =$ 97,01 (p = 1.0)	

Abb. 81: Globale Beurteilungsgrößen für die Gleichheit der
Kovarianzmatrizen im ORI-Panel von 1980 bis 1985

---

1) Der Zeitraum der letzten Analyse überschneidet sich deshalb nicht mit dem Zeitabschnitt der vorhergehenden Untersuchung in Abbildung 81, weil in Kapitel 7.2. ein LISREL
Modell aufgrund dieser beiden Datensätze unabhängig voneinander getestet werden soll.

Der Chi^2-Wert liegt in allen drei Analysen wesentlich unter
den Freiheitsgraden und das Vertrauensniveau p liegt immer
bei 1.0, so daß davon ausgegangen werden kann, daß die Kontinuität der Panelstruktur für die analysierten Zeiträume
gegeben ist. Die GFI-Werte liegen nahe bei 1, d.h. der relative Anteil der durch die geschätzte Kovarianzmatrix $\hat{S}$
erklärten Varianz und Kovarianz ist sehr hoch. Die RMSR
liegen nahe bei Null, so daß der Durchschnitt der Residual-
varianzen und -kovarianzen ebenfalls äußerst gering ist.

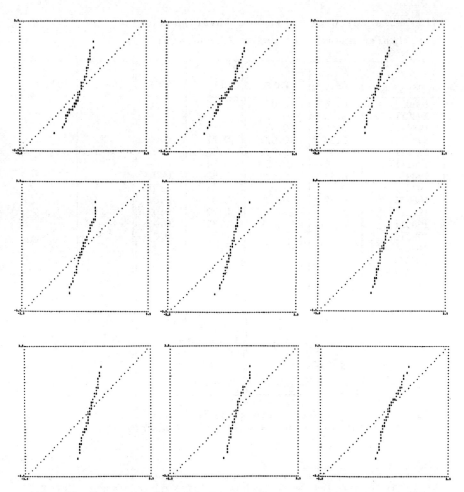

Abb. 82: Test auf Gleichheit der Kovarianzmatrizen im ORI-
Panel von 1980I bis 1982III

226

Die Q-Plots zeigen für die drei Analysen in Abbildung 82, 83 und 84 hervorragende Ergebnisse. Die geplotteten Punkte liegen annäherungsweise auf einer sehr steil verlaufenden Geraden. Die Differenzen zwischen der geschätzten Kovarianzmatrix $\hat{S}$ und den Stichproben-Kovarianzmatrizen S_g sind äußerst gering. Die geschätzte Matrix $\hat{S}$ paßt sich Element für Element den Stichproben Matrizen S_g so gut an, daß die Kovarianzmatrizen S_g als gleich angenommen werden können.

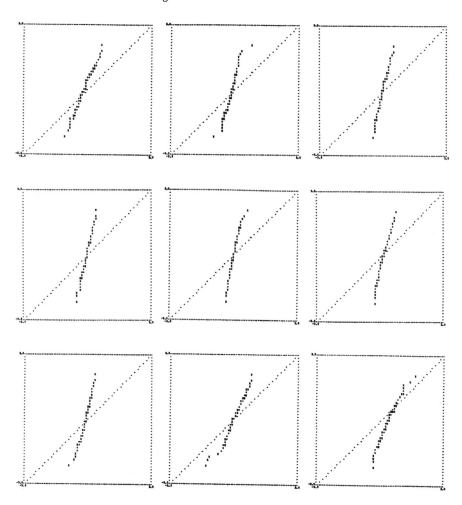

Abb. 83: Test auf Gleichheit der Kovarianzmatrizen im ORI-Panel von 1981I bis 1983III

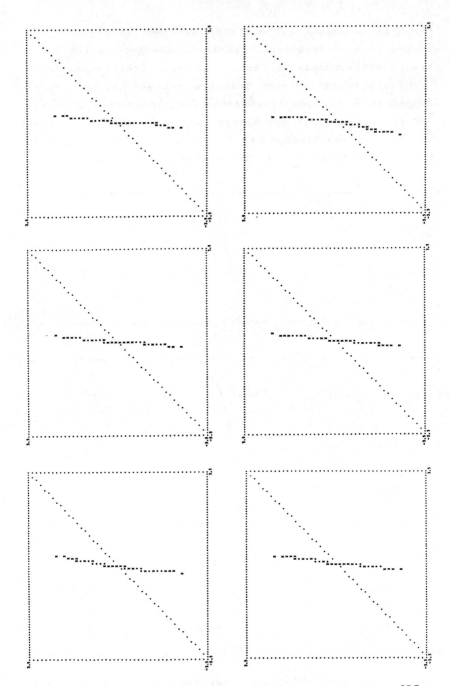

Abb. 84: Test auf Gleichheit der Kovarianzmatrizen im ORI-
Panel von 1984I bis 1985III

228

Die Bestätigung der Nullhypothese für die ORI-Paneldaten
bringt erhebliche Vorteile für nachfolgende Untersuchungen.
Es ist nun möglich, bei einer Strukturanalyse der ORI-Paneldaten allein auf die geschätzte Kovarianzmatrix $\hat{S}$ zu-
rückzugreifen. Sie enthält alle Informationen über die
Kovarianzstrukturen der Paneldaten der einzelnen Stichproben-Kovarianzmatrizen S_g.

6.2. Test der Kontinuität der Risikostruktur im PRI-Panel

Die zu testende Hypothese über die Gleichheit der PRI-
Panel-Daten lautet:

$$H_o: S_1 = S_2 = \ldots = S_g = \ldots = S_t \text{ mit}$$

S: Stichprobenkovarianzmatrix
g: Analyse-Zeitpunkt von 1 bis t.

Der Test konnte in zwei Rechenläufen über die Stichproben-
Kovarianzmatrizen von 1980I bis 1983III und von 1983I bis
1985III gerechnet werden. Die Rechenkapazität reichte hier
für die simultane Analyse von 12 Matrizen aus, weil im PRI-
Panel die Anzahl der Variablen mit 10 geringer ist als mit
15 im ORI-Panel. Insgesamt bestätigen die Tests die Resul-
tate der gemeinsamen Analyse von ORI und PRI.

Die Q-Plots für die Analyse von 1980 bis 1983 in Abbildung
85 zeigen eine unbefriedigende Anpassung der geschätzten
Kovarianzmatrix $\hat{S}$ an die einzelnen Stichproben-Kovarianzmatrizen S_g. Die geplotteten Punkte liegen für alle Gruppen
nahezu auf der 45-Gradlinie. Aufgrund dieser Ergebnisse
kann nicht von einer Kontinuität der Datenstruktur in diesem Zeitabschnitt ausgegangen werden. Es liegen Diskontinuitäten in den Daten vor.

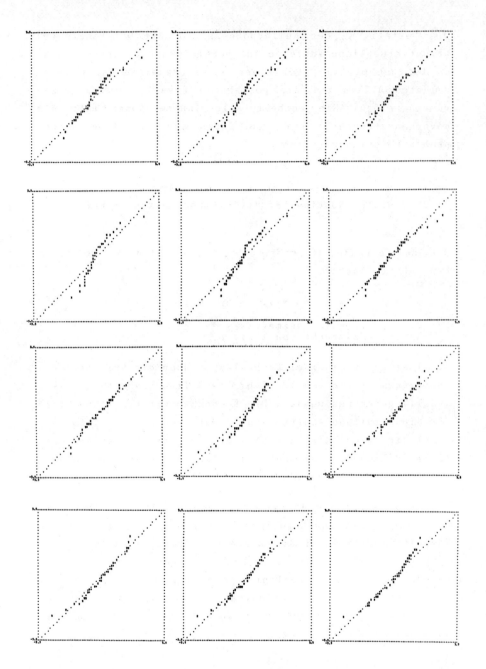

Abb. 85: Test auf Gleichheit der Kovarianzmatrizen im PRI-
Panel von 1980I bis 1983III

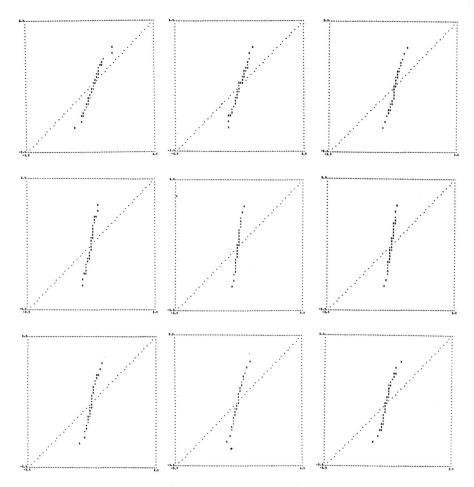

Abb. 86: Test auf Gleichheit der Kovarianzmatrizen im PRI-
Panel von 1983I bis 1985III

Für die Zeit von 1983 bis 1985 hingegen belegen die Q-Plots
(vgl. Abb. 86), daß die Kovarianzstrukturen sich so gut wie
nicht verändert haben.

Der Chi^2-Wert der ersten Analyse liegt mit 672.17 deutlich
über der Zahl der Freiheitsgrade von 605 (vgl. Abb. 87) und
deutet ebenso wie das Vertrauensniveau von p = 0.03 auf eine verhältnismäßig geringe Ähnlichkeit bzw. auf wesentliche

Unterschiede über die Zeit hin. In der zweiten Analyse liegt der Chi^2-Wert äußerst niedrig bei 65.35 mit 440 Freiheitsgraden. Das Vertrauensniveau nimmt den Wert p = 1.0 an, so daß die Kontinuität der Panelstruktur von 1983 bis 1985 erhalten bleibt.

Zeit-Punkt	GFI	RMSR	GFI	RMSR
1980I	0.85	1.29		
1980II	0.86	1.09		
1980III	0.88	1.51		
1981I	0.88	1.53		
1981II	0.92	1.49		
1981III	0.86	1.80		
1982I	0.89	1.78		
1982II	0.70	1.63		
1982III	0.62	1.83		
1983I	0.66	1.87	0.91	0.50
1983II	0.63	1.82	0.95	0.37
1983III	0.58	1.85	0.97	0.29
1984I			0.98	0.21
1984II			0.98	0.16
1984III			0.98	0.15
1985I			0.97	0.26
1985II			0.97	0.31
1985III			0.97	0.35
	$\text{Chi}^2_{\text{d.f.}=605} =$ 672.12 (p = 0.03)		$\text{Chi}^2_{\text{d.f.}=440} =$ 65.35 (p = 1.0)	

Abb. 87: Globale Beurteilungskriterien für die Gleichheit der PRI-Panelstruktur über die Zeit

Um feststellen zu können, in welchen Zeitabschnitten die Unterschiede auftreten, wurden zunächst die Kovarianzmatrizen für jedes Jahr getrennt einem Gleichheitstest unterzogen. Die Ergebnisse für die einzelnen Beurteilungsstatistiken finden sich in Abbildung 88. Die Ergebnisse zeigen, daß innerhalb der Jahre 1980, 1981 und 1983 die Stichproben-Kovarianzmatrizen als gleich angesehen werden können. Die GFI-Werte in diesen Jahren sind extrem hoch. Die jeweiligen Chi^2-Werte liegen deutlich unter den Freiheitsgraden und das zugehörige Vertrauensniveau liegt bei 1.0.

Im Jahr 1982 nehmen die Kriterien der Anpassungsgüte extrem
schlechte Werte an. Die GFI-Werte liegen niedriger als in
den anderen Jahren. Die RMSR-Werte nehmen vergleichsweise
hohe Ausprägungen an und der Chi^2-Wert übersteigt die Freiheitsgrade deutlich. Das Vertrauensniveau liegt nur noch
bei p = 0.008. Da im Jahre 1982 die Ratingskala umgestellt
wurde, liegt es nahe anzunehmen, daß durch diese Umstellung
die Experten sozusagen "aus ihrem Konzept" gebracht wurden.

	1980I	1980II	1980III	1981I	1981II	1981III
GFI	0.97	0.98	0.97	0.95	0.98	0.95
RMSR	0.54	0.35	0.72	0.60	0.32	0.61

$$Chi^2_{d.f.=110} = 13.59 \qquad Chi^2_{d.f.=110} = 23.38$$
$$(p = 1.0 \qquad\qquad (p = 1.0)$$

	1982I	1982II	1982III	1983I	1983II	1983III
GFI	0.81	0.84	0.78	0.97	0.98	0.96
RMSR	2.23	1.01	1.24	0.26	0.15	0.24

$$Chi^2_{d.f.=110} = 149.09 \qquad Chi^2_{d.f.=110} = 15,46$$
$$(p = 0.008) \qquad\qquad (p = 1.0)$$

Abb. 88: Beurteilungskriterien für die Gleichheit der PRI-
Paneldaten innerhalb der einzelnen Jahre
1980, 1981, 1982 und 1983

Weitere Untersuchungen belegen, daß es sich dabei nicht nur
um eine vorübergehende Störung handelt, sondern um eine
grundsätzliche Veränderung im Bewertungsverhalten der Experten, die sich in der Beziehungsstruktur der Variablen ma-
nifestiert. Um dies nachzuweisen, wurden Gleichheitstests
für verschiedene Kombinationen von Jahren gerechnet, und
zwar für die Jahre 1980 und 1981, dann die Jahre 1980 und
1983 und zuletzt die Jahre 1982 und 1983. Dabei zeigt sich
in Abbildung 89, daß die Kovarianzstrukturen 1980 und 1981
noch als gleich gelten können. Dies gilt nicht mehr für die
beiden anderen Tests. Der niedrige Vertrauenswert p von

0.895 für die Analyse der Jahre 1982 und 1983 weist darauf
hin, daß hier Veränderungen stattgefunden haben. Die Veränderungen konzentrieren sich auf die Befragung von 1982I.
Das belegen die besonders schlechten GFI- und RMSR-Werte in
diesem Zeitpunkt. Bei einem Vergleich der Jahre 1980 und
1983 aber wird deutlich, daß sich die Datenstruktur von
1980 auf 1983 grundlegend verändert haben muß. Die GFI und
RMSR sind über alle Matrizen gleichmäßig schlecht und der
Chi^2-Wert liegt deutlich über den Freiheitsgraden. Das Vertrauensniveau nimmt einen Wert von p = 0.001 an.

1980 und 1981		
	GFI	RMSR
1980I	0.92	0.99
1980II	0.94	0.79
1980III	0.97	0.51
1981I	0.95	0.61
1981II	0.96	0.59
1981III	0.88	1.03
$Chi^2_{d.f.=275} = 84.76$		
(p = 1.0)		

1980 und 1983		
	GFI	RMSR
1980I	0.87	1.41
1980II	0.88	1.28
1980III	0.86	1.89
1983I	0.70	1.49
1983II	0.68	1.44
1983III	0.65	1.46
$Chi^2_{d.f.=275} = 352.96$		
(p = 0.001)		

1982 und 1983		
	GFI	RMSR
1982I	0.67	2.85
1982II	0.91	0.51
1982III	0.90	0.63
1983I	0.90	0.71
1983II	0.91	0.61
1983III	0.87	0.70
$Chi^2_{d.f.=275} = 246.01$		
(p = 0.895)		

Abb. 89: Beurteilungskriterien für die Gleichheit der PRI-
Paneldaten für verschiedene Kombinationen von Jahren

Das PRI-Panel unterlag somit in den Jahren von 1980 bis
1983 einem unverkennbaren Wandlungsprozeß bezüglich seines
Bewertungsverhaltens der Experten.

In Abbildung 90 sind die Ergebnisse der insgesamt durchgeführten Tests noch einmal zusammengefaßt.

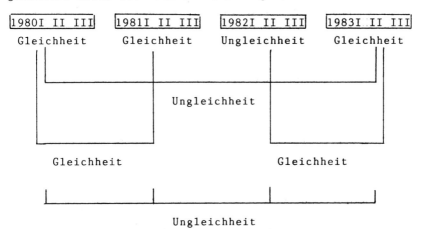

Abb. 90: Zusammenfassung der Testergebnisse über die
Gleichheit der Kovarianzmatrizen im PRI-Panel

7. Multivariate Analyse des ORI-Expertenpanels

7.1. Die Struktur der Länderrisiken im ORI-Panel

Die insgesamt 18 Faktorenanalysen der ORI-Einzelkriterien
für die Zeit von 1980 bis 1985 zeigen ein unverändertes
Faktorenmuster über die Zeit. Dieses Ergebnis stimmt mit
den Tests über die Kontinuität der ORI-Struktur überein.
Wenn die Kovarianzmatrizen fast identisch sind, dann gilt
das auch für das aus dieser Struktur extrahierte Faktorenmodell.

Zeit- punkt	erklärte Varianz	Eigenwerte von		
		F1	F2	F3
1980I	79.0	9.83	2.01	0.90
1980II	78.5	9.85	1.91	0.88
1980III	80.7	10.21	1.88	0.87
1981I	80.3	10.14	1.90	0.93
1981II	81.0	10.33	1.81	0.98
1981III	82.6	10.72	1.66	0.85
1982I	82.1	10.74	1.56	0.87
1982II	82.0	10.76	1.53	0.84
1982III	81.9	10.81	1.47	0.86
1983I	81.1	10.71	1.45	0.87
1983II	80.8	10.83	1.27	0.73
1983III	82.8	11.20	1.20	0.67
1984I	81.4	10.99	1.21	0.77
1984II	81.8	11.05	1.22	0.78
1984III	82.2	11.08	1.24	0.79
1985I	81.9	11.13	1.15	0.81
1985II	81.9	11.08	1.19	0.81
1985III	81.1	10.93	1.23	0.81

Abb. 91: Eigenwerte für 1 bis 3 Faktoren sowie die erklärte
Varianz bei 2 extrahierten Faktoren.

Nach dem Kaiserkriterium, das einen Eigenwert von mindestens eins verlangt, extrahiert die Hauptachsenanalyse jeweils zwei Faktoren, die stets über 80 % der Varianz in den
Variablen erklären. Nur die Analysen von 1980I und II liegen mit 79 % und 78 % etwas darunter. Somit kann davon ausgegangen werden, daß das zweifaktorielle Modell insgesamt
die Interdependenzen bzw. Korrelationen unter den Einzelkriterien recht gut erfaßt.

In Abbildung 92 sind die varimax-rotierten Faktorladungen
für die letzte Panelerhebung in jedem Jahr wiedergegeben,
und zwar stellvertretend für die insgesamt 18 Faktorenanalysen. Die graphische Repräsentation der Faktorenmuster
läßt erkennen, daß die Kommunalitäten der 15 Kriterien relativ hoch sind, denn die Variablenpunkte liegen weit vom
Ursprung des Koordinatensystems entfernt. Die Varianz jeder
Variablen wird somit zum größten Teil durch die beiden Faktoren erklärt. Die eingezeichneten waagerechten und senk-
rechten Linien deuten an, daß hier nur die Merkmale, die
wenigstens eine Korrelation von 0.5 mit einem Faktor aufweisen, zur Interpretation dieses Faktors herangezogen werden. Auf diese Weise wird die Beziehungsstruktur zwischen
Faktoren und Variablen leicht sichtbar.

Es sind drei Gruppen von Variablen erkennbar. Die erste
Gruppe mit den Variablen 2, 3, 6, 9, 10, 11, 12 und 13 lädt
hoch (über 0.5) auf den ersten Faktor. Die zweite Gruppe
mit den Variablen 4, 7 und 5 lädt hoch auf den zweiten Faktor und die Variablen 1, 8, 14, 15 der dritten Gruppe korreliert mit einem Wert von über 0.5 mit beiden Faktoren. Um
die inhaltliche Beschreibung der Faktoren zu erleichtern,
zeigt Abbildung 99 noch einmal, welche Variablen auf welchen Faktor über 0.5 laden. Gleichzeitig sind die Variablen
entsprechend ihrer inhaltlichen Bedeutung zu sinnvollen
Komponenten zusammengefaßt. Dabei zeigt sich, daß die beiden Faktoren im wesentlichen mit den Faktoren A und B der
gemeinsamen Analyse der Paneldaten übereinstimmt (vgl. Abb.
71 und 93). Ebenso ist die gemeinsame Komponente der Faktoren, repräsentiert durch die Variablen 1, 8, 14, 15, erhalten geblieben. Diese Mischvariablen werden nicht zur Interpretation der Faktoren herangezogen. Sie besagen vielmehr,
daß hohe Korrelationen zwischen den Faktoren F1 und F2 bestehen, die durch diese Mischvariablen hervorgerufen werden.

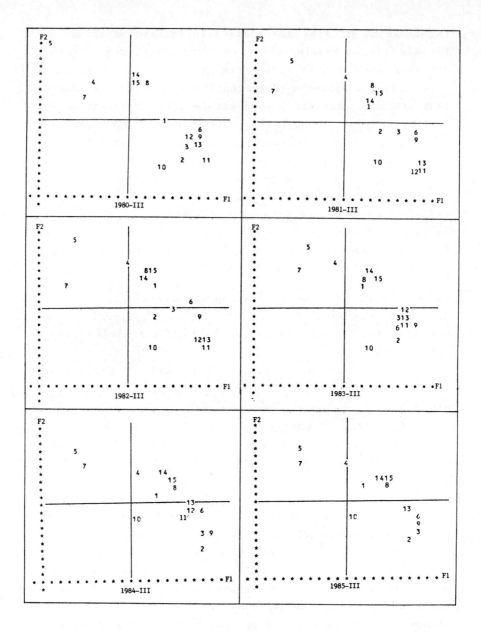

Abb. 92: Graphische Darstellung der Faktorladungsmatrizen
von ORI für die Zeitpunkte 1980III,
1981III, ..., 1985III

Eine Möglichkeit, dieses Phänomen zu erklären, besteht darin, diese Mischvariablen als eine gemeinsame Komponente, einen dritten Faktor F3, aufzufassen, der hinter den beiden Faktoren F1 und F2 steht (vgl. Abb. 93). Da die Faktorenanalyse nur in der Lage ist, Beziehungen zwischen den hypothetischen Konstrukten und ihren Meßvariablen darzustellen und keine kausalen Beziehungen zwischen den hypothetischen Konstrukten bzw. Faktoren abbilden kann, wird in Abschnitt 7.2. mit Hilfe eines LISREL-Modells diese angenommene Beziehungsstruktur unter den hypothetischen Faktoren auf ihren Erklärungsgehalt getestet. Hierzu müssen die gefundenen Faktoren jedoch erst noch inhaltlich bestimmt werden.

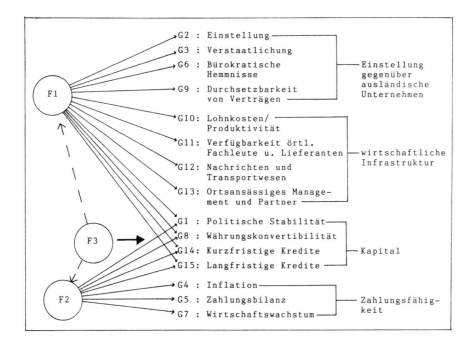

Abb. 93: Interpretation der ORI-Faktorenstruktur

Charakteristisch für den Faktor F1 ist die Variablenkombination 10, 11, 12 und 13, die insgesamt ein Ausdruck für die wirtschaftliche Infrastruktur darstellt. Ein weiteres Variablen-Set (2, 3, 6, 9), das diesen Faktor prägt, erfaßt die Einstellung eines Landes gegenüber ausländischen Unternehmen.

Ein gemeinsames übergreifendes Konstrukt für wirtschaftliche Infrastruktur und Einstellung ist die wirtschaftliche und sozio-politische Infrastruktur.

Eine andere Möglichkeit besteht darin, die beiden Komponenten nicht zu einem übergreifenden Konstrukt zusammenzufassen, sondern beide Komponenten als sich gegenseitig beeinflussende Faktoren zu verstehen. Beispielsweise könnte eine schlechte wirtschaftliche Infrastruktur, der Grund für eine negative Einstellung in einem Land gegenüber ausländischen Unternehmen sein. Diese Hypothese sei hier allerdings nur erwähnt und soll nicht weiter untersucht werden.

Charakteristisch für den Faktor F2 sind die Variablen 4, 5 und 7, die ein Ausdruck für die Zahlungsfähigkeit sind. So führt eine hohe Inflationsrate, sofern sie sich nicht im Wechselkurs niederschlägt, zu einer Verbilligung der ausländischen Güter gegenüber den Inlandsprodukten, so daß die Importe ansteigen und Leistungsbilanzdefizite hervorufen können. Ein geringes oder sogar negatives Wirtschaftswachstum ist i.d.R. die Folge von Schuldendienstschwierigkeiten, weil das Land seine Devisen für Zins und Tilgung ausgeben muß und nicht für Investitionenen verwenden kann. Zahlungsbilanzprobleme bzw. längerfristige Zahlungsbilanzdefizite führen unmittelbar zu Zahlungsschwierigkeiten. Insgesamt können die drei Kriterien somit als geeignete Meßvariablen für die Zahlungsfähigkeit angesehen werden.

Die Variablen 1, 8, 14 und 15, die gleichzeitig auf beide Faktoren F1 und F2 hoch laden, werden im folgenden explizit zu einem eigenen Faktor F3 zusammengefaßt. Da die explorative Faktorenanalyse keine innere Struktur zwischen den Faktoren abbilden kann, kann sie diesen dritten Faktor auch nicht extrahieren. Offensichtlich repräsentiert dieser Faktor F3 die finanziellen Ressourcen, sprich das Kapital eines Landes, das erforderlich ist, um die wirtschaftliche

Infrastruktur (F1) aufzubauen und die Zahlungsfähigkeit
(F2) zu erhalten. Kapitalkräftige Länder sind eher in der
Lage, ihre Wettbewerbsfähigkeit am Weltmarkt zu sichern und
sich an die ständigen Veränderungen am Weltmarkt anzupassen. Die Variablen politische Stabilität (1) und Währungs-
konvertibilität (8) sind eng mit diesem Faktor verbunden,
weil i.d.R. nur ein politisch stabiles Land die Fähigkeit
besitzt, sich einen ausreichenden Kapitalstock aufzubauen,
indem es die Kapitalflucht aus dem eigenen Land verhindert
und ausländisches Kapital an sich zieht. Die politische
Stabilität ist somit eine Grundvoraussetzung, um die Konvertibilität einer Währung aufrechthalten zu können.

Ein Vergleich der beiden explorativen Faktorenanalysen über
die Global-Indikatoren und die ORI-Einzelkriterien führt zu
mehreren interessanten Schlußfolgerungen:

1) Beide Analysen decken zwei unabhängige Faktoren
auf, die sich inhaltlich in fast gleicher Weise interpretieren lassen. Der Faktor F1 repräsentiert die
wirtschaftliche und politische Stabilität bzw. die
wirtschaftliche und sozio-politische Infrastruktur
und der Faktor F2 die Zahlungsfähigkeit.

2) Die Analyse der Einzelkriterien erlaubt eine prä-
zisere Interpretation der Faktorenstruktur.

3) Durch die Aggregation der Einzelkriterien im ORI-
Panel über ein Scoring Modell werden wesentliche Informationen, die in den Daten enthalten sind, unterdrückt. Die ORI-Kriterien unterliegen nicht nur einer
expliziten Gewichtung durch die Experten, sondern zusätzlich einer internen Gewichtung, die durch die hohen Interdependenzen unter den Kriterien ein ernstzunehmendes Ausmaß annimmt. Beispielsweise fließt die
Information der Kriterien, die auf den Faktor F1 hoch
laden, mit einem wesentlich höheren Gewicht in den
Oberindex ORI ein als die Information der Variablen,
die auf den Faktor F2 hoch laden, weil fast doppelt

soviele Kriterien hoch auf Fl laden als auf F2 (siehe
Abb. 93). Damit erklärt sich auch, daß, obwohl die
ORI-Einzelkriterien auch die Zahlungsfähigkeit beurteilen, der Oberindex ORI in der ersten Faktorenanalyse (vgl. Abb. 47) hauptsächlich auf den Faktor Fl,
die wirtschaftliche und politische Stabilität, hoch
lädt.

4) Durch den Informationsverlust bei der Aggregation
der Einzelkriterien zu Oberindikatoren ist der dritte
Faktor Kapital, der eine systematische Komponente
darstellt, aufgrund der Analyse der Oberkriterien
nicht zu erkennen.

Inwieweit die Berücksichtigung eines dritten Faktors die
bisher noch nicht eklärten Korrelationen der Faktoren Fl
und F2 tatsächlich erklären kann, wird über ein LISREL-
Modell getestet.

7.2. Ein LISREL-Modell für Länderrisiko-Strukturen im wirtschaftlichen Bereich

Das in Abbildung 94 dargestellte LISREL-Modell beschränkt
sich ausschließlich auf den wirtschaftlichen Bereich. Alle
Einzelkriterien, die Aussagen über den politischen Bereich
einschließen wie 1, 2, 3, 6 und 9, sind aus dem Modell ausgeschlossen, weil die sinnvolle Einbeziehung dieser Merkmale zwangsläufig zu einem weiteren Ausbau des Modells
durch Hypothesen über den Zusammenhang zwischen wirtschaftlichen, sozialen und politischen Faktoren führt. Diese Aufgabe bleibt weiteren Untersuchungen vorbehalten.

Das innere Strukturmodell entspricht vom Grundgedanken her
einem Wachstumsmodell. Ein Land benötigt Kapital, um Investitionen tätigen zu können, mit deren Hilfe es seine wirtschaftliche Infrastruktur weiterentwickelt und seine internationale Wettbewerbsfähigkeit erhöht und seine Wirtschaft

flexibel an Veränderungen am Weltmarkt anpassen kann, um
auf diese Weise seine Zahlungsfähigkeit aufrecht zu erhalten. Die drei hypothetischen Konstrukte werden entsprechend
dem Aufbau eines LISREL-Modells über ein Meßmodell für die
exogenen Konstrukte und ein Meßmodell für die endogenen
Konstrukte operationalisiert.

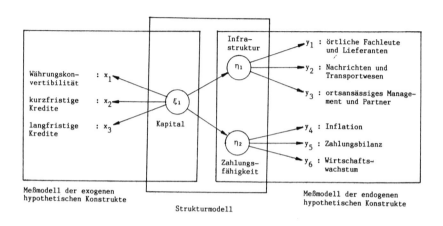

Abb. 94: Ein LISREL-Modell für wirtschaftliche
Länderrisiken

Um das Modell nicht gleichzeitig an allen 18 Stichproben-
kovarianzmatrizen abtesten zu müssen, was außerdem die Rechenkapazität des LISREL VI Programms übersteigt, wurde auf
die geschätzten Stichprobenkovarianzmatrizen $\hat{S}$ der Konti-
nuitätstests zurückgegriffen. Zunächst wurde das Modell anhand der für die Zeit von 1981I bis 1983III (siehe Abb. 81)
geschätzten Matrix $\hat{S}$ getestet. Sie enthält alle Informationen, die auch in den einzelnen Kovarianzmatrizen für diesen Analysezeitraum enthalten sind.

Das LISREL- bzw. Kovarianzstrukturmodell besteht aus 3
Gleichungssysteme:

(1) Strukturmodell

$$\eta = \Gamma \xi + \zeta$$

243

(2) Meßmodell der exogenen Konstrukte

$$x = \Lambda_x\, \xi + \theta_\delta$$

(3) Meßmodell der endogenen Konstrukte

$$y = \Lambda_y\, \eta + \theta_\delta$$

Das Modell schließt sowohl Meßfehlervariable im Strukturmodell (ζ) als auch in den beiden Meßmodellen (θ_δ; θ_ε) ein. Wie das Modell im einzelnen spezifiziert ist, zeigen die folgenden Parametermatrizen, über die das Modell geschätzt wird:

$$\Lambda_y = \begin{bmatrix} \lambda_{11} & 0 \\ \lambda_{21} & 0 \\ 1 & 0 \\ 0 & \lambda_{42} \\ 0 & 1 \\ \lambda_{61} & \lambda_{62} \end{bmatrix} \qquad \Lambda_x = \begin{bmatrix} \lambda_{11} \\ \lambda_{21} \\ 1 \end{bmatrix}$$

$$\Theta_\varepsilon = \begin{bmatrix} \theta_{\varepsilon 11} & & & & & \\ & \theta_{\varepsilon 22} & & & 0 & \\ & & \theta_{\varepsilon 33} & & & \\ & & & \theta_{\varepsilon 44} & & \\ & 0 & & & \theta_{\varepsilon 55} & \\ & & & & & \theta_{\varepsilon 66} \end{bmatrix} \qquad \Theta_\delta = \begin{bmatrix} \theta_{\delta 11} & & 0 \\ & \theta_{\delta 22} & \\ 0 & & \theta_{\delta 33} \end{bmatrix}$$

$$\Phi = \Phi_{11} \qquad \Gamma = \begin{bmatrix} \gamma_{11} \\ \gamma_{22} \end{bmatrix} \qquad \Psi = \begin{bmatrix} \psi_{11} & 0 \\ 0 & \psi_{22} \end{bmatrix}$$

In jeder Spalte der Faktorladungsmatrizen Λ_x und Λ_y ist immer ein Wert auf eins festgesetzt, um die Meßskala für die hypothetischen Faktoren festzulegen. Die Meßskala der Faktoren ist in dem so spezifizierten Modell nicht mehr standardisiert, sondern wird über eine Referenzvariable festgelegt. Die Matrix Γ enthält die Koeffizienten, die die direkten kausalen Effekte der exogenen auf die endogenen Konstrukte repräsentieren. Die Kovarianzmatrix der Meßfehlervariablen Ψ verlangt, daß die Meßfehler in den Struktur-

gleichungen unkorreliert bzw. unabhängig sind. Die nicht-
diagonalen Elemente sind Null gesetzt. Die Kovarianz der
exogenen hypothetischen Variable ξ enthält die Matrix ϕ.
Die Kovarianzmatrizen θ_δ und θ_ε der Meßfehler δ und ε sind
so spezifiziert, daß keine Meßfehlerkorrelationen zugelas-
sen werden. Alle nicht-diagonalen Elemente der Matrizen
sind Null gesetzt. Abweichend von dem in Abbildung 94 dargestellten Modell ist in der Faktorladungsmatrix Λ_y auch
der Parameter λ_{61} freigesetzt. Das heißt, die Variable y_6
(Wachstum) darf auch auf den Faktor η_1 (Infrastruktur) laden. Die Testergebnisse für das ursprüngliche Modell ließen
über den Modifikationsindex deutlich erkennen, daß das
Wirtschaftswachstum (y_6) nicht nur durch die Zahlungsfähigkeit (η_2), sondern auch die Infrastruktur (η_1) maßgeblich
beeinflußt wird.

Diese Modellmodifikation entspricht allerdings genau dem
Grundgedanken eines Wachstumsmodells, das der Gruppe der
"Growth-cum-Debt" Modelle zugehört.[1] Diese Modelle gehen
davon aus, daß in den kapitalschwachen Entwicklungsländern
das Wachstum forciert werden kann, indem ausländische Mittel aus den kapitalkräftigen Industrieländern in die Entwicklungsländer fließen. Die Auslandsverschuldung ist allerdings nur sinnvoll, wenn die Kapitalproduktivität über
den ausländischen Zinssätzen liegt (Leverage Effekt) und
über eine starke Exportindustrie auch die Devisen für den
Schuldendienst verdient werden können.[2]

Die geschätzten Modellparameter für die Zeit von 1981I bis
1983III sind im Kausaldiagramm für das Wachstumsmodell in
Abbildung 95 wiedergegeben. Das Vertrauen in die Gültigkeit
dieser Parameter und damit in die unterstellte Beziehungsstruktur ist sehr hoch, denn die Beurteilungsgrößen für den
Overall-Fit dieses Modells zeigen sehr gute Ergebnisse. Der
Chi^2-Wert liegt mit 23.24 etwas unter den Freiheitsgraden

---

1) vgl. Zaidi (1985), S. 574 ff.
2) vgl. Avramovic (1964) und Melzer (1985), S. 42 f.

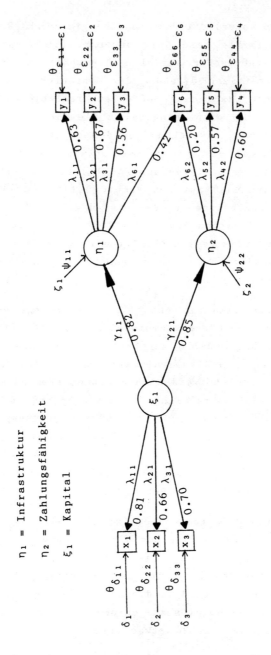

Abb. 95: Kausaldiagramm des modifizierten LISREL-Modells
für wirtschaftliche Länderrisiken

und das Vertrauensniveau beträgt p = 0.506. GFI und AGFI
nehmen Ausprägungen nahe von 1.0 an und der RMSR ist fast
0.0.

Zeitraum	GFI	AGFI	RMSR	Chi^2 d.f.=24	p
1981-1983	0.95	0.82	0.02	23.24	0.506
1984-1985	0.88	0.78	0.01	29.18	0.213

Abb. 96: Beurteilungsgrößen des Overall Fit für das
modifizierte LISREL-Modell

Die Punkte im Q-Plot liegen auf einer annähernd senkrecht
verlaufenden Geraden, so daß von einer fast perfekten Modellanpassung ausgegangen werden kann.

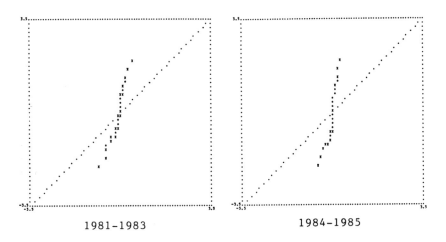

1981-1983   1984-1985

Abb. 97: Q-Plots für das modifizierte LISREL-Modell

Die Modifikationsindices liegen für fast alle Parameter bei
Null. Der höchste Modifikationsindex beträgt 1.59 für das
Element λ_{22}. Eine weitere Verbesserung des Modells er-
scheint kaum mehr möglich.

Abbildung 98 enthält die Maximum-Likelihood (ML)-Schätzer
und die standardisierten Werte für die freigesetzten Parameter. In das Kausaldiagramm in Abbildung 95 sind die stan-

247

dardisierten Werte eingetragen. Die Ergebnisse zeigen deutlich, wie stark nach Meinung der Experten der Einfluß der Verfügbarkeit von Kapital auf die Infrastruktur und Zahlungsfähigkeit ist.

		1981–1983		1984–1985	
geschätzte Parameter		ML–Schätzer	Werte standardisiert	ML–Schätzer	Werte standardisiert
Λ_y	λ_{11}	1.11	0.63	1.12	0.64
	λ_{21}	1.19	0.67	1.19	0.69
	λ_{31}	1.00	0.56	1.00	0.57
	λ_{61}	0.75	0.42	0.81	0.46
	λ_{62}	0.35	0.20	0.23	0.11
	λ_{52}	1.00	0.57	1.00	0.49
	λ_{42}	1.05	0.60	1.40	0.69
Λ_x	λ_{11}	1.14	0.81	1.16	0.86
	λ_{21}	0.94	0.66	0.94	0.69
	λ_{31}	1.00	0.70	1.00	0.74
Γ	γ_{11}	0.66	0.82	0.69	0.89
	γ_{21}	0.68	0.85	0.56	0.85
Ψ	ψ_{11}	0.10	0.31	0.06	0.20
	ψ_{22}	0.08	0.27	0.06	0.27
Φ	ϕ_{11}	0.50	1.00	0.55	1.00
Θ_ε	$\theta_{\varepsilon_{11}}$	0.04		0.02	
	$\theta_{\varepsilon_{22}}$	0.04		0.04	
	$\theta_{\varepsilon_{33}}$	0.02		0.01	
	$\theta_{\varepsilon_{44}}$	0.02		0.03	
	$\theta_{\varepsilon_{55}}$	0.15		0.25	
	$\theta_{\varepsilon_{66}}$	0.05		0.05	
Θ_δ	$\theta_{\delta_{11}}$	0.08		0.06	
	$\theta_{\delta_{22}}$	0.02		0.01	
	$\theta_{\delta_{33}}$	0.01		0.02	

Abb. 98: Geschätzte Parameter für das modifizierte LISREL-Modell wirtschaftlicher Länderrisiken

Die standardisierten Regressionskoeffizienten (γ_{11}, γ_{21}) im Strukturmodell liegen über 0.8. Daraus folgt, daß eine Erhöhung des Kapitals direkt eine starke Verbesserung der Infrastruktur und Zahlungsfähigkeit verursacht. Umgekehrt folgt daraus, daß ein stagnierender Zustrom ausländischen Kapitals in die Entwicklungsländer sowie eine Kapitalflucht aus diesen Ländern, die Infrastruktur und Zahlungsfähigkeit drastisch verschlechtern wird.

Die Faktorladungen in den Meßmodellen für die exogenen und endogenen Konstrukte liegen in der Regel über 0.5. Somit können die x- und y-Variablen als brauchbare Meßvariablen für die hypothetischen Konstrukte betrachtet werden. Eine Ausnahme bilden die Faktorladungen der Wachstumsvariablen (y_6). Die Korrelation mit der Infrastruktur (λ_{61}) beträgt 0.42 und der Zahlungsfähigkeit (λ_{62}) 0.20. Die Werte sind beide signifikant von Null verschieden. Der t-Wert für λ_{61} liegt bei 7.1 und für λ_{62} bei 3.2. Die Faktorladungen der Wachstumsvariable sagen etwas darüber aus, wie hoch die Experten im allgemeinen die Effizienz des eingesetzten Kapitals einschätzen.

Das Modell wurde ebenfalls anhand der geschätzten Kovarianzmatrix $\hat{S}$ für den Zeitraum von 1984 bis 1985 (siehe Abb. 81) überprüft. Die Ergebnisse sind in Abbildung 96, 97 und 98 neben den Ergebnissen der ersten Modellanalyse angegeben. Beide Modelltests führen zu nahezu identischen Beurteilungsgrößen und Parameterschätzungen. Das Modell kann somit die Struktur der Länderrisiken im wirtschaftlichen Bereich, so wie sie von den Experten gesehen wird, sehr gut wiedergeben.

Insgesamt machen diese Ergebnisse deutlich, daß ausgehend von einer explorativen Faktorenanalyse Hypothesen generiert und erfolgreich getestet werden können. Die aufgestellten Hypothesen in Form eines Wachstumsmodells beschränken sich zwar noch auf den wirtschaftlichen Bereich, doch kann das Modell in Zukunft weiterentwickelt werden, indem Hypothesen über die Zusammenhänge zwischen wirtschaftlichen, sozialen und politischen Faktoren in das Modell eingefügt werden. Diese neuen Modelle können dann wieder mit Hilfe von LISREL auf ihren Erklärungsgehalt überprüft werden.

7.3. Risikopositionen und -gruppen im Bereich wirtschaftlicher Länderrisiken

Um das nächste Ziel zu erreichen und Ländergruppen zu bilden, die über eine Trennung von Industrie- und Entwicklungsländern hinausgeht, wird auf die Faktorenwerte der beiden orthogonalen Faktoren F1 und F2 der explorativen Faktorenanalyse der ORI-Einzelkriterien zurückgegriffen. Mit Hilfe dieser beiden orthogonalen Faktoren ist es möglich, eine gleichgewichtete Clusteranalyse duchzuführen, und zu verhindern, daß die Trenninformation weniger stark gewichteter Faktoren unterdrückt wird.

Wie die Experten des ORI-Panels die einzelnen Länder hinsichtlich der beiden unabhängigen Faktoren F1 und F2 beurteilen, ist in Abbildung 99 beispielhaft für das Jahr 1983 dargestellt. Die Positionen der Länder im Koordinatensystem geben die durschnittlichen Faktorenwerte der 45 Länder aus den Faktorenanalysen von 1983I, II und III wieder. Eine Clusteranalyse ermittelte für 1983 unter Zugrundelegung der euklidischen Distanz und des Ward-Verfahrens die drei eingezeichneten voneinander abgrenzbaren Ländergruppen. Erst beim Übergang von insgesamt drei Gruppen zu zwei Gruppen stieg die Fehlerquadratsumme sprunghaft an.

In Abbildung 99 sind die 45 Länder zusätzlich anhand bestimmter Merkmale beschrieben. Sie geben an, ob es sich um ein Schwellenland, ein ölexportierendes Land und/oder ein hochverschuldetes Land handelt. Mit Hilfe dieser Beschreibungsmerkmale wird deutlich, daß die gefundenen Ländergruppen der häufig verwendeten Unterteilung der Weltländer in ölimportierende Entwicklungsländer (Gruppe A), ölexportierende Entwicklungsländer (Gruppe C) und Industrieländer (Gruppe B) entspricht.

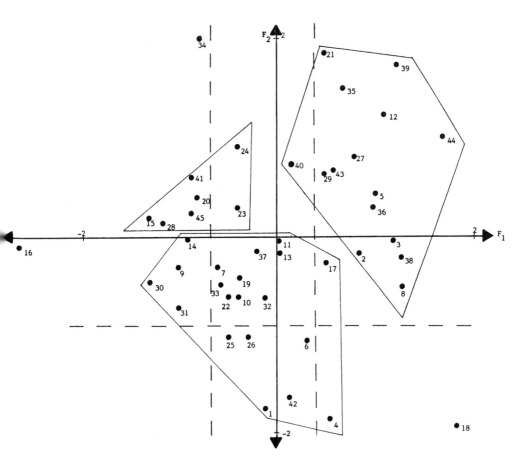

Gruppe A			Gruppe B		Gruppe C		Einzelne Länder	
1 Argentinien	S A		2 Australien		15 Indonesien	A O	16 Iran	O
4 Brasilien	S A		3 Belgien		20 Elfenbeinküste	S A	18 Israel	A
6 Chile	S A		5 Kanada		23 Süd-Korea	S A O	34 Saudi-Arabien	O
7 Kolumbien	S A		8 Dänemark		24 Malaysia	S		
9 Ecuador	S	O	12 Bundesrepublik		28 Nigeria	A O		
10 Ägypten	S		21 Japan		41 Thailand	A O		
11 Frankreich			27 Niederlande		45 Venezuela	S A O		
13 Griechenland	S		29 Norwegen					
14 Indien			35 Singapur	S				
17 Irland			36 Südafrika	S	S : Schwellenländer			
19 Italien			38 Schweden					
22 Kenia			39 Schweiz		A : Länder mit den höchsten Auslandsschulden			
25 Mexiko	S A		40 Taiwan	S A	O : Ölexportierende Entwicklungsländer			
26 Marokko	A		43 Grossbritannien					
30 Pakistan			44 USA					
31 Peru	A				F1: Infrastruktur			
32 Philippinen	S A							
33 Portugal	S				F2: Zahlungsfähigkeit			
37 Spanien	S							
42 Türkei	S A							

Abb. 99: Die wirtschaftlichen Risikopositionen der Länder
1983 nach Meinung von Experten

Um die Positionierung der Länder anhand der beiden Faktoren F1 und F2 durch die Experten nachvollziehen zu können, müssen die beiden Faktoren genauer untersucht werden.

Auf den Faktor F1 (Infrastruktur) laden vor allem die beiden Variablen 11 (vorhandene Fachleute und Lieferanten) und 13 (ortsansässiges Management und Partner) sowie 12 (Nachrichten und Transportwesen), so daß anhand dieses Faktors die wirtschaftliche Entwicklung der Länder vor allem über das vorhandene Humankapital, das Wissen und die Fähigkeiten der Menschen im wirtschaftlichen und technischen Bereich gemessen wird. Häufig wird in der Literatur der Entwicklungsstand grob über das Bruttosozialprodukt pro Kopf beurteilt. Die Positionierung der Länder entlang der F1-Achse zeigt somit den unterschiedlichen Entwicklungsstand der Länder nach Meinung der Experten auf.

Wie die Parallele rechts von der F2-Achse andeutet, reicht allein diese Linie aus, um die Weltländer fast ausnahmslos in Entwicklungs- und Industrieländer zu unterteilen. Damit verbunden sind Fragen nach dem Nord-Süd-Konflikt und dem Gefälle zwischen armen und reichen Ländern, ebenso wie die Diskussion über die Schwellenländer, d.h. die Länder, die sich kurz vor dem Sprung ins Industriezeitalter befinden (Newly Industrializing Countries; Take-Off-Countries). Zwar zählt nur eine kleine Gruppe von Ländern zum harten Kern der Schwellenländer wie die ostasiatische Vierergruppe Süd-Korea, Taiwan, Singapur und Hongkong (Hongkong fehlt in der Länderliste) sowie die lateinamerikanischen Staaten Brasilien und Mexiko und auch die europäischen Staaten Griechenland, Portugal und Spanien, doch gelten im weiteren Sinne auch alle übrigen in der Tabelle als solche gekennzeichneten Länder als Schwellenländer.[3] In Abbildung 99 trennen die beiden senkrecht gestrichelten Linien rechts und links von der F2-Achse ziemlich genau die Schwellenländer von den weniger entwickelten Ländern (LDC) einerseits und den weiter entwickelten Industrieländern andererseits.

---

3) vgl. Nuschler (1985), S. 45 f.

Die Positionierung der Länder entlang der F2-Achse spiegelt die Beurteilung der Zahlungsbilanzprobleme bzw. der Zahlungsfähigkeit der Länder durch die Experten wieder. Dabei zeigen sich drastisch die Auswirkungen der beiden Ölpreis-Schübe von 1973/74 und 1979/80 und die dadurch ausgelösten Verschiebungen im Welt-Leistungsbilanzgefüge bis in das Jahr 1983 hinein.

Die Steigerung der Ölpreise führte zu hohen Leistungsbilanz-Überschüssen der ölexportierenden Länder, insbesondere der OPEC-Staaten und verursachte hohe Leistungsbilanzdefizite bei den Industrieländern und ölimportierenden Entwicklungsländern. Allerdings konnten sich die Industrieländer relativ schnell an die veränderte Weltmarktsituation anpassen, während die ölimportierenden Entwicklungsländer mit ernsten Anpassungsproblemen kämpften. Vor diesem Hintergrund erklärt sich auch die Unterteilung der Entwicklungsländer über die Clusteranalyse für 1983 in ölexportierende Länder mit überdurchschnittlich guter Zahlungsfähigkeit und ölimportierende Entwicklungsländer mit überdurchschnittlich schlechter Zahlungsfähigkeit.

Der 1.Ölpreis-Schock 73/74 stürzte die Industrieländer in eine tiefe Rezession, die zu einem Nachfragerückgang nach Rohstoffen und einem Einbruch der Weltmarktpreise für Rohstoffe führte. Außerdem verteuerten sich aufgrund der gestiegenen Energiekosten viele Industriegüter. Auf diese Weise läßt sich die Verschlechterung der Terms of Trade der ölimportierenden Entwicklungsländer erklären, die traditionell zu den Rohstoffexporteuren und Importeuren von Industriegütern gehören. Sie mußten immer mehr Rohstoffe hergeben, um immer weniger Industriegüter zu erhalten, wodurch sich ihre Handelsbilanzen verschlechterten. Zu einem gewissen Teil läßt sich somit das Ungleichgewicht der Zahlungsbilanzen zwischen den Industrieländern und ölimportierenden Entwicklungsländern, das in Abbildung 99 drastisch zum Ausdruck kommt, auf eine Verschlechterung der Terms of Trade zurückführen.[4)]

Eine größere Bedeutung für die Erklärung der schlechten Zahlungsfähigkeit der olimportierenden Entwicklungsländer und hier insbesondere der Schwellenländer besitzt allerdings die gleichermaßen mit den Leistungsbilanzdefiziten zunehmende Auslandsverschuldung nach dem 1. Ölpreisschock. Diese Entwicklung ist eng mit dem Recycling der Öl-Dollars verbunden, denn die OPEC-Länder legten ihre Überschüsse zum Teil an den internationalen Finanzmärkten an und die internationalen Geschäftsbanken nutzten den dadurch gewonnenen Liquiditätsspielraum, um großzügig Kredite an die wachstumsträchtigen Schwellenländer zu vergeben.

Die Auslandverschuldung der ölimportierenden Entwicklungsländer stieg nach dem 1. Ölpreis-Schock, d.h. von 1973 bis 1978 um 125 Mrd. US-Dollar und nahm nach dem 2. Ölpreis-Schock von 1979 bis 1984 bis auf 336 Mrd US-Dollar zu. Die privaten Kredite der Geschäftsbanken zu Marktkonditionen bildeten die wesentliche Kreditquelle für die Schwellenländer, während die wichtigste Finanzierungsquelle der am wenigsten entwickelten Länder (Least Developed Countries) - sie liegen in Abbildung 99 ganz weit links von der F2-Achse entfernt - weiterhin die Entwicklungshilfe-Kredite mit günstigen Konditionen blieben.[5)]

Vor diesem Hintergrund wird verständlich, warum gerade die lateinamerikanischen Länder wie Brasilien, Mexiko, Argentinien, Venezuela, Chile und die ostasiatischen Länder wie Indonesien, Philippinen, Süd-Korea, Taiwan, Thailand und Malaysia, die zu den Ländern mit den höchsten Wachstumsraten des BSP bis ins Jahr 2000 hinein angesehen werden[6)] gleichzeitig zu den höchst verschuldeten Entwicklungsländern gehören.

---

4) vgl. Dehmel (1985), S. 91 ff.
5) vgl. Dehmel (1985), S. 49 ff.
6) vgl. Hübner (1984).

Beachtenswert ist darüberhinaus die Konzentration der privaten Kredite auf die Länder Brasilien, Mexiko, Argentinien und Süd-Korea. Der Anteil privater Kredite mit variablen Zinssätzen an der Gesamtverschuldung dieser Länder stieg von 38 % im Jahr 1971 auf 67 % im Jahr 1982.[7]

Mit Ausnahme von Süd-Korea, das seine Anteile am Weltexport von Fertigwaren steigern konnte und Erdöl exportiert, gehören genau diese Länder im Positionierungsbild zu den Ländern mit der schlechtesten Zahlungsfähigkeit, neben Chile, Türkei und Marokko, die ebenfalls zu den 12 am höchsten verschuldeten ölimportierenden Entwicklungsländern zählen. Die 1983 am höchsten verschuldeten Entwicklungsländer sind: Argentinien, Brasilien, Chile, Kolumbien, Süd-Korea, Philippinen, Taiwan, Thailand, Elfenbeinküste, Marokko, Israel, Türkei.[8]

Insbesondere für Länder mit einem hohen Anteil an Auslandskrediten mit variablen Zinsen erhöhten sich nach dem 2. Ölpreis-Schock die Zins- und Tilgungszahlungen, denn die US-Zinsen und der US-Dollarkurs stiegen an, der LIBOR-Satz betrug zeitweise bis zu 16 % und der SPREAD, der Risikoprämienaufschlag auf den LIBOR, stieg angesichts der bereits hohen Verschuldung vieler Entwicklungsländer ebenfalls. Zusätzlich erhöhten die kurzen Tilgungszeiten eines Teils der Kredite den Schuldendienst. Schließlich nahm nach den Zahlungsproblemen Mexikos 1982, die Bereitschaft der privaten Banken, weitere Kredite an Schwellenländer zu vergeben, rapide ab und die Liquiditätskrise der hochverschuldeten ölimportierenden Entwicklungsländer spitzte sich weiter zu.[9] Damit erklärt sich die extrem schlechte Zahlungsfähigkeit der Länder unterhalb der waagerecht gestrichelten Linie in Abbildung 99.

Hinsichtlich der Ausreißer Saudi-Arabien, Iran und Israel, die zu keiner der drei Gruppen gehören, bleibt festzustel-

---

7) vgl. Dehmel (1985), S. 67.
8) vgl. Morgan Guaranty Trust Co. (1984).
9) vgl. Dehmel (1985), S. 65 ff.

len, daß die überragend gute Zahlungsfähigkeit Saudi-Arabiens seiner Sonderstellung im OPEC-Kartell entspricht. 50 % des Nettoauslandsvermögens der OPEC-Länder besitzt allein Saudi-Arabien.[10] Der Iran finanziert mit Hilfe seiner Öleinnahmen den Golf-Krieg, der das Land auch wirtschaftlich weit zurückwirft. Die Zahlungsbilanz Israels ist ebenfalls stark durch den Libanon-Krieg belastet.

Zusammenfassend bleibt festzustellen, daß die Positionierung der Länder für das Jahr 1983 in Abbildung 99 offensichtlich die Industrialisierungs- und Zahlungsbilanzprobleme der Weltländer wiederspiegelt.

Neben der Querschnittsanalyse, die die Risikopositionen der Länder zu einem bestimmten Zeitpunkt wiedergeben, ermöglicht eine Längsschnittanalyse der Faktorwerte eine Beobachtung der Entwicklung der Risikopositionen eines Landes über die Zeit. In Abbildung 100 sind die Veränderungen der Faktorenwerte für 6 ausgewählte Länder für die Zeit von 1980 bis 1985 aufgezeichnet.

Besonders interessant erscheint die gegenläufige Entwicklung der beiden Länder Mexiko und Nigeria.[11] Sowohl Mexiko als auch Nigeria beziehen einen Großteil ihrer Deviseneinnahmen aus dem Erdölexport, Nigeria sogar über 90 %. Beide Länder sind hoch verschuldet, Mexiko mit 90 und Nigeria mit 20 Mrd. US-Dollar. Die Industriestruktur Nigerias ist ausserdem in hohem Maße abhängig von Rohstoff- und Fertigwarenimporten. Während Mexiko in der Zeit von 1983 bis 1985 als Musterschuldnerland bei der Bewältigung der Schuldenkrise galt und die Auflagen des IWF durch Importsenkungen, Abwertung der Währung und Senkung der Haushaltsdefizite befolgte, hat Nigeria die vom IWF geforderten Sanierungsprogramme nie völlig realisiert und steht heute noch mit dem IWF in Verhandlungen über die Abwertung der nigerianischen Währung und die Senkung der Haushaltsdefizite.

---

10) vgl. Dehmel (1985), S. 74.
11) vgl. Kaps (24.3.1986) und (21.4.1986) zur Situation Nigerias und o.V. (1986) zur Situation Mexikos.

Abb. 100: Die wirtschaftliche Risikoentwicklung ausgewählter Länder von 1983 bis 1985

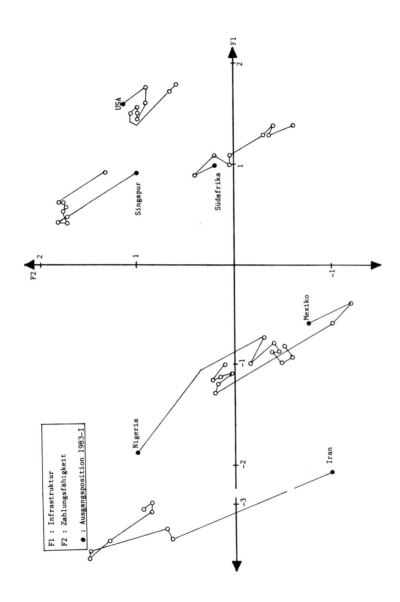

Offensichtlich konnte Mexiko durch die "Roßkur" seine Zahlungsfähigkeit drastisch verbessern und seine Zahlungsbilanz ins Gleichgewicht bringen, doch wurde das Land dadurch in seiner wirtschaftlichen Entwicklung zurückgeworfen. Nigeria hingegen verzeichnet eine rapide Verschlechterung seiner Zahlungsbilanz, während sich seine Infrastruktur verbesserte.

Die Entwicklung des Irans ist geprägt durch den Golf-Krieg gegen den Irak. Zwar konnte das erdölreiche Land seine Anfang 1983 schlechte Zahlungsfähigkeit wieder verbessern, doch zeigt die extrem negative Beurteilung der Infrastruktur, wie sehr der Grenzkrieg das Land und seine Wirtschaft im Inneren belastet und zerstört hat.

Weniger rapide sind die Risikoverläufe der drei Länder USA, Singapur und Süd-Afrika aus der Gruppe B der Industrieländer. Während sich die Zahlungsfähigkeit von Singapur etwas verbessert hat, hat sie sich für die USA merklich verschlechtert und ist für das rohstofffreie Land Süd-Afrika sogar kontinuierlich bis hin zu negativen Werten gesunken.

Die Beobachtung der zeitlichen Entwicklung der Länder erlaubt eine individuelle Betrachtung der jedem Land eigenen Verhältnisse. Daneben kann die Beobachtung von Veränderungen der Risikogruppen über die Zeit verstärkt auf die Wirkung sich ständig ändernder weltwirtschaftlicher Rahmenbedingungen eingehen. Die Analyse der Gruppenstrukturen kann aufzeigen, inwieweit die gebildeten Risikogruppen auch über die Zeit erhalten bleiben und welche Wanderungsbewegungen zwischen den Gruppen stattfinden, um so Aufschluß darüber zu erhalten, ob sich die Risikostruktur eines Landes im Verhältnis zu anderen Ländern wesentlich verändert hat.

Für die Jahre von 1980 bis 1985 wurden insgesamt 6 Clusteranalysen unter Verwendung der euklidische Distanz und des Ward-Verfahrens gerechnet. Jede Analyse beruht auf den Faktorwerten der Faktoren F1 und F2 der 3 Panel-Befragungen in jedem Jahr. Die Ergebnisse der Clusteranalysen zeigen über die Zeit eine Drei-Gruppenlösung, bei der gewährleistet bleibt, daß die Gruppen in sich möglichst homogen und untereinander möglichst heterogen sind. In Abbildung 101 sind die Ergebnisse der Zwei- und der Drei-Gruppenlösung wiedergegeben.

Zwei-Gruppenlösung

Gruppe \ Zeit	1980	1981	1982	1983	1984	1985
A-Länder	1	1	1	1	1	1
	4	4	4	4	4	4
	6	6	6	6	6	6
	7	7	7	7	7	7
	9	8	9	9	9	9
	10	9	10	10	10	10
	11	10	11	11	11	11
	13	11	13	13	13	13
	14	13	14	14	14	14
	15	14	15	15	15	15
	16	15	16	16	16	16
	18	16	18	17	18	18
	19	18	19	18	19	19
	20	19	20	19	20	20
	22	20	22	20	22	22
	23	22	23	22	24	23
	24	23	24	23	25	24
	25	24	25	24	26	25
	26	25	26	25	28	26
	28	26	28	26	30	28
	30	28	30	28	31	30
	31	30	31	30	32	31
	32	31	32	31	33	32
	33	32	33	32	37	33
	34	33	34	33	41	34
	37	34	37	34	42	37
	40	37	40	37	45	40
	41	41	41	41		41
	42	42	42	42	2	42
	45	45	45	45	3	45
					5	
B-Länder	2	2	2	2	8	2
	3	3	3	3	12	3
	5	5	5	5	17	5
	8	12	8	8	21	8
	12	17	12	12	23	12
	17	27	17	21	27	17
	21	21	27	29	21
	27	29	27	29	29	27
	29	35	29	35	34	29
	35	36	35	36	35	35
	36	38	36	38	36	36
	38	39	38	39	38	38
	39	40	39	40	39	39
	43	43	43	43	40	43
	44	44	44	44	43	44
					44	

Drei-Gruppenlösung

Gruppe \ Zeit	1980	1981	1982	1983	1984	1985
B-Länder	2	2	2	2	2	2
	3	3	3	3	3	3
	5	5	5	5	5	5
	8	12	8	8	8	8
	12	17	12	12	12	12
	17	21	17	21	17	17
	21	27	21	27	21	21
	27	29	27	29	23	27
	29	35	29	35	27	29
	35	36	35	36	29	35
	36	38	36	38	34	36
	38	39	38	39	35	38
	39	40	39	40	36	39
	43	43	43	43	38	43
	44	44	44	44	39	44
		1			40	
A-Länder ab 1984 mit C-Länder	1	4	1	1	43	7
	4	6	4	4	44	9
	7	7	7	7	7	10
	10	8	10	9	9	11
	11	10	11	10	10	13
	13	11	13	11	11	14
	14	13	14	13	13	15
	18	16	16	14	14	16
	19	18	19	17	15	19
	22	19	22	18	16	20
	23	20	25	19	18	22
	25	22	26	22	19	23
	26	23	30	25	20	24
	30	25	31	26	24	25
	31	26	32	30	25	28
	32	30	33	31	28	30
	33	31	37	32	30	31
	37	32	42	33	33	33
	40	33		37	41	34
	41	37		42	42	37
	42	41			45	40
		42	6	9		41
C-Länder ab 1984 D-Länder	9	9	15	15	1	42
	15	9	16	16	4	45
	16	15	20	20	6	
	20	24	23	23	18	1
	24	28	24	24	22	4
	28	34	34	34	26	6
	34	45	40	41	31	18
	45		41	45	32	26
			45			32

Abb. 101: Die Entwicklung der Risikogruppen im ORI-Panel von 1980 bis 1985

Die Zwei-Gruppenlösung zeigt von 1980 bis 1985 eine fast unveränderte Einteilung der Welt in Industrie- (Gruppe B) und Entwicklungsländer (Gruppe A).

Die Beschreibung der Länderbewegungen zwischen diesen Gruppen ergibt:

1) Die generell zur Gruppe der Industrieländer gehörenden Staaten Dänemark (8) und Irland (17) wandern offensichtlich wegen ihrer schlechten Zahlungsfähigkeit einmal zwischen den Gruppen hin und her, und zwar Dänemark 1981/82 und Irland 1983/84.

2) Taiwan (40), ein typisches Schwellenland, wechselt zwischen 1980 bis 1985 permanent seine Gruppenzugehörigkeit. Das Schwellenland Süd-Korea (23) wandert 1984 in die Gruppe der Industrieländer, kehrt aber 1985 wieder in die Gruppe A zurück. Beide Staaten sind exportstarke asiatische Länder.

3) Das ölexportierende Land Saudi-Arabien (34) nimmt wegen seiner extrem hohen Überschüsse eine Sonderstellung ein (siehe Abb. 99) und schafft aufgrund seiner überragenden Zahlungsfähigkeit sogar 1984 den Sprung in die Gruppe der Industrieländer, fällt allerdings 1985 wieder in die Gruppe A zurück.

Insgesamt kann somit festgehalten werden, daß zwar Wanderungsbewegungen stattfinden, aber von 1980 bis 1985 hat keines der 45 Länder seine Gruppenzugehörigkeit bleibend verändert.

Ein Vergleich der Zwei-Gruppenlösung dieser gleichgewichteten Clusteranalyse mit der intern gewichteten Clusteranalyse der ORI- und PRI- Einzelkriterien (vgl. Abb. 72) ergibt, daß sich die Gruppen kaum unterscheiden. Offensichtlich ist das Nord-Süd-Gefälle so ausgeprägt und trennstark, daß sich immer wieder zuerst diese Ländergruppen herausbilden.

Die Wanderungsanalyse der intern gewichteten Clusteranalyse, die die Gruppenveränderung von Panel-Befragung zu Panel-Befragung und nicht nur von Jahr zu Jahr beobachtet, deckt lediglich einige zusätzlich Wanderungen der Länder

Frankreich (11), Griechenland (13), Israel (18), Malaysia (24) und Süd-Afrika (36) auf.

Die Drei-Gruppenlösung kam bei der intern gewichteten Clusteranalyse nicht zum Vorschein, weil hier der Faktor F2 Zahlungsfähigkeit weniger Gewicht erhält als der Faktor F1 Infrastruktur.

Die Dreier-Lösung der gleichgewichteten Analyse deckt nicht nur Wanderungen der Länder zwischen den Gruppen auf, sondern auch, daß sich die Risikogruppen innerhalb der Entwicklungsländer grundlegend verändert haben. Die Gruppe B der Industrieländer bleibt stets erhalten. Bis 1983 wird aus der Gruppe der Entwicklungsländer A eine Gruppe C abgetrennt, die vor allem ölexportierende Entwicklungsländer, Ecuador (9), Indonesien (15), Iran (16), Nigeria (28), Saudi-Arabien (34), Venezuela (45) und Süd-Korea (23), sowie einige Schwellenländer, Elfenbeinküste (20), Malaysia (24), Thailand (41) und Taiwan (40), mit relativ guter Zahlungsfähigkeit enthält. Darin kommt zum Ausdruck, daß durch die 2. Ölpreiserhöhung 1979/80 die Ölländer ihre Einnahmen nochmals steigern konnten, während die übrigen Entwicklungsländer wieder erhöhte Defizite verzeichneten.[12]

Ab 1984 geht diese Ländergruppe über in die große Gruppe A der Entwicklungsländer und es bildet sich eine neue Gruppe D von Entwicklungsländern heraus. Sie besteht aus Ländern, die zu den am höchsten verschuldeten Entwicklungsländern der Welt gehören und in der Zeit von 1984 bis 1985 mit massiven Zahlungsbilanz- und Schuldendienstproblemen zu kämpfen haben wie Argentinien (1), Brasilien (4), Chile (6), Marokko (26), Philippinen (32) und Israel (19) und 1984 auch Kenia (22) und Peru (31). Andere ebenfalls hoch verschuldete Länder wie Mexiko (25), Nigeria (28), Indonesien (15) und Süd-Korea (23) fallen nach Meinung der Experten noch nicht in die Gruppe D. Offensichtlich wirkt die Ölpreiserhöhung ab 1984 nicht mehr so stark trennend auf ölimportierende und ölexportierende Entwicklungsländer. Die

---

12) vgl. Dehmel (1985).

ölimportierenden Länder haben die notwendigen Anpassungsprozesse eingeleitet. Dafür wirken sich im Gegenzug die
Verschuldungs- und Devisenprobleme verschiedener Länder so
stark aus, daß sie eine eigene Gruppe bilden.

8. Multivariate Analyse des PRI-Panels

Der PRI-Kriterienkatalog dient der Beurteilung des politischen Klimas in einem Land und soll der internationalen Unternehmung eine Entscheidungsgrundlage darüber liefern, ob
das politische Instabilitätsrisiko noch akzeptabel ist oder
ob es nicht ratsam ist, die Unternehmensaktivitäten in weniger risikoreiche Gebiete zu verlagern und so die Folgen
einer möglichen politischen Veränderung zu vermeiden.[1] Die
Merkmale unterteilen sich in 8 Ursachen-Variablen, die sich
aus internen und externen Ursachen der politischen Instabilität zusammensetzen, und in 2 Symptom-Variable, die die
Auswirkungen politischer und sozialer Konflikte, d.h. sozialer und politischer Unruhen, erfassen (vgl. Abb. 67).

8.1. Die Struktur der Länderrisiken im PRI-Panel

Bei der Faktorenanalyse wurden nach dem Kaiserkriterium für
jede der 18 Datenmatrizen 3 Faktoren extrahiert.

Zeit punkt	erklärte Varianz	Eigen- wert
1980I	60.7	1.40
1980II	60.8	1.47
1980III	61.1	1.49
1981I	60.9	1.49
1981II	62.1	1.46
1981III	62.1	1.44
1982I	63.9	1.42
1982II	70.3	1.34
1982III	70.5	1.25
1983I	69.9	1.21
1983II	70.4	1.19
1983III	71.8	1.16
1984I	72.3	1.20
1984II	72.4	1.22
1984III	72.2	1.23
1985I	72.1	1.22
1985II	71.5	1.22
1985III	66.8	1.31

Abb. 102: Erklärte
Varianz der PRI-
Kriterien durch 3
Faktoren und Eigen-
wert des 3. Faktors

---

1) vgl. Haner (1979).

Aus Abbildung 102 geht hervor, daß drei Faktoren zwischen 60 % und 70 % der Varianz in den Variablen erklären. Von 1982I auf 1982II nimmt die erklärte Varianz sprunghaft zu.

Die Variablen, die jeweils über 0.5 auf einen Faktor laden, sind in Abbildung 103 wiedergegeben und werden zur Interpretation der Faktoren herangezogen. Die bereits während der Untersuchung der Gleichheit der Kovarianzmatrizen aufgedeckte Veränderungen der Risikostruktur im PRI-Panel spiegeln sich deutlich im Faktorenmuster der Abbildung 103 wieder. Erst ab 1982II ist ein stabiles Muster erkennbar.

Da die Reihenfolge in der die Faktoren extrahiert werden, nicht immer mit den inhaltlich als gleich anzusehenden Faktoren übereinstimmt, werden die zu interpretierenden Faktoren im folgenden mit Großbuchstaben gekennzeichnet.

Faktor A: Dieser Faktor, der aus der gemeinsamen Faktorenanalyse über die ORI- und PRI-Einzelkriterien nicht erkennbar ist, unterliegt bis 1982II wesentlichen Veränderungen über die Zeit. Er entwickelt sich von einem Faktor, der 1980I nur durch die Kriterien P9 und P10 charakterisiert ist, zu einem Generalfaktor, auf den bis zu 5 Variablen hoch laden. Zunächst erfaßt dieser Faktor lediglich die Symptom-Variablen soziale und politische Unruhen (P9 und P10). Daraus leitet sich die erste Hypothese ab, die generell auch in der Literatur vertreten wird:

> Soziale und politische Unruhen treten häufig gemeinsam auf. Demonstrationen, Streiks und Aufruhr gehen einher mit Putschversuchen und politischen Morden.

Im Zeitpunkt 1980III kommt die Variable P7 (soziale Lage) hinzu und unterstützt die Hypothese:

> Soziale und politische Unruhen treten oft in Ländern auf, die durch eine extrem ungleiche Wohlstandsverteilung und Überbevölkerung, d.h. insgesamt durch schlechte soziale Verhältnisse gekennzeichnet sind.

Faktor	1980 I	1980 II	1980 III	1981 I	1981 II	1981 III	1982 I	1982 II	1982 III	1983 I	1983 II	1983 III	1984 I	1984 II	1984 III	1985 I	1985 II	1985 III
1	-P3, P5, P7	P3, -P5, P8	P3, -P5, P8	P7, P3, P10	P3, -P5, P8	P7, P9, P10	P6, P7, P9, P10	P5, P6, P7, P9, P10	P5, P6, P7, P9, P10	P5, P6, P7, P9, P10	P5, P6, P7, P9, P10	P5, P6, P7, P9, P10	P5, P6, P7, P9, P10	P5, P6, P7, P9, P10	P5, P6, P7, P9, P10	P5, P6, P7, P9, P10	P5, P6, P7, P9, P10	P5, P6, P7, P9, P10
2	P9, P10	P9, P10	P7, P9, P10	P3, P8	P7, P9	-P3, P5, -P8	-P3, P5, -P8	P1, P2	P1, P2	P1, P2	P1, P2	P3, P8	P3, P8	P3, P8	P3, P8	P3, P8	P3, P8	P1, P2
3	-P2, P8	P7	P2, F10	P1, P2	P2, P10	P1, P2, P10	P1, P2	P3, P8	P3, P8	P3, P8, P9	P3, P8	P3, P8	P1, P2	P1, P2	P1, P2	P1, P2	P1, P2	P3, P8
*	P4, P1, P6	P4, P1, P6, P2	P4, P1, P6	P4, P5, P6	P4, P1, P6	P4, P6	P4	P4	P4	P4	P4	P4	P4	P4	P4	P4	P4	P4

* Variablen, die auf keinen der 3 Faktoren hoch laden.

Abb. 103: Entwicklung der Risikofaktoren im PRI-Panel

Ab 1982II, nach der Umstellung der Skala, laden zusätzlich die Variablen P5 (Unterdrückungsmaßnahmen) und P6 (Mentalität) auf diesen Faktor. Daraus leiten sich folgende Hypothesen ab:

> Ab 1982II besteht ein enger Zusammenhang zwischen dem Einsatz von Unterdrückungsmaßnahmen zur Aufrechterhaltung der eigenen Macht und dem Auftreten sozialer und politischer Unruhen in einem Land.

> Zusätzlich deutet die Variable P6 daraufhin, daß offensichtlich die Fremdenfeindlichkeit gegenüber ausländischen Unternehmen zunimmt, wenn sich die eigene politische und soziale Lage zuspitzt.

Außerdem kann die häufig in der Literatur vertretene These eines ursächlichen Zusammenhangs zwischen der Zersplitterung der Bevölkerung in sprachliche, kulturelle oder religiöse Gruppen (P4) einerseits und sozialen und politischen Unruhen (P9, P10) andererseits nach Meinung der Experten nicht bestätigt werden. Die Bildung von sozialen Gruppen führt nicht zwangsläufig zu Gruppenkonflikten bzw. Spannungen. Vielmehr drängt sich die Hypothese auf, daß die Ursachen für sozialen und politischen Sprengstoff generell in sozialen Mißständen liegen. Der Faktor A ist demnach ein Ausdruck für die **soziale und politische Stabilität** eines Landes.

Die hier gefundene Beziehung unter den Variablen kann nicht nur über ein Faktorenmodell erklärt werden, sondern auch über ein LISREL-Modell, das die Interdependenzen der Variablen durch ein Kausalmodell erklärt. Das Modell wird hier nur im Ansatz dargestellt und nicht mehr überprüft und geht zurück auf die in der Literatur vertretene Instabilitäts- und Sündenbocktheorie.

Abbildung 104 versucht die hyposthasierten Zusammenhänge unter den Variablen graphisch darzustellen. Die Grundthesen, auf der das Modell zur Erklärung der Instabilität eines Landes im sozio-politischen Bereich aufbaut, besagen:

Die politische Instabilität äußert sich in sozialen und politischen Unruhen (P9, P10). Die Unruhen sind ein Maßstab für die Aggressionen in einem politischen System. Diese Aggressionen gehen zurück auf Frustrationen, die die Diskrepanz zwischen den in einer Gesellschaft geweckten, aber nicht befriedigten Bedürfnissen reflektiert. Die Frustration ist das Ergebnis eines niedrigen Wohlstandsniveaus der Bevölkerung im Verhältnis zu ihren sozialen und wirtschaftlichen Erwartungen und Wünschen.[2]

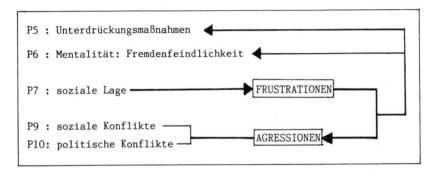

Abb. 104: Die Instabilitäts- und Sündenbock-Theorie

Ein Ausdruck für die schlechten sozialen Verhältnisse und damit einen Maßstab für die Frustrationshöhe, stellt die Variable P7 dar. Sie mißt nicht generell die Diskrepanz zwischen Bedürfnissen und Bedürfnisbefriedigung, sondern generell die sozialen Verhältnisse. In diesem Modell ist die Frustration im Kern die Ursache der sozialen und politischen Konflikte. Über die Instabilitätstheorie hinaus bindet das Modell die Sündenbock-Theorie mit ein.[3] Die Sündenbocktheorie geht davon aus, daß die ausländische Unternehmung immer dann als Sündenbock dargestellt wird, wenn die Frustration hoch ist, d.h. insbesondere, wenn sich die soziale Lage verschlechtert. Die Fremdenfeindlichkeit ist hoch, wenn die sozialen Verhältnisse schlecht sind.

---

2) vgl. Feierabend/Feierabend (1966).
3) vgl. Knudsen (1974).

Über die existierende Grundthese hinaus deutet der Faktor A an, daß gleichzeitig mit der problematischen sozialen Lage und den zunehmenden sozialen und politischen Konflikten auch die Unterdrückungsmaßnahmen zunehmen.

Inwieweit das Modell die Interdependenzen zwischen den Variablen P5, P6, P7, P9, und P10 gut erklärt, kann über LISREL getestet werden, was aber weiteren Untersuchungen vorbehalten bleibt.

Die beiden anderen Faktoren entsprechen den bereits in der gemeinsamen Faktorenanalyse von ORI und PRI erkannten Risikokomponenten.

Faktor B: Dieser Faktor ist durch hohe Ladungen der Variablen P1 (Bedeutung für Großmacht) und P2 (regionale Konflikte) gekennzeichnet und tritt ab 1981III kontinuierlich auf. Daraus folgt die Hypothese:

> Treten regionale Konflikte auf, dann nimmt die Bedeutung und/oder die Abhängigkeit eines Landes für eine Großmacht zu. Einzelne Länder tragen ihre Konflikte nicht mehr aus, ohne daß sich die Großmächte einmischen und ihren weltpolitischen Einfluß geltend machen.

Die außenpolitischen Beziehungen der Länder werden überlagert durch das machtpolitische Gleichgewicht zwischen Ost und West. "Die Großmächte übernehmen de facto eine Ordnungsfunktion. Sie sind die 'Manager' des globalen politischen Systems und organisieren es als hegemoniale Teilordnungen mit Einflußzonen, Allianzen und Ausgrenzungen. Und sie rufen die Bildung von Gegenmacht hervor."4) Auch wenn die Länder nicht in den Ost-West-Konflikt einbezogen werden wollen, führen die politischen Interessen der Großmächte dennoch zu einer Einmischung. Der Faktor C ist somit ein Ausdruck für die **außenpolitische Stabilität.**

---

4) Tücks/Links (1985), S. 10.

Faktor C: Generell ist dieser Faktor über die Zeit durch hohe Ladungen der Kriterien P3 und P8 gekennzeichnet, d.h. die Zersplitterung des politischen Spektrums und die Organisation und Stärke der radikalen Linken korrelieren eng miteinander. Daraus leitet sich folgende Hypothese ab:

> Eine Verteilung der Macht auf viele Parteien läßt gleichzeitig die Chance einer Machtübernahme durch extreme Parteien anwachsen. Erst wenn die gemäßigten Parteien an Gewicht verlieren, nimmt der Einfluß radikaler Parteien zu.

Für die Beurteilung von Länderrisiken folgt daraus, daß im allgemeinen erst dann mit einem radikalen politischen Wechsel zu rechnen ist, wenn die Parteienlandschaft in einem Land zerrissen ist. Der Faktor B drückt somit die Gefahr für einen demokratischen Linksrutsch bzw. einen **linksgerichteten politischen Wandel** aus.

Von 1980II bis 1982I ist dieser Faktor zusätzlich durch hohe negative Ladungen der Variablen P5 gekennzeichnet. Daraus leitet sich die Hypothese ab:

> Wenn die Parteien zersplittert sind, ist es ihnen nicht möglich, Maßnahmen zur Unterdrückung des politischen Gegners zu ergreifen.

Keine der Parteien besitzt die Möglichkeiten, solche Maßnahmen durchzusetzen. Allerdings erweist sich dieser Zusammenhang als nicht zeitstabil und verliert ab 1982II an Bedeutung.

Insgesamt hat die Faktorenanalyse die Veränderungen der Beziehungsstruktur unter den Variablen offengelegt und gezeigt, daß das Panel einen ganz bestimmten Entwicklungsprozeß vollzogen hat. Ab 1982II erweist sich die Struktur allerdings als stabil. Von diesem Zeitpunkt an lassen sich die folgenden drei unabhängigen politischen Risikodimensionen unterscheiden:

<u>Faktor A:</u> **Soziale und politische Stabilität:** Diese Risiko-
dimension erfaßt soziale und politische Unruhen, die gekennzeichnet sind durch Demonstrationen, Streiks, Aufruhr,
Putschversuche, Morde an politischen Gegnern sowie schlechte soziale Verhältnisse.

<u>Faktor B:</u> **Außenpolitische Spannungen:** Hier bewerten die Ex-
perten Risiken, die sich aus Spannungen mit Nachbarstaaten
und den Großmächten im Ost-West-Konflikt ergeben. Sie können bis hin zu kriegerischen Auseinandersetzungen gehen.

<u>Faktor C:</u> **Linksgerichteter politischer Wandel:** Kennzeich-
nend für diese Risikodimension ist die Organisation und
Macht der radikalen Linken und die Zersplitterung des politischen Spektrums.

Eine negativer Faktorwert eines Land für jeden einzelnen
der drei unabhängigen Faktoren bedeutet für die Unternehmung hohe Risiken. Eine hohe sozio-politische Instabilität
signalisiert ein hohes Enteignungsrisiko und erhebliche
Beeinträchtigungen bei der Ausübung der Geschäftsaktivitäten. Ein möglicher linksgerichteter politischer Wandel
erhöht die Gefahr für Verstaatlichungen. Extreme außenpolitische Konflikte bis hin zu kriegerischen Auseinandersetzungen beinhalten für die Unternehmung die Gefahr einer
totalen Einschränkung sämtlicher Unternehmensaktivitäten.
Somit stellt sich die Frage, ob generell eine Aggregation
der Kriterien zu einem einzigen Gesamtindex durch das BERI-
Institut sinnvoll bzw. zieladäquat ist oder ob es nicht
vielmehr notwendig ist, jede der drei Risikodimensionen
gleichzeitig getrennt zu beobachten.

8.2. Risikopositionen und -gruppen im Bereich politischer
Länderrisiken

In Abbildung 105 sind die Länder anhand der drei Risiko-
faktoren für 1983 positioniert und über eine Clusteranalyse

unter Verwendung der Euklidischen Distanz und des Ward-
Verfahrens zu drei Risikosegmenten zusammengefaßt.

Die Gruppe A besteht aus den Less Developed Countries und
den Newly Industrialising Countries bzw. den Schwellenländern, die politisch und sozial instabil sind und bis auf
Pakistan (30), das sehr hohe außenpolitische Spannungen
aufweist, kaum mit hohen außenpolitischen Spannungen belastet sind. Hinsichtlich der Gefahr für einen linksgerichteten politischen Wandel unterliegen die Länder innerhalb
dieser Gruppe extremen Unterschieden.

Die Gruppe B besteht aus Industrieländern und einigen
Schwellenländern. Sie sind politisch und sozial weitgehend
stabil und haben wie Gruppe A weniger mit außenpolitischen
Spannungen zu kämpfen. Bis auf die Länder BRD (12), USA
(44), Malaysia (24), Norwegen (29), Schweiz (39) und Japan
(21) schätzen die Experten bei dieser Ländergruppe die Möglichkeit für einen linksgerichten politischen Wandel im
Jahr 1983 als relativ hoch ein.

Gruppe C besteht insgesamt gesehen aus sehr unterschiedli-
chen Ländern, die nur eines gemeinsam haben. Iran, Israel,
Taiwan und Saudi-Arabien stehen in extremen Spannungen mit
Nachbarstaaten und/oder Großmächten.

Beispielhaft gibt Abbildung 106 die zeitliche Entwicklung
der Risikopositionen der Länder USA, Nigeria und Mexiko
wieder.

Die kontinuierliche Verbesserung der Bewertung der außenpolitischen Spannungen der USA und die zusätzliche sprunghafte Verbesserung Ende 1985 reflektiert die Entspannung im
Ost-West Verhältnis die Ende 1985 im Gipfeltreffen zwischen
den Staatsoberhäuptern Reagan und Gorbatschow einen Höhe-
punkt erreichte.

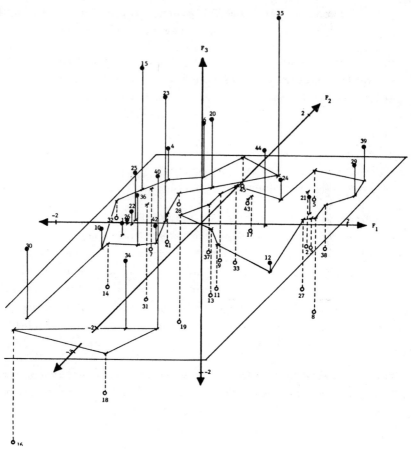

Gruppe A			Gruppe B			Gruppe C		
1 Argentinien	S		2 Australien			16 Iran	W	
4 Brasilien	S		3 Belgien			18 Israel		
6 Chile	S		5 Kanada			34 Saudi-Arabien	W	
7 Kolumbien	S		8 Dänemark			40 Taiwan	S	
10 Ägypten	S		9 Ecuador	S				
14 Indien	W		11 Frankreich					
15 Indonesien	W		12 Bundesrepublik					
20 Elfenbeinküste	S		13 Griechenland	S		S : Schwellenländer		
22 Kenia	W		17 Irland			W : Weniger entwickelte Länder		
23 Süd-Korea	S		19 Italien					
25 Mexiko	S		21 Japan					
26 Marokko	W		24 Malaysia	S		F1: Sozio-politische Stabilität		
28 Nigeria	W		27 Niederlande			F2: Außenpolitische Konflikte		
30 Pakistan	W		29 Norwegen			F3: Linker politischer Wandel		
31 Peru	S		33 Portugal	S				
32 Philippinen	S		37 Spanien	S				
35 Singapur	S		38 Schweden					
36 Südafrika	S		39 Schweiz					
41 Thailand	W		43 Grossbritannien					
42 Türkei	S		44 USA					
45 Venezuela	S							

Abb. 105: Die politischen Risikopositionen der Länder 1983
nach Meinung von Experten

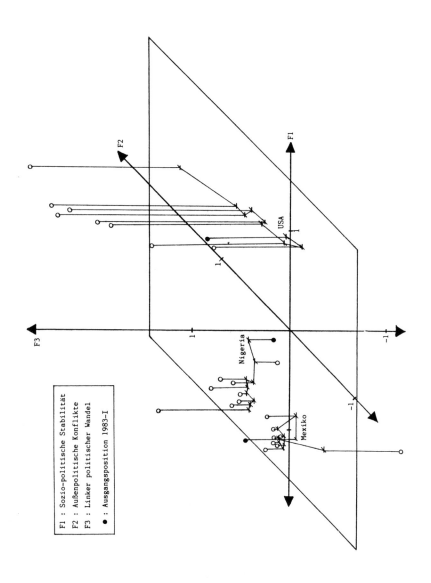

Abb.106: Die politische Risikoentwicklung ausgewählter
Länder von 1983 bis 1985

273

Das Land Nigeria ist in dieser Zeit zwar permanent instabiler geworden, doch im Parteiensystem besteht Ende 1985 nach Meinung der Experten so gut wie keine Gefahr für einen demokratischen Linksrutsch.

Mexiko erhält bis Ende 1985 kaum eine veränderte Risikobewertung. Ab Ende 1985 sind die Experten jedoch der Ansicht, daß die Zersplitterung des politischen Spektrums und der Einfluß radikaler linker Parteien sprunghaft zunimmt. Die Regierung hat zunehmend Probleme, die vom IWF geforderten Sparmaßnahmen bei der Bevölkerung durchzusetzen.

Zeit / Gruppe	1983	1984	1985
A-Länder	1	1	1
	4	4	4
	6	6	6
	7	7	7
	10	9	9
	14	10	10
	15	11	11
	16	13	13
	18	14	14
	20	15	15
	22	16	16
	23	18	17
	25	19	18
	26	20	19
	28	22	20
	30	25	22
	31	26	23
	32	28	24
	34	30	25
	35	31	26
	36	32	28
	40	33	30
	41	34	31
	42	36	32
	45	37	33
		41	34
B-Länder	2	42	36
	3	45	37
	5		41
	8	2	42
	9	3	43
	11	5	45
	12	8	
	13	12	2
	17	17	3
	19	21	5
	21	23	8
	24	24	12
	27	27	21
	29	29	27
	33	35	29
	37	38	35
	38	39	38
	39	40	39
	43	43	40
	44	44	44

Zeit / Gruppe	1983	1984	1985
A-Länder	1	1	1
	4	4	4
	6	6	6
	7	7	7
	10	9	9
	14	10	10
	15	11	11
	20	13	13
	22	14	14
	23	15	15
	25	19	17
	26	20	19
	28	22	20
	30	25	22 23
	31	26	24
	32	28	25
	36	30	26
	41	31	28
	42	32	30
	45	33	31
		36	32
B-Länder	2	37	33
	3	41	36
	5	42	37
	8	45	41
	9		42
	11	2	43
	12	3	45
	13	5	
	17	8	2
	19	12	3
	21	17	5
	24	21	8
	27	23	12
	29	24	21
	33	27	27
	37	29	29
	38	35	35
	39	38	38
	43	39	39
	44	40	40
		43	44
C-Länder	16	44	
	18		16
	34	16	18
	40	18	34
		34	

Abb. 107: Die Entwicklung der Risikogruppen im PRI-Panel von 1983 bis 1984

Die Entwicklung der Risikogruppen insgesamt ist in Abbildung 107 wiedergegeben, und zwar sowohl die Zwei- als auch die Drei-Gruppenlösung.

Der Zwei-Clusterfall zeigt im wesentlichen die Trennung zwischen den sozio-politisch stabilen Industrieländern und instabilen Entwicklungsländern auf. Einige europäische Staaten, die 1983 in Abbildung 105 zu den Ländern mit starkem Einfluß linksgerichteter Parteien und durchschnittlicher sozio-politischer Stabilität zählen, wandern 1984 von Gruppe B in Gruppe A: z.B. Frankreich (11), Griechenland (13) Italien (19), Portugal (33) Spanien (37) und auch ein nicht-europäisches Land, Ecuador (9). Den umgekehrten Weg gehen die Länder Süd-Korea (23), Singapur (35) und Taiwan (40). Sie gelangen 1984 in die Gruppe der stabileren Industrieländer. Von 1984 auf 1985 wandern zusätzlich zwei Industrieländer zu den instabileren Ländern der Gruppe A: Irland (17) und Großbritannien (43). Außerdem fallen die zwei Schwellenländer Malaysia (24) und Süd-Korea (23) wieder in Gruppe A. Insgesamt gesehen ist von 1983 bis 1985 die Gruppe B der sozio-politisch stabilen Länder ständig kleiner geworden.

Der Drei-Clusterfall führt zu einer weiteren Trennung innerhalb der Gruppe A, der instabileren Länder. Die neue Gruppe C ist eine relativ kleine Ländergruppe und unterscheidet sich durch ihre extremen außenpolitischen Spannungen von den übrigen Ländern. Zu ihr gehören der Iran (16), Israel (18) und Saudi-Arabien (34). Taiwan (40) gehört nur 1983 dazu.

9. Qualitative Faktoren und Global-Indikatoren im Vergleich

Eine Möglichkeit den Aussagewert und die Gültigkeit der aus
den qualitativen Teilkonzepten extrahierten Faktoren zu
überprüfen, besteht darin, die qualitativen Faktoren des
ORI- und PRI-Panels mit den qualitativen und quantitatven
Global-Indikatoren anderer Konzepte zu vergleichen. Insbesondere ein Vergleich der qualitativen Faktoren mit quantitativen Global-Indikatoren kann Aufschluß darüber geben,
ob sich Experteneinschätzungen von den Aussagen, die aus
quantitativen Daten gewonnen werden, unterscheiden.

Um diese Fragen zu prüfen, wurden die 5 qualitativen Faktoren aus dem wirtschaftlichen und politischen Bereich zusammen mit den unten aufgeführten qualitativen und quantitativen Global-Indikatoren faktoranalysiert.

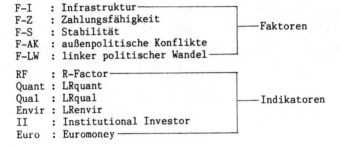

```
F-I   : Infrastruktur ─────────┐
F-Z   : Zahlungsfähigkeit       │
F-S   : Stabilität              ├── Faktoren
F-AK  : außenpolitische Konflikte│
F-LW  : linker politischer Wandel┘

RF    : R-Factor ──────────────┐
Quant : LRquant                 │
Qual  : LRqual                  │
Envir : LRenvir                 ├── Indikatoren
II    : Institutional Investor  │
Euro  : Euromoney ──────────────┘
```

Der Untersuchungszeitraum beschränkt sich auf die Jahre
1982 und 1983. Auf der Basis der Hauptachsenanalyse mit
Varimax-Rotation wurden insgesamt 4 Faktoren extrahiert
(vgl. Abb. 108). Die Anzahl der Faktoren wurde dabei nach
dem Kaiserkriterium bestimmt. Die Eigenwerte des 4. Faktors
von 0.96 und 0.91 im Jahre 1983 werden als eine ausreichende Annäherung an einen Eigenwert von 1 angesehen. Schließlich ergibt auch ein Scree Test eindeutig 4 Faktoren über
alle Zeitpunkte.

Die insgesamt erklärte Varianz in den Variablen durch die 4
Faktoren variiert zwischen 89 % und 94 % und ist damit sehr
hoch (vgl. Abb. 108).

Zeit	Eigenwerte für					erklärte Varianz in %
	1.Faktor	2.Faktor	3.Faktor	4.Faktor	5.Faktor	
1982II	5.90	1.54	1.21	1.15	0.48	89.2
1982III	5.91	1.61	1.18	1.14	0.46	89.7
1983I	6.27	1.44	1.16	1.00	0.40	90.0
1983II	6.38	1.60	1.07	0.96	0.33	91.0
1983III	6.41	1.65	1.04	0.91	0.35	94.3

Abb. 108: Eigenwerte der Faktoren und erklärte Varianz bei
4 extrahierten Faktoren

Zur inhaltlichen Bestimmung der 4 Faktoren wurden wieder
die Variablen herangezogen, die mindestens mit 0.5 mit
einem Faktor korrelieren. Aufgrund dieser Entscheidungsregel ergibt sich das in Abbildung 109 aufgezeigte Faktorenmuster über die Zeit.

Faktor	1982II	1982III	1983I	1983II	1983III
1	F-I F-S RF Qual Envir II Euro	F-I F-S RF Qual Envir II Euro	F-I F-S RF Qual Envir II Euro	F-I F-s RF Qual Envir II Euro	F-I F-S RF Qual Envir II Euro
2	F-Z RF Quant	F-Z RF Quant II	F-Z RF Quant II Euro	F-Z RF Quant II Euro	F-Z RF Quant II Euro
3	F-AK	F-AK	F-AK	F-AK	F-AK
4	-F-LW Euro	F-LW	F-LW	F-LW	F-LW

Abb. 109: Die gemeinsame Faktorenstruktur der qualitativen
Faktoren und Global-Indikatoren

Das weitgehend stabile Faktorenmuster läßt sich folgendermaßen interpretieren:

Faktor 1 erfaßt alle qualitativen und quantitativen Variablen, die die wirtschaftliche und sozio-politische Stabilität bzw. Infrastruktur eines Landes beurteilen. Dabei zeigt sich, daß die Faktoren Infrastruktur aus dem ORI-Panel und Stabilität aus dem PRI-Panel selbst wieder auf einen Faktor zurückgeführt werden können. Allerdings erscheint es aus theoretischen Überlegungen dennoch sinnvoll, diese beiden Aspekte getrennt zu sehen, weil ihre Zusammenführung in einem Modell Hypothesen über die enge Beziehung zwischen sozial-wirtschaftlichen Phänomenen einerseits und sozio-politischen Phänomenen andererseits verlangt, die sicherlich nicht genügend durch einen dahinterstehenden gemeinsamen Faktor erfaßt werden können.

Der **Faktor 2** vereinigt alle qualitativen Faktoren und quantitativen Indikatoren auf sich, die die Zahlungsfähigkeit eines Landes beurteilen. Daraus folgt, daß die Experten nichts anderes beurteilen, als die statistischen Daten über die Zahlungsbilanzen der Länder letztlich aussagen. Allerdings haben Expertenaussagen den Vorteil, daß sie wesentlich aktuellere Informationen erlauben als die mit jährlicher Verzögerung erscheinenden Statistiken des IWF und der Weltbank.

Analog zu den bisherigen Analysen existieren auch in dieser Faktorenanalyse für die Faktoren 1 und 2, d.h. die Infrastruktur bzw. Stabilität und Zahlungsfähigkeit, Variablen (RF, II und Euro), die hoch mit beiden Faktoren korrelieren.

Der **Faktor 3** steht für die außenpolitischen Konflikte und bleibt wie schon in der Analyse des PRI-Panels als eigener unabhängiger Faktor erhalten.

Der **Faktor 4** beurteilt die Gefahr für einen linksgerichteten politischen Wandel und bleibt ebenfalls wie schon im PRI-Panel als eigenständiger Faktor erhalten.

Angesichts der bisherigen Untersuchungsergebnisse erweist sich eine Länderrisiko-Beurteilung aufgrund der 2 unabhängigen Faktoren Infrastruktur und Zahlungsfähigkeit aus dem ORI-Panel und der 3 unabhängigen Faktoren Stabilität, aussenpolitische Konflikte und Linksrutsch aus dem PRI-Panel aus mehreren Gründen als besonders geeignet:

1) Es handelt sich um eine überschaubare Anzahl von Faktoren, die die verfügbaren Informationen optimal ausnutzt.

2) Die Faktoren garantieren, daß es zu keinen Informationsverlusten kommt, wie daß bei aggregierten Globalindikatoren durch die interne Gewichtung der Fall ist. Beispielsweise werden die Risikodimensionen äussere Konflikte und linkersgerichteter politischer Wandel im Global-Index PRI völlig unterdrückt und nur die sozio-politische Stabilität bleibt als dominante Größe erhalten.

3) Die Ergebnisse sind schnell, das heißt innerhalb von 4 Monaten aktualisierbar, was angesichts der sich rapide wandelnden weltwirtschaftlichen Rahmenbedingungen im Hinblick auf Ölpreis, Zinsniveau, US-Dollarkurs unbedingt erforderlich ist.

4) Die Ergebnisse der Faktoren sind anschaulich darstellbar und erlauben einen internationalen Vergleich der Risikopositionen der Länder zueinander.

5) Die Befragungen der ORI- und PRI-Experten sind allen Unternehmen zugänglich und die Informationen sind über die Zeit vergleichbar.

6) Eine Querschnittsanalyse mit einer Längsschnittsanalyse der Faktorenwerte verbindet statische mit dynamischen Analysen.

10. Länderrisiken und risikopolitische Konsequenzen für die
    Auslandsgeschäfte der internationalen Unternehmung

Auf welche Weise die internationale Unternehmung die Informationen der fünf Faktoren des ORI- und PRI-Panels konkret
verwenden kann, um die Risiken bei Auslandsgeschäften zu
beurteilen, wird im folgenden beispielhaft für das Jahr
1983 gezeigt.

PRI-Cluster ⟍ ORI-Cluster	1,4,6,7,10,14,15,20,22 23,25,26,28,30,31,32, 35,36,41,42,45 **A**		2,3,5,8,9,11,12,13,17 19,21,24,27,29,33,37 38,39,43,44 **B**	16,18,34,40 **C**
1,4,6,9,10,11,13, 7, 14,17,19,22,25,26, 30,31,32,33,37,42	1,4,6,7,10,14,22,25, 26,30,31,32,42		9,11,13,17,19,33,37	
	Argentinien, Brasilien, Chile, Kolumbien, Ägypten, Indien, Kenia, Mexiko, Marokko, Pakistan, Peru, Philippinen, Türkei		Ecuador, Frankreich, Griechenland, Irland, Italien, Portugal, Spanien	
A	**AA**		**AB**	
2,3,5,8,12,21,27, 29,35,36,38,39, 40,43,44	35	36	2,3,5,8,12,21,27,29, 38,39,43,44	40
	Singapur	Süd-Afrika	Australien, Belgien, Kanada, Dänemark, BRD, Japan, Nieder-lande, Norwegen, Schweden, Schweiz, Großbritannien, USA	Taiwan
B			**BB**	
15,20,23,24,28, 41,45	15,20,23,28,41,45		24	
	Indonesien, Elfenbein-küste, Süd-Korea, Nigeria, Thailand, Venezuela		Malaysia	
C	**CA**			
16			16	
			Iran	
18			18	
			Israel	
34			34	
			Saudi-Arabien	

Abb. 110: Risikogruppen im politischen und wirtschaftlichen
          Bereich 1983

Um gleichzeitig über alle fünf Faktoren hinweg die Länder mit einer ähnlichen Risikostruktur zu ermitteln, ist in Abbildung 110 die Schnittmenge zwischen den Ländergruppen der Einzelanalysen des ORI und PRI gebildet.

Dabei entstehen insgesamt vier Ländergruppen. Die Gruppenprofile dieser Risikosegmente, die den Durchschnittswert der Länder in dieser Gruppe für jeden der fünf Faktoren wiedergeben, sind in Abbildung 111 aufgezeichnet. Dabei bedeuten die Risiko-Faktoren

1 = Zahlungsfähigkeit,
2 = Infrastruktur,
3 = politische und soziale Stabilität
4 = außenpolitische Konflikte
5 = linksgerichteter politischer Wandel

Strukturell unterscheiden sich die vier Gruppenprofile, sofern man den 5-ten Risiko-Faktor zunächst einmal außer Betracht läßt, dadurch, daß die Gruppe AA mit niedrigen, die Gruppe BB mit sehr hohen, die Gruppe AB mit durchnittlich hohen und die Gruppe AC mit unterschiedlich hohen und niedrigen Risiken behaftet sind.

Die keiner Gruppe zugehörigen Länder stehen zum Teil in extrem hohen externen Konflikten (siehe Abbildung 111). Ansonsten besitzen diese Länder aber völlig unterschiedliche Risikoprofile. Die hohen, damit verbundenen Risiken zwingen dazu, die Auslandsgeschäfte auf diesen Märkten zu überdenken. Die übrigen Länder Singapur, Malaysia und Süd-Afrika sind generell sehr unterschiedlich, wobei die Risikostruktur von Singapur geradezu ideal für Auslandsgeschäfte jeder Art erscheint.

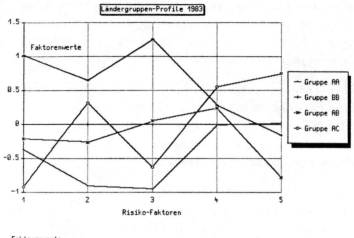

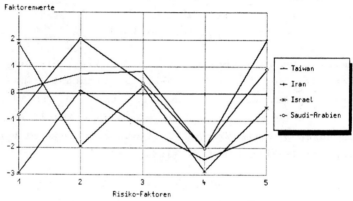

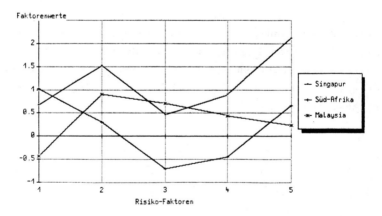

Abb. 111: Gruppenprofile und Einzelprofile für 1983

Angesichts dieser Situation stellt sich die Frage, welche Maßnahmen ein international tätiges Unternehmen ergreifen kann, wenn sich seine Auslandsgeschäfte auf ein bestimmtes Risikosegment beziehen. Eine bestimmte Risikostruktur erhält im Hinblick auf die unterschiedlichen Auslandsaktivitäten der internationalen Unternehmung eine unterschiedliche Bedeutung. Die Handlungsmöglichkeiten der internationalen Unternehmung auf Auslandsmärkten umfassen im Grunde vier Geschäftsaktivitäten: Kredit-, Lizenz-, Exportgeschäfte und Direktinvestitionen. Die Unternehmen betrachten dabei die Aktivitäten wie Lizenz-, Export- und Direktinvestitionsgeschäfte nicht nur als alternative Strategien, sondern auch als sich gegenseitig ergänzende Formen der Marktbearbeitung[1]. Wegen der Zahlungsprobleme in der Dritten Welt ergänzt heute auch das Kreditgeschäft die Formen der Marktbearbeitung und ist deshalb hier mitaufgeführt.

Bevor risikopolitische Maßnahmen zur Risikobewältigung abgeleitet werden können, ist es notwendig, die Risikoprofile der vier Ländergruppen exemplarisch für das Jahr 1983 im Hinblick auf ihre unterschiedliche Bedeutung für die verschiedenen Auslandsgeschäfte zu beurteilen, um dann Maßnahmen zur Risikobewältigung diskutieren zu können.

Die unterschiedliche Bedeutung der fünf Risiko-Faktoren für die verschiedenen Auslandsgeschäfte liegt darin, daß für Direktinvestitionen alle fünf Faktoren relevant sind. Die ausländische Unternehmung kann bei schlechter Zahlungsfähigkeit ihre Gewinne nicht transferieren. Bei einer schlechten Infrastruktur fehlen ihr die entsprechenden Fachleute. Instabile soziale und politische Verhältnisse behindern sie in der Ausübung ihrer Geschäftsaktivitäten im Land selbst. Außenpolitische Konflikte können dazu führen, daß die Unternehmung völlig handlungsunfähig wird. Mit der Möglichkeit eines linksgerichteten politischen Wandels erhöht sich die Gefahr einer Verstaatlichung. Für Exportgeschäfte ist vor allem die Zahlungsfähigkeit wegen der Ge-

---

1) vgl. Backhaus (1982); Pollack/Riedel (1984); Seidel (1977).

fahr eines Forderungsausfalls relevant, aber auch die Instabilität eines Landes und außenpolitische Konflikte spielen eine Rolle, da die Ware z.B. im Ausland zerstört werden
kann. Anders ist das bei Lizenz- und Kreditgeschäften, wo
sich allein die Zahlungsfähigkeit risikomäßig auswirkt.

Vor diesem Hintergrund lassen sich die 4 Gruppen hinsichtlich der Risikostruktur (1) und hinsichtlich der Risikowir-
kung auf Auslandsgeschäfte (2) wie folgt beschreiben:

Gruppe BB: Industrieländer mit geringen Risiken:

(1) Die Experten schätzen die Risiken sehr niedrig ein. Sie
sehen nur die Möglichkeit für einen linksgerichteten politischen Wandel in vielen Industriestaaten und damit die
Tendenz zu Verstaatlichungen.

(2) Für Lizenz-, Export- und Kreditgeschäfte sehen die Experten kaum Risiken. Bei Direktinvestitionen halten sie
Enteignungen für durchaus möglich.

Gruppe AA: Ölimportierende Entwicklungsländer mit hohen
Länderrisiken:

(1) Hohe Risiken ergeben sich aus der schlechten Infrastruktur und Zahlungsfähigkeit sowie der geringen Stabilität. Es bestehen durchschnittlich hohe außenpolitische
Spannungen und Möglichkeiten für einen linken politischen
Wandel, wobei letzteres Risiko (siehe Abbildung 105) innerhalb dieser Gruppe sehr unterschiedlich ausfällt.

(2) Für Direktinvestitionen sind die Risiken äußerst hoch.
Die Instabilität erzeugt hohe Dispositionsrisiken und die
schlechte Zahlungsfähigkeit gefährdet den Gewinntransfer.
Auch Exporte sind risikobehaftet wegen der Zahlungsprobleme
und Instabilitäten. Lizenz- und Kreditgeschäfte sind gefährdet wegen der Zahlungsprobleme.

Gruppe AB: Länder mit durchschnittlich hohen Risiken:

(1) Die Risiken aus Infrastruktur, Zahlungsfähigkeit, Instabilität sowie externen Konflikten sind mehr oder weniger durchschnittlich ausgeprägt. Extrem hoch erscheint den Experten die Gefahr für einen Linksrutsch in diesen Ländern.

(2) Hohe Risiken bestehen hauptsächlich für Direktinvestitionen, da die Experten nach einem möglichen Linksrutsch der Regierung mit Verstaatlichungen rechnen. Transferrisiken für Export- Lizenz- und Kreditgeschäfte sind Mittelmäßig einzuschätzen.

Gruppe AC: Ölexportierende Entwicklungsländer mit gemischter Risikostruktur:

(1) Geringe Risiken erwachsen aus Zahlungsfähigkeit, außenpolitischen Konflikten und einem linksgerichteten politischen Wandel. Aber es bestehen hohe Risiken wegen der extrem schlechten Infrastruktur und der geringen Stabilität.

(2) Für Direktinvestitionen bestehen hohe Dispositionsrisiken resultierend aus der schlechten Infrastruktur und Instabilität. Weniger hoch erscheinen Risiken für Export-, Lizenz- und Kreditgeschäfte wegen der guten Zahlungsfähigkeit.

D. Zusammenfassende Thesen zur Reanalyse von Länderrisiko-Konzepten

1. These: Die Informationen, die in den ein- und mehrdimensionalen, quantitativen und qualitativen Global-Indikatoren enthalten sind, lassen sich auf zwei unabhängige Faktoren, die Stabilität und Zahlungsfähigkeit verdichten. Die Analyse qualitativer Teilkonzepte deckt im wirtschaftlichen Bereich zwei unabhängige Faktoren, Infrastruktur und Zahlungsfähigkeit auf und im politischen Bereich lassen sich die qualitativen Einzelkriterein auf drei Faktoren, Stabilität, äußere Konflikte und linksgerichteter politischer Wandel reduzieren. Daraus geht hervor, daß die Global-Indikatoren zur Beurteilung von Länderrisiken nur einen Teil der tatsächllich in den Konzepten vorhandenen Informationen wiedergeben können. Die internationale Unternehmung sollte deshalb nicht die über Punktbewertungsmodelle aggregierten Informationen zur Länderrisikobeurteilung heranziehen, sondern die qualitativen Teilkonzepte.

2. These: Die Aggregation der Beurteilungskriterien über Scoring-Modelle ist angesichts der hohen Interdependenzen unter den Umweltdeterminanten äußerst fragwürdig, denn neben die explizite Gewichtung der Kriterien tritt eine starke implizite Gewichtung, die die Informationen in den aggregierten Indikatoren verzerrt.

3. These: Eine erneute Faktorenanalyse der qualitativen Faktoren sowie der qualitativen und quantitativen Global-Indikatoren zeigt, daß die Faktoren Stabilität und Infrastruktur selbst wieder auf einen Faktor zurückgeführt werden können, so daß sich die Vielzahl der in den hier analysierten Konzepten enthaltenen Informationen auf im Grunde vier unabhängige Risikodimensionen verdichten lassen. Offensichtlich erfassen die Konzepte das hypothetische Konstrukt Länderrisiko immer wieder über dieselben Risikodimensionen, obwohl sie unabhängig voneinander und unter Ver-

wendung der verschiedensten Methoden ihre Daten erheben.
Dieses Ergebnis spricht für die Validität der Konzepte.

4. These: Die qualitative und quantitative Beurteilung der
Zahlungsfähigkeit führt zu gleichen Ergebnissen. Die quantitativen Global-Indikator R-Faktor und LRquant laden mit
dem qualitativen Faktor Zahlungsfähigkeit wieder auf einen
gemeinsamen Faktor, so daß Experten ebenso gut oder
schlecht wie statistische Daten in der Lage sind die Zahlungsfähigkeit der Länder zu beurteilen. Der Vorteil der
Expertenbefragung liegt dabei darin, daß bei den statistischen Daten ein zu langer Zeitraum bis zu ihrer Veröffentlichung vergeht. Experten können sich anhand der
ihnen zugänglichen, u.U. noch nicht veröffentlichten Informationen orientieren und diese in ihre Beurteilung ein-
beziehen. Insbesondere um aktuelle Bewertungen der Zahlungsfähigkeit zu erhalten, empfiehlt sich der Rückgriff
auf das Urteil von Experten.

5. These: Auch wenn das Vertrauen in die Gültigkeit der Informationen hoch einzuschätzen ist, so sind mit Hilfe der
Konzepte doch nur wenig differenzierte Beurteilungen möglich. Die Konzepte eignen sich für eine erste globale Beurteilung von Länderrisiken, die den Rahmen für eine tiefer-
gehende Beschreibung der Risikosituation der einzelnen Länder festlegt. Die Untersuchung ähnlicher und unähnlicher
Ländergruppen anhand der qualitativen Faktoren des ORI- und
PRI-Panels zeigen, daß die Informationen vor allem geeignet
sind, die weltwirtschaftlichen und weltpolitischen Rahmenbedingungen der verschiedenen Länder aufzuzeigen (siehe
Abb. 99 und 105). Die Beobachtung der Entwicklung einzelner
Länder über die Zeit (siehe Abb. 100 und 106) macht jedoch
deutlich, daß ohne die Kenntnis der jedem Land eigenen Bedingungen eine Interpretation der Risikoentwicklung kaum
möglich ist. Die untersuchten Länderrisiko-Konzepte sind
deshalb zwar geeignet, die strategische Zielrichtung der
internationalen Unternehmung auf Auslandsmärkten mitzube-
stimmen, aber konkrete, risikopolitische Maßnahmen lassen

sich daraus noch nicht ableiten. Hierzu sind detaillierte Kenntnisse über jedes einzelne Land erforderlich.

6. These: Die Verdichtung der Länderisiko-Komponenten zu einem einzigen Gesamtrisikoindex, z.B. die Profit Opportunity Recommendation im BERI-Geschäftsrisiko-Informationssystem, um daraus Handlungsempfehlungen abzuleiten, erscheint problematisch, denn die verschiedenen Risikofaktoren führen bei den verschiedenen Auslandsaktivitäten der Unternehmung zu unterschiedlichen Risikosituationen. Das mehrdimensionale Phänomen Länderrisiko eindimensional zu erfassen, ist insbesondere dadurch, daß sich die Risiken unterschiedlich auf die einzelnen Auslandsgeschäfte auswirken, nicht problemadäquat.

7. These: Die Entwicklung der Länderrisiken in der Vergangenheit macht deutlich, daß der Schwerpunkt der Länderrisiko-Beurteilung auf möglichst aktuellen Ist-Analysen liegen sollte und nicht auf langfristigen Prognosen. Die weltwirtschaftlichen Rahmenbedingungen, die z.B. durch den Ölpreis, den Wechselkurs des US-Dollar, das Zinsniveau auf den internatinalen Finanzmärkten und die Entspannungspolitik zwischen Ost und West gesetzt werden, verändern sich rapide und sind kaum vorhersehbar. Jährlich abgegebene Prognosen sind nach wenigen Wochen oder Monaten überholt und müssen deshalb durch möglichst aktuelle Ist-Analysen ersetzt werden.

8. These: Wie stark sich die Veränderung weltwirtschaftlicher Rahmenbedingungen auf die Risikopositionen der Länder auswirken, kann über die Bildung von in sich homogenen und untereinander heterogenen Ländergruppen beurteilt werden. Kommt es beispielsweise zu einer neuen Gruppenbildung, dann haben länderübergreifende Risikoentwicklungen stattgefunden. Bleiben aber die Gruppen im wesentlichen erhalten, dann kann eine Wanderungsanalyse der Länder zwischen den Gruppen Aufschluß darüber geben, ob ein einzelnes Land seine Risikoposition grundlegend verändert hat.

9. These: Insbesondere die qualitativen Teilkonzepte liefern umfangreiche Informationen über alle relevanten Umweltbereiche, so daß mit Hilfe dieser Daten umfassende Theorien über Länderrisiken empirisch gewonnen und auch überprüft werden können. Dieser Aufgabe kommt in Zukunft eine besonders hohe Bedeutung für die Beurteilung von Länderrisiken zu, weil ohne die Kenntnis von Wirkungszusammenhängen keine zuverlässige Prognose von Länderrisiken möglich ist.

10. These: Eine Beobachtung der Risikoentwicklung der Länder über die Zeit anhand der Indikatoren oder Faktoren ist nur sinnvoll, wenn gewährleistet ist, daß die Beziehungsstrukturen in den Daten sich nicht verändert haben. Die Konzepte sind deshalb permanent auf die Kontinuität der gemessenen Informationen hin zu überprüfen.

LITERATURVERZEICHNIS

Abassi, B.; Taffler, R.J. (1982): Country risk: A model of economic performance related to debt servicing capacity. Working paper no. 36, City University Business School, London 1982.

Abs, Hermann J. (1981): Länderrisiken im internationalen Kreditgeschäft. In: Die Bank, 12, 1981, S. 588-594.

Abt, Felix (1985): Risk Management im internationalen Industrieanlagengeschäft. In: io Management-Zeitschrift, 7/8, (54) 1985, S. 335-338.

Agarwal, Jamuna P. (1976): Bedeutung und Determinanten ausländischer Direktinvestitionen in Entwicklungsländern. In: Die Weltwirtschaft, 1, 1976, S. 174-190.

Agtmael, Antoine W. van (1976): How business had dealt with political risk. In: Financial Executive, Jan., 1976, S. 26-30.

AHD (5.6.1985): Wir sind mitten in der internationalen Schuldenkrise. In: AHD, 23, 5.6.1985, S. 11-12.

AHD (12.6.1985): Deutscher Außenhandel nach Ländergruppen. In: AHD, 24, 12.6.1985, S. 4.

AHD (14.8.1985): IFF-Direktor Schulmann über die internationale Schuldenkrise. In: AHD, 33, 14.8.1985, S. 10-11.

AHD (5.2.1986): Weltwirtschaft expandiert unter Risiko. In: AHD, 6, 5.2.1986, S. 9.

AHD (26.2.1986): Auslandsverschuldung bedroht Demokratien in Lateinamerika. In: AHD, 4, 26.2.1986, S. 15.

Altmann, Jörn (1982): Zahlungsbilanzprobleme von Entwicklungsländern. In: WiSt, 1, (11) 1982, S. 1-5.

Arfert, Klaus-Henninger (1986): Argentinien: Die Opfer gehen auf die Barrikaden. In: Die Zeit, 7, 1986, S.22.

Ascher, William (1982): Political forecasting and development policy. In: Veit, Winfried (Hrsg.): Political risk analysis: A new approach to old problems? Vierteljahresberichte – Probleme der Entwicklungsländer, Bonn-Bad Godesberg, 90, 1982, S. 303-393.

Avramovic, Dragoslav (1964): Economic growth and external debt, Baltimore 1964.

Backhaus, Klaus (1982): Investitionsgüter-Marketing, München 1982.

Backhaus, Klaus; Meyer, Margit (1984): Internationale Risiko-Barometer. In: Absatzwirtschaft, 10, 1984, S. 64-74.

Backhaus, Klaus; Meyer, Margit (1985): Country risk assessment in international industrial marketing. In: Backhaus, Klaus; Wilson, David T. (Hrsg.):Industrial Marketing, Berlin, Heidelberg, New York, Tokyo 1985, S. 245-273.

Backhaus, Klaus; Meyer, Margit; Weiber, Rolf (1985): A LIS-REL-model for country risk assessment. In: Malhotra, Naresh K. (Hrsg.): Developments in marketing science. Proceedings of the ninth annual conference of the Academy of Marketing Science, Vol. VIII, Miami Beach, Florida 1985, S. 437-441.

Backhaus, Klaus; Molter, Wolfgang (1985): Die Kalkulation auftragsspezifischer Finanzierungskosten im Großanlagenexport. Arbeitspapier Nr. 6 zur Betriebswirtschaftslehre des industriellen Anlagengeschäftes hrsg. von Klaus Backhaus, Mainz 1985.

Backhaus, Klaus; Simon, Wolfgang (1981): Indikatorprognosen im Investitionsgüter-Marketing. In: DBW, 41, 1981, S. 419-431.

Balleis, Siegfried M. (1984): Die Bedeutung politischer Risiken für ausländische Direktinvestitionen, Nürnberg 1984.

Banks, Arthur S.; Textor, Robert B. (1963): A cross-political survey, Cambridge, Massachusetts 1963.

Baxmann, Ulf G. (1985): Bankbetriebliche Länderrisiken unter besonderer Berücksichtigung ihrer potentiellen Früherkennung und kreditpolitischen Behandlung, München 1985.

Bearden, William O.; Sharma Subhash; Teel, Jesse E. (1982): Sample size effects on chi square and other statistics used in evaluating causal models. In: Journal of Marketing Research, 11, (XIX) 1982, S. 425-430.

Bentler, P. M.; Bonett, D. G. (1980): Significance tests and goodness of fit in the analysis of covariance structures. In: Psychological Bulletin, 3, 1980, S. 588-606.

Bergs, Siegfried (1981): Optimalität bei Clusteranalysen, Münster 1981.

Bernkopf, Günter (1980): Strategien zur Auswahl ausländischer Märkte. Entscheidungsgrundlagen und Lösungsansätze, München 1980.

Beutel, Peter; Schubö, Werner (1983): SPSS 9. Statistik-Programm-System für die Sozialwissenschaften nach Nie, Norman H.; Hull, Hadlai C. Eine Beschreibung der Programmversion 8 und 9, 4. Aufl., Stuttgart, New York 1983.

Blank, Stephen; LaPalombara, Joseph, Sacks, Paul M. (1982): Political analysis and forecasting in the private sector: An overview of the new firm-centric analytical formats. In: Veit, Winfried (Hrsg.): Political risk analysis: A new approach to old problems? Vierteljahresberichte - Probleme der Entwicklungsländer, Bonn-Bad Godesberg, 90, 1982, S. 303-393.

Blask, Jerome (1978): A survey of country evaluation systems in use. In: Goodman, Stephen H. (Hrsg.): Financing and risk in developing countries, New York, London, Sydney, Toronto 1978, S. 65-70.

Boddewyn, Jean; Cracco, Etienne F. (1972): The political game in world business. In: Columbia Journal of World Business, Jan/Feb. 1972, S. 45-56.

Bradley, David G. (1977): Managing against expropriation. In: Harvard Business Review, Juli/August 1977, S. 75-83.

Brockhoff, Klaus (1977): Prognoseverfahren für die Unternehmensplanung, Wiesbaden 1977.

Burton, F.N.; Inoue, Hisashi (1983): Country risk evaluation methods: A survey of systems in use. In: The Banker, Jan. 1983, S. 41-43.

Caldwell, Alexander J.; Villamil, Antonio J. (1981): Factors affecting creditworthiness. In: Ensor, Richard (Hrsg.): Assessing country risk, London 1981, S. 19-25.

Chalmovsky, Luis Esteban (1984): Der internationale Zahlungsverkehr und die Devisenmärkte in der volkswirtschaftlichen Theorie und der bankbetrieblichen Praxis. Eine kritische Würdigung des Problemeinstiegs ausgewählter Zahlungsbilanz- und Wechselkurstheorien, Frankfurt am Main, Bern, New York, Nancy 1984.

Coplin, William D.; O'Leary, Michael K. (1982): Systematic political risk forecasting. In: Veit, Winfried (Hrsg.): Political risk analysis: A new approach to old problems? Vierteljahresberichte - Probleme der Entwicklungsländer, Bonn-Bad Godesberg, 90, 1982, S. 333-340.

Cramer, Michael (1981): Das internationale Kreditgeschäft der Banken. Struktur, Risiken und Kreditentscheidungsprozeß, Wiesbaden 1981.

Dale, Richard S. (1983): Country risk and bank regulation. In: The Banker, März 1983, S. 41-48.

Davis, Robert R. (1981): Alternative techniques for country risk evaluation. In: Business Economics, Mai (16) 1981, S. 34-41.

Dehmel, Alexander (1985): Die Struktur der internationalen Liquiditätskrise seit dem ersten Ölpreisschub 1973/ 1974, Frankfurt am Main, Bern, New York 1985.

Deutsche Bundesbank (Hrsg.) (1985): Statistische Beihefte zu den Monatsberichten der Deutschen Bundesbank. Reihe 3: Zahlungsbilanzstatistik, 3, 1985.

Dhonte, P. (1975): Describing external debt situations: A roll-over approach. In: International Monetary Fund Staff Papers, 1, (XXII) 1975, S.159-186.

Dichtl, Erwin; Köglmayr, Hans-Georg (1985): Länderrisikokonzepte. In: Zeitschrift für das gesamte Kreditwesen, 9, (38) 1985, S. 390-392.

Dichtl, Erwin; Beeskow, Werner; Köglmayr, Hans-Georg (1984): Risikobewertung im Auslandsgeschäft. Eine empirische Analyse des "mm-Ländertests". In: Jahrbuch der Absatz- und Verbraucherforschung, 3, 1984, S. 208-229.

Dönhoff, Marion Gräfin (1986): Staatsmänner unter Hypnose. In: Die Zeit, 22, 23.5.1986, S. 1.

Donges, Juergen B. (1984): Die Exportorientierung der deutschen Wirtschaft: Erfahrungen, Probleme, Perspektiven. In: Dichtl, Erwin; Issing, Otmar (Hrsg.): Exporte als Herausforderung für die deutsche Wirtschaft, Köln 1984, S. 11-41.

Duff, E.A.; McCamant, J.F. (1968): Measuring social and political requirements for system stability in Latin America. In: American Political Science Review, 62, Dec. 1968, S. 1125-1143.

Dworak, Brigitte M. (1985): Das Länderrisiko als bankbe-
    triebliches Problem, Berlin 1985.

Ehrenfeld, Hildebert (1985): Aussenhandel, Direktinvestiti-
    onen und Lizenzen. Eine theoretische Analyse auf Un-
    ternehmensebene, Frankfurt am Main, Bern, New York
    1985.

Erbe, Rainer; Schattner, Susanne (1980): Indicator system
    for the assessment of the external debt situation of
    developing countries. In: Intereconomics, 6, (15)
    1980, S. 285-289.

ESI (1981): Economic survey international, 1st Survey,
    hrsg. vom ifo Institute for Economic Research, Mün-
    chen 1981 und laufende Ausgaben seit 1981.

Euromoney (Oct. 1983): Euromoney's country risk ratings.
    In: Euromoney, Oct. 1983, S. 338-339.

Euromoney (Sep. 1982): The Euromoney country risk ratings.
    In: Euromoney, Sep. 1982, S. 71-74.

Euromoney (Feb. 1982): The country risk league table. In:
    Euromoney, Feb. 1982, S. 48-51.

Euromoney (Oct. 1981): The country risk league table. In:
    Euromoney, Oct. 1981, S. 73-81.

Euromoney (Feb. 1981): The reality of the market place. In:
    Euromoney, Feb. 1981, S. 69-79.

Euromoney (Oct. 1980): The country risk league table. In:
    Euromoney, Oct. 1980, S. 28-40.

Euromoney (Feb. 1980): The country risk league table. In:
    Euromoney, Feb. 1980, S. 40-48.

Euromoney (Oct. 1979): The country risk league table. In:
    Euromoney, Oct. 1979, S. 130-140.

Feder, Gershon; Just, Richard E. (1977): A study of debt
    servicing capacity applying logit analysis. In: Jour-
    nal of Development Economics, 4, 1977, S. 25-38.

Feder, Gershon; Ross, Knud (1980): Risk assessment and risk
    premiums in the eurodollar market, World Bank 1980.

Feierabend, Ivo K.; Feierabend, Rosalind L.; Nesvold, Betty
    A. (1973): The comparative study of revolution and
    violence. In: Comparative Politics, April 1973,
    S. 393-424.

Feierabend, Ivo K.; Feierabend Rosalind L. (1966): Aggressive behavior in politics 1948-62: A cross-national study. In: Journal of Conflict Resolution, Autumn (10) 1966, S. 249-271.

Förster, Friedrich; Fritz, Wolfgang; Silberer, Wolfgang; Raffee, Hans (1984): Der LISREL-Ansatz der Kausalanalyse und seine Bedeutung für die Marketing-Forschung. In: ZfB, 4, (54) 1984, S. 346-367.

Frank, Charles R.; Cline, William R. (1971): Measurement of debt servicing capacity: An application of discriminant anlaysis. In: Journal of International Economics, 1, 1971, S. 327-344.

Frerichs, Walter (1980): Gesamtwirtschaftliche Prognoseverfahren, München 1980.

Gebelein, C.A.; Pearson, C.E.; Silbergh, M. (1978): Assessing political risk of oil investment ventures. In: Journal of Petroleum Technology, Mai 1978, S. 725-730.

Glismann, Hans H.; Horn, Ernst-Jürgen (1984): Tarifäre und nicht-tarifäre Handelshemmnisse. In: Dichtl, Erwin; Issing, Otmar (Hrsg.): Exporte als Herausforderung für die deutsche Wirtschaft, Köln 1984, S. 73-103.

Goodman, Stephen H. (1978): Introduction: An overview of financing and risk in developing countries. In: Goodman, Stephan H. (Hrsg.): Financing and risk in developing countries, New York, London, Sydney, Toronto 1978, S. IX-XV.

Green, Robert T. (1974): Political structures as a predictor of radical political change. In: Columbia Journal of World Business, Spring 1974, S. 28-36.

Green, Robert T.; Cunningham, William H. (1975): The determinants of US foreign investment: An empirical examination. In: Management International Review, 2, (15) 1975, S. 113-120.

Green, Paul E.; Tull, Donald S. (1982): Methoden und Techniken der Marktforschung, 4. Aufl., Stuttgart 1982.

Grinols, E. (1976): International debt rescheduling and discrimination using financial variables, manuscript, U.S. Treasury Department, Washington, D.C. 1976.

Haan, Horst de (1984): Die Risikopolitik der internationalen Unternehmung, Gießen 1984.

Haendel, Dan; West, Gerald T.; Meadow, Robert G. (1975): Overseas investment and political risk, Philadelphia, Foreign Policy Research Institute 1975.

Hahn, Oswald (1982): Absicherung von Investitionsrisiken im Ausland, Frankfurt am Main 1982.

Hake, Bruno (1979): Der BERI-Index - Ein Frühwarnsystem für Auslandsinvestoren. In: Industrielle Organisation, 48, 1979, S. 281-283.

Hake, Bruno (1982): Der BERI-Index, ein Hilfsmittel zur Beurteilung des wirtschaftspolitischen Risikos von Auslandsinvestitionen. In: Lück Wolfgang; Trommsdorff, Volker (Hrsg.): Internationalisierung der Unternehmung, Berlin 1982, S. 463-473.

Hake, Bruno (1985): Die Prognose des Länder-Risikos für Kreditgeber. Das Kreditprüfungssystem des BERI-Instituts. In: Sparkasse, 2 (102) 1985, S. 57-59.

Hamman, Detlev (1980): Zahlungsbilanz, Konjunkturtransmission und Wechselkursbestimmung, Baden-Baden 1980.

Haner, F.T. (1979): Rating investment risk abroad. In: Business Horizons, 2, (22) 1979, S. 18-23.

Haner, F.T. (1981): Risk management in corporate planning. In: Long Range Planning, 6, (14) 1981, S. 12-16.

Hartung, Joachim; Elpelt, Bärbel (1984): Multivariate Statistik. Lehr- und Handbuch der angewandten Statistik, München, Wien 1984.

Hauser, Heinz (1985): Betrachtungen zur Aussenwirtschaftspolitik. Höhenflug des Dollars verstärkt die Gefahr einer zukünftigen scharfen Abwertung mit negativen gesamtwirtschaftlichen Wirkungen. In: Aussenwirtschaft, 1/2, (40) 1985, S. 5-14.

Herlt, Rudolf (1986): Der Musterknabe macht Schwierigkeiten. Nur mit neuen Krediten aus dem Ausland kann Mexiko seine Zinsen zahlen. In: Die Zeit, 11, März 1986, S. 27.

Herrmann, Anneliese (1985): Große Ungleichgewichte der Leistungsbilanz. In: ifo-schnelldienst, 9, 1985, S. 3-11.

Herrmann, Anneliese (1984): Kursschwankungen im Regime flexibler Wechselkurse - Hypothesen über Ursachen und Wirkungen. Ein Überblick - In: ifo-schnelldienst, 32, 1984, S. 11-28.

Hildebrandt, Lutz (1983): Konfirmatorische Analysen von Modellen des Konsumentenverhaltens, Berlin 1983.

Hilton, Andrew C. E. u.a. (Hrsg.): International country risk guide. A publication of International Reports Inc., 7, Juli (VI) 1985.

Hoyer, Werner (1985): Begriffe die man kennen muß: Zahlungsbilanz. In: WISU, 5, 1985, S. 235.

Holsen, John A. (1978): World bank techniques for country evaluation. In: Goodman, Stephen H. (Hrsg.): Financing and risk in developing countries, New York, London, Sydney, Toronto 1978, S. 88-93.

Holthus, Manfred; Stanzel, Klaus (1984): Kriterien zur Einschätzung von Verschuldungslagen - Die Bonität von Entwicklungsländern. In: Simonis, Udo Ernst (Hrsg.): Externe Verschuldung - interne Anpassung: Entwicklungsländer in der Finanzkrise, Berlin 1984, S. 257-288.

Holthus, Manfred (1983): Solvenz- und Liquiditätskrise bei Entwicklungsländern. In: Börsen Zeitung , 15.10.1983, S.1-2.

Hombach, Hans (1984): Exportkreditversicherung und Exportkreditfinanzierung - Wettbewerbsverzerrung durch Subventionierung. Arbeitspapier Nr. 2 zur Betriebswirtschaftslehre des industriellen Anlagengeschäftes hrsg. von Klaus Backhaus, 2. Aufl., Mainz 1984.

Horn, Ernst-Jürgen (1985): Internationale Wettbewerbsfähigkeit von Ländern. In: WiSt, 7, 1985, S. 323-369.

Hübner, Rainer (1984): Hoffnungswerte im Pazifik. In: Capital, 6, 1984, S. 194-195.

Hünerberg, Reinhard (1984): Risikoanalyse im Internationalen Marketing. In: Nagel, Kurt; Numrich, Jürgen (Hrsg.): Außenwirtschaft der Unternehmung. Theorie und Praxis internationaler Unternehmenstätigkeit, Berlin 1984, S. 143-157.

Hunziker, Erich (1983): Auslandsmarktstrategien. Ein Leitfaden zur Wahl des optimalen Auslandsengagements, Zürich 1983.

IMF (Hrsg.) (1985): World economic outlook, April 1985. A survey by the staff of the International Monetary Fund, Washington, D. C. 1985.

IMF (lfd. Jg.): International financial statistics. Supplement on output statistics. Supplement Series No. 8, Washington, D.C., lfd. Jg.

Institutional Investor (March 1986): The recovery continues. In: Institutional Investor, March 1986, S. 97-113.

Institutional Investor (March 1985): Country credit bounces back. In: Institutional Investor, March 1985, S. 61-80.

Institutional Investor (Sep. 1984): Country credit ratings. In: Institutional Investor, Sep. 1984, S. 251-272.

Institutional Investor (March 1984): Bottoming out? In: Institutional Investor, March 1984, S.67-83.

Institutional Investor (Sep. 1983): Conflicting signals. In: Institutional Investor, Sep. 1983, S. 291-294.

Institutional Investor (March 1983): The spreading deterioration. In: Institutional Investor, March 1983, S. 57-78.

Institutional Investor (Sep. 1982): The grim tidings. In: Institutional Investor, Sep. 1982, S. 283-304.

Institutional Investor (March 1982): Rating country credit. In: Institutional Investor, March 1982, S. 153-174.

Institutional Investor (Sep. 1981): The big credit rating turnabout. In: Institutional Investor, Sep. 1981, S. 206-226.

Institutional Investor (March 1981): Rating country credit. In: Institutional Investor, March 1981, S. 55-66.

Institutional Investor (Sep. 1980). The credit rating shake-up. In: Institutional Investor, Sep. 1980, S. 73-90.

Institutional Investor (March 1980): Rating country risk. In: Institutional Investor, March 1980, S. 57-67.

Institutional Investor (Sep. 1979): Rating country risk. In: Institutional Investor, Sep. 1979, S. 243-253.

Issing, Otmar; Gerhardt, Wolfgang (1984): Grundfragen der Außenwirtschaftspolitik. In: Dichtl, Erwin; Issing Otmar (Hrsg.): Exporte als Herausforderung für die deutsche Wirtschaft, Köln 1984, S. 43-72.

International Reports Inc. (Hrsg.) (1984): Key to the Guide: An Introduction to the methodology of the international country risk guide, New York 1984.

Jägeler, Franz J. (1983): Risiko-Kompaß. In: Manager Magazin, 1, 1983, S. 18-23.

Jägeler, Franz J. (1980): Experten zensieren den Standort. In: Manager Magazin, 1, 1980, S. 67-69.

Jägeler, Franz J.; Wilhelm, Winfried (1982): Wegweiser für den Weltmarkt. In: Manager Magazin, 1, 1982, S. 76-82.

Jägeler, Franz J.; Wagner, Jürgen; Wilhelm, Winfried (1981): Radar für Auslandsrisiken. In: Manager Magazin, 1, 1981, S. 32-41.

Jöreskog, K.G. (1969): A general approach to confirmatory maximum likelihood factor analysis. In: Psychometrika, 2, (34) 1969, S. 183-202.

Jöreskog, K. G. (1971): Simultaneous factor analysis in several populations. In: Psychometrika, 4, (36) 1971, S. 409-426.

Jöreskog, Karl G. (1978): Structural analysis of covariance and correlation matrices. In: Psychometrika, 4, (43) 1978, S. 443-477.

Jöreskog, K. G.; Sörbom, D. (1981): LISREL VI, Uppsala 1981.

Jöreskog, K.G.; Sörbom, D. (1982): Recent developments in structural equation modeling. In: Journal of Marketing Research, 19, S. 404-416.

Juhl, Paulgeorg (1983): Direktinvestitionen in Entwicklungsländern unter dem Einfluß politischer Risiken. Eine empirische Analyse unter besonderer Berücksichtigung des Enteignungsrisikos, München 1983.

Juhl, Paulgeorg (1982): Ansätze zur Messung des Investitionsklimas in Entwicklungsländern. In: Pausenberger Ehrenfried (Hrsg.): Entwicklungsländer als Handlungsfelder internationaler Unternehmungen, Stuttgart 1982, S. 1-27.

Juhl, Paulgeorg (1978): Investment climate indicators: Are they useful devices to foreign investors? In: Management International Review, 2, (18) 1978, S. 45-50.

Juhl, Paulgeorg (1977): Prospects for foreign direct investment in developing countries. In: Giersch, Herbert (Hrsg.): Reshaping the world economic order, Tübingen 1977, S. 173-219.

Kaps, Carola (24.3.1986): In Nigeria warten alle auf ein Wunder. Schuldenlast und Ölpreisrückgang lähmen. In: FAZ, 24.3.1986, S. 14.

Kaps, Carola (21.4.1986): Nigeria: Durststrecke für deutsche Unternehmen. In: FAZ, 21.4.1986, S. 14.

Karsten, Ingo (1984): Internationale Bankkredite an Entwicklungsländer: Ökonomische Probleme und Lösungsansätze, Baden-Baden 1984.

Kern, Werner; Hagemeister, Stefan (1986): Konzeption und Problematik der Clusteranalyse bei betriebswirtschaftlichen Anwendungen. In: WISU, 2, 1986, S. 79-86.

Klecka, William R. (1982): Discriminant analysis, London 1982.

Knudsen, Harald (1974): Explaining the national prospensity to expropriate: An ecological approach. In: Journal of International Business Studies, 1, (5) 1974, S. 51-71.

Kobrin, Stephen J. (1981): Political assessment by international firms: Models or methodologies? In: Journal of policy modelling, 3, (2) 1981, S. 251-270.

Kobrin, Stephen J. (1979): Political risk: A review and reconsideration. In: Journal of International Business Studies, 1, Spring/Summer 1979, S. 67-80.

Kobrin, Stephen J. (1978): When does political instability result in increased investment risk? In: Columbia Journal of World Business, 3, Fall 1978, S. 113-122.

Kobrin, Stephen J. (1976): The environmental determinants of foreign direct manufacturing investment: An ex post empirical analysis. In: Journal of International Business Studies, 2, (7) 1976, S. 29-42.

Köglmayr, Hans-Georg (1986): Erfassung und Handhabung von Länderrisiken. In: WiSt, ,4, 1986, S. 211-214.

Körner, Peter; Maaß, Gero; Siebold, Thomas; Tetzlaff, Rainer (1984): Im Teufelskreis der Verschuldung: Der Internationale Währungsfond und die Dritte Welt, Hamburg 1984.

Krayenbuehl, Thomas E. (1985): Country risk. Assessment and monitoring, Massachusetts, Toronto 1985.

Krayenbuehl, Thomas E. (1983): How country risk should be monitored. In: The Banker, Mai 1983, S. 51-54.

Kulhavy, Ernest (1981): Internationales Marketing, Linz 1981.

Lawley, D. N.; Maxwell, A. E. (1963): Factor analysis as a statistical method, London 1963.

Link, Werner; Tücks, Paul (1985): Der Nord-Süd-Konflikt, Berlin 1985.

Lindlbauer, Jürg D. (1979): Was leisten Konjunkturindikatoren? In: ifo-schnelldienst, 35/36, 1979, S. 5-13.

Loscher, Georg (1984): Das politische Risiko bei Auslandsinvestitionen, München 1984.

Manager Magazin (Hrsg.) (1981): mm-Ländertest 1981, Hamburg 1981.

Manager Magazin (Hrsg.) (1982): mm-Ländertest 1982, Hamburg 1982.

Mayer-List (1986): Rezept gegen Armut. In: Die Zeit, 10, 1986, S. 33.

Mayo, Alice L.; Barrett, Anthony G. (1978): An early-warning model for assessing developing-country risk. In: Goodman, Stephen H. (Hrsg.): Financing and risk in developing countries, New York, London, Sydney, Toronto 1978.

Melzer, Wolfgang (1985): Strukturmängel internationaler Finanzmärkte als Ursache der Verschuldungssituation der Entwicklungsländer, Frankfurt am Main, New York 1985.

Meyer, Margit (1984): Konzepte zur Beurteilung von Länderrisiken. Arbeitspapier Nr.5 zur Betriebswirtschaftslehre des industriellen Anlagengeschäfts, hrsg. von Klaus Backhaus, Mainz 1984.

Molter, Wolfgang (1986): Verzugsrisiken im Industrieanlagengeschäft, Berlin 1986.

Morgan Guaranty Trust Co. (1984): World Financial Markets, New York, Januar 1984.

Müller, Anton P. (1985): Finanzierungskennziffern zur Analyse des Länderrisikos im Auslandskreditgeschäft: Ein Überblick. In: WiSt, 9, 1985, S. 477-480.

Müller-Berghoff, Bernd (1984): Die eigene Exportindustrie stärker fördern. In: Blick durch die Wirtschaft, 3.2.1984, S. 3-4.

Münch, Dieter (1985): Internationale Verschuldungskrise: Zwischenbilanz. In: RIW - Recht der Internationalen Wirtschaft, 8, 1985, S. 625-640.

Nagy, Pancras J. (1981): Economic development, debt profiles and country risk. In: Ensor, Richard (Hrsg.): Assessing country risk, London 1981, S. 27-30.

Nagy, Pancras J. (1980): A quality indicator for the international loan portfolio. In: Euromoney, April 1980, S. 165-169.

Nagy, Pancras J. (1979): Country risk. How to assess, quantify and monitor it, London 1979.

Nie, Norman H.; Hull, Hadlai C. (1975): SPSS: Statistical package for the social sciences, 2. Aufl., New York u.a. 1975.

Nienhaus, Volker; Suntum, Ulrich van (1985). Zahlungsbilanzausgleich. In: WiSt, 9,1985, S. 447-452.

Nunnenkamp, Peter, Jung, Georg (1985): Die Kreditbeziehungen zwischen westlichen Geschäftsbanken und Entwicklungsländern, München, Köln, London 1985.

Nuschler, Franz (1985): Lern- und Arbeitsbuch Entwicklungspolitik, Düsseldorf 1985.

o.V. (1986): Roßkur ohne Erfolg. In: Spiegel, 12, (40) 1986, S. 158-171.

o.V. (1984a): Entwicklung des Patent- und Lizenzverkehrs mit dem Ausland in den Jahren 1982 und 1983. In: Monatsberichte der Deutschen Bundesbank, 7, 1984, S. 25-40.

o.V. (1984b): In der Liquiditätsfalle. In: Wirtschaftswoche, 8, 1984, S. 12-14.

o.V. (1980): IMF/World Bank staffers evaluate credit ratings. In: Institutional Investor, Sept. 1980, S. 74.

o.V. (1977): Geschäftsklima nach Noten. In: Manager Magazin, 5, 1977, S. 111-113.

Overholt, William H. (1982): Assessing political risk: An overview. In: Veit, Winfried (Hrsg.): Political risk analysis: A new approach to old problems? Vierteljahresberichte - Probleme der Entwicklungsländer, Bonn-Bad Godesberg, 90, 1982, S. 321-331.

Pausenberger, Ehrenfried (1984): Internationalisierungsstrategien industrieller Unternehmungen. In: Dichtl, Erwin; Issing, Otmar (Hrsg.): Exporte als Herausforderung für die deutsche Wirtschaft, Köln 1984.

Perlitz, Manfred (1985): Assessing country risk and opportunity. In: Long Range Planning, 4, (18), 1985,
S. 11-26.

Petersen, Hans (1977): Zur Früherkennung kritischer Verschuldungslagen von Entwicklungsländern. In: Vier-
teljahreshefte zur Wirtschaftsforschung, 3, 1977,
S. 180-202.

Pollak, Christian; Riedel, Jürgen (1984): Das Engagement
deutscher Unternehmen in Entwicklungsländern. In:
ifo-schnelldienst, 21, 1984, S. 13-24.

Popper, Karl R. (1966): Logik der Forschung, 2. Aufl., Tübingen 1966.

Pott, Philipp (1983): Direktinvestitionen im Ausland. In-
vestitionsmotive, Standortfaktoren und Hilfsmittel
bei der Entscheidung für die optimale Auslandsinve-
stition, München 1983.

Pretschker, Udo (1979): Politische Risiken im unternehmerischen Entscheid. In: io Management-Zeitschrift, 3,
(48) 1979, S. 117-122.

Raffée, Hans; Kreutzer, Ralf (1984): Ansätze zur Erfassung
von Länderrisiken in ihrer Bedeutung für Direktinves-
titionsentscheidungen. In: Kortzfleisch, Gert; Kalu-
za, Bernd (Hrsg.): Internationale und nationale Pro-
blemfelder der Betriebswirtschaftslehre, Berlin 1984,
S. 27-63.

Ralston, August (1982): Before investing overseas. In: Se-
curity Management, Feb. 1982, S. 46-51.

Ralston, August (1981): The struggle to protect worldwide
investment. In: Risk Management, März 1981, S. 26-32.

Rhein, Wolfram von (1979): Die Beurteilung des Länderrisikos im Auslandskreditgeschäft der Banken als Informa-
tionsproblem, München 1979.

Rhein, Wolfram von (1980): Ausgewählte Probleme bei der Beurteilung von Länderrisiken. In: Sparkasse, 6, (97)
1980, S. 180-186.

Robinson, J.N. (1981): Is it possible to assess country
risk? In: The Banker, Jan. 1981, S. 71-81.

Robock, Stefan H. (1971): Political risk: Identification
and Assessment. In: Columbia Journal of World Business, 4, (6) 1971, S. 6-20.

Root, Franklin R. (1972): Analyzing political risk in international business. In: Kapoor A.; Grub, Phillip

(Hrsg.): Multinational enterprises in transition: Selected readings and essays, Detroit 1972, S. 354-365.

Root, Franklin R.; Ahmed, Ahmed A. (1978): Empirical determinants of manufacturing direct foreign investment in developing countries. In: Economic development and cultural change, 4, (27) 1978, S. 751-767.

Rose, Klaus (1981): Theorie der Aussenwirtschaft, 8. Aufl., München 1981.

Rugman, Allen M. (1980): A new theory of the multinational enterprises: Internationalization versus internalization. In: Columbia Journal of World Business, Spring (15) 1980, S. 23-29.

Rummel, R. J.; Heenan, David A. (1978): How multinationals analyse political risk. In: Harvard Business Review, 1, (56) 1978, S. 67-76.

Rummel, Rudolph J. (1966): Dimensions of conflict behavior within nations 1946-59. In: Journal of Conflict Resolution, 10, 1966, S. 65-73.

Russett, Bruce M. (1964): World handbook of political and social indicators, New Haven 1964.

Saini, Krishan G.; Bates, Philip S. (1984): A survey of the quantitative approaches to country risk analysis. In: Journal of Banking and Finance, 8, 1984, S. 341-356.

Saini, Krishan G.; Bates, Philip S. (1978): Statistical techniques for determining debt-servicing capacity for developing countries: Analytical review of the literature and further empirical results, Research Paper No. 7818 of the Federal Reserve Bank of New York 1978.

Sargen, Nicolas (1977): Economic indicators and country risk appraisal. In: Federal Reserve Bank of San Francisco Review, Autumn 1977, S. 19-35.

Saunders, Anthony (1984): The determination of country risk: A selective survey of literature, International Monetary Fund 1984.

Schmidt, Reinhart (1984): Early warning of debt rescheduling. In: Journal of Banking and Finance, 8, 1984, S. 357-370.

Schmidt, Reinhart (1982): Frühwarnung im internationalen Kreditgeschäft. In: Lück, Wolfgang; Trommsdorff, Volker (Hrsg.): Internationalisierung der Unternehmung, Berlin 1982, S. 499-519.

Schneider, Friedrich; Frey, Bruno S. (1985): Economic and political determinants of foreign direct investment. In: World Development, 2, (13) 1985, S. 161-175.

Schöllhammer, Hans (1978): Identification, evaluation and prediction of political risk from an international business perspective. In: Ghertman, M.; Leontiades, J. (Hrsg.): European research in international business, Amsterdam 1978, S. 91-109.

Schuchard-Ficher, Christiane u.a. (1985): Multivariate Analysemethoden, 3. korrigierte Aufl., Berlin, Heidelberg, New York 1985.

Schürmann, Heinz-Jürgen (1986): Die "Dritte Rohölkrise" wird mit umgekehrtem Vorzeichen geschrieben. In: Handelsblatt, 1.4.1986, S. 10.

Schumacher, Manfred (1983): Internationale Bonität. In: Capital, 11, 1983, S. 13.

Seidel, Heinrich (1977): Erschließung von Auslandsmärkten. Auswahlkriterien, Handlungsalternativen, Entscheidungshilfen, Berlin 1977.

Sickenberger, Peter (1985): Fakturierung des Außenhandels und Wettbewerbsfähigkeit. In: WiSt, 7, 1985, S. 341-344.

Simmert, Diethard B. (1986): Risiken der Ölpreisentwicklung. In: Sparkassenzeitung, 38, (49) 1986, S. 1-2.

Simon, Jeffrey D. (1982): Political risk assessment: Past trends and future prospects. In: Columbia Journal of World Business, 17, 1982, S. 62-71.

Sofia, Zuheir A. (1981): Rationalizing country risk ratios. In: Ensor, Richard R. (Hrsg.): Assessing country risk, London 1981, S. 49-68.

Sofia, Zuheir A. (1979): How to rationalize country risk ratios. In: Euromoney, Sept. 1979, S. 76-85.

Stewart, Frances (1985): The international debt situation and North-South relations. In: World Development, 2, (33) 1985, S. 191-204.

Stobbe, Alfred (1984): Volkswirtschaftslehre I. Volkswirtschaftliches Rechnungswesen, 6. Aufl., Berlin, Heidelberg, New York, Tokio 1984.

Stobough, Robert B. (1969): How to analyze foreign investment climates. In: Harvard Business Review, Sept./Okt. 1969, 100-108.

Stockner, Werner (1984): Die Bewertung des Länderrisikos
    als Entscheidungshilfe bei der Vergabe internationa-
    ler Bankkredite, Frankfurt am Main 1984.

Stössel, Reinhold (1984): Finanzierungsformen im Export-
    geschäft. In: Dichtl, Erwin; Issing Otmar (Hrsg.):
    Exporte als Herausforderung für die deutsche Wirt-
    schaft, Köln 1984.

Thompson, John K. (1981): The poor man's guide to country
    risk. In: Euromoney, Juli 1981, S. 182-189.

Thornblade, James B. (1978): A checklist system: The first
    step in country evaluation. In: Goodman, Stephen H.
    (Hrsg.): Financing and risk in developing countries,
    New York, London, Sydney, Toronto 1978.

Überla, Karl (1977): Faktorenanalyse, Nachdruck der 2.
    Aufl., Berlin, Heidelberg, New York 1977.

Vogel, Friedrich (1975): Probleme und Verfahren der nume-
    rischen Klassifikation, Göttingen 1975.

Wagner, Manfred (1983): Überwachung der Länderrisiken und
    Prüfungsvorbereitung im Auslandskreditgeschäft. In:
    Sparkasse, 3, (100) 1983, S. 91-94.

Weiber, Rolf (1985): Dienstleistungen als Wettbewerbsin-
    strument im internationalen Anlagengeschäft, Berlin
    1985.

Weiber, Rolf (1984): Faktorenanalyse. Eine anwendungsorien-
    tierte computergestützte Einführung mit Übungen, St.
    Gallen 1984.

Weihermüller, Michael (1982): Die Lizenzvergabe im inter-
    nationalen Marketing. Entscheidungsgrundlagen und Ge-
    staltungsbereiche, München 1982.

Wilson, John O. (1979): Measuring country risk in a global
    context. In: Business Economics, Jan. 1979, S. 23-27.

Wishart, David (1984): Clustan, 3. Aufl., Stuttgart, New
    York 1984.

Zaidi, Iqbal Mehdi (1985): Saving, investment, fiscal de-
    ficits and the external indebtedness of developing

countries. In: World Development, 5, (13) 1985, S. 573-588.

Zimmermann, Andreas (1984): Spezifische Risiken des Auslandsgeschäfts. In: Dichtl, Erwin, Issing, Otmar (Hrsg.): Exporte als Herausforderung für die deutsche Wirtschaft, Köln 1984, S. 106-139.

Zinn, Eberhard (1978): Probleme der Kreditwürdigkeitsprüfung autonomer Staaten. In: Sparkasse, 5, (95) 1978, S. 166-170.